# Reichsstempelgesetz

# Das Reichsstempelgesetz

vom 15. Juli 1909

in der durch das Zuwachssteuergesetz vom 14. Februar 1911 geänderten Fassung

nebst

den Ausführungsbestimmungen des Bundesrats vom 25. Januar 1912

**Textausgabe**

mit Einleitung und Sachregister

Springer-Verlag
Berlin Heidelberg GmbH
1912

ISBN 978-3-662-38839-6 ISBN 978-3-662-39757-2 (eBook)
DOI 10.1007/978-3-662-39757-2

Softcover reprint of the hardcover 1st edition 1912

# Inhalt.

# Einleitung.

## I. Entstehungsgeschichte.

In der Absicht, gewisse im Handelsverkehre, vor allem in Börsen- und Bankkreisen vorkommende Rechtsvorgänge dem Bundeshaushalte dienstbar zu machen, wurde zuerst 1869 dem Reichstage des Norddeutschen Bundes der Entwurf eines Reichsstempelgesetzes vorgelegt. Dieser Vorschlag bildet den Ausgangspunkt der Reichsstempelgesetzgebung. Der Reichstag versagte ihm die Zustimmung und lehnte auch die weiteren Regierungsvorlagen vom Jahre 1874, 1878 und 1879 ab. Erst im Jahre 1881 fand unter dem 1. Juli ein Gesetz, betreffend die Erhebung von Reichsstempelabgaben, Annahme (R.-G.-Bl. S. 185). In ihm wurde ein prozentualer Wertstempel (Effekten- oder Emissionsstempel) von der Ausgabe von Aktien und für den Handelsverkehr bestimmten Renten und Schuldverschreibungen, ein Fixstempel von Rechnungen und Schlußnoten über Kauf und sonstige Anschaffung von Wertpapieren (Schlußnoten- oder Umsatzstempel) und eine Steuer von Lotterielosen eingeführt.

Diese von der steuerlichen Erfassung des Handelsverkehrs ausgehende Gesetzgebung hat seitdem, so oft sich die Beschaffung neuer Mittel als notwendig erwies, wesentliche Veränderungen und zugleich Erweiterungen erfahren, durch die eine Reihe außerhalb des Handelsverkehrs stehende Vorgänge, wie Personenfahrkarten, Automobile, Grundstücke, in die Besteuerung einbezogen worden sind.

Die Änderungen lassen sich im wesentlichen dahin zusammenfassen:

Gegenüber dem Gesetz, betreffend die Erhöhung von Reichsstempelabgaben, vom 1. Juli 1881 (R.-G.-Bl. S. 185) brachte:

1. das Gesetz vom 29. Mai 1885 (R.-G.-Bl. S. 179) eine völlige Umgestaltung der Abgabe vom Kauf von Wertpapieren (Schlußnotenstempels), indem der Fixstempel unter Einführung des Schlußnotenzwanges durch einen Wertstempel ersetzt wurde;

2. das Gesetz vom 27. April 1894 (R.-G.-Bl. S. 381) zur Deckung der Kosten des Militärgesetzes eine Erhöhung und Erweiterung des Emissionsstempels, eine Erhöhung des Schlußnotenstempels unter Vergünstigungen für Arbitrage- und Kostgeschäfte und eine Erhöhung des Lotteriestempels;

3. das Gesetz vom 14. Juni 1900 (R.-G.-Bl. S. 275) zur Deckung der Marinevorlage eine weitere Erhöhung des Emissionsstempels, des Schlußnotenstempels und der Abgabe von Lotterielosen, sowie die Einführung einer Emissions- und Umsatzsteuer von

Bergwerksanteilen und einer Abgabe von Schiffsfrachturkunden im Seeverkehr;

4. das Gesetz vom 3. Juni 1906 (R.-G.-Bl. S. 695) bei Gelegenheit der Stengelschen Finanzreform, von einzelnen Änderungen des Tarifs abgesehen, die Ausdehnung des Emissionsstempels auf ungeborene Aktien, eine Erhöhung und Erweiterung des Frachturkundenstempels durch dessen Ausdehnung auf den Binnenschiffsverkehr und den Eisenbahnverkehr und die Einführung einer Abgabe von Personenfahrkarten, von Erlaubniskarten für Kraftfahrzeuge und von Vergütungen (Tantiemen);

5. das Gesetz vom 15. Juli 1909 (R.-G.-Bl. S. 833) aus Anlaß der letzten großen Finanzreform eine Erhöhung und Erweiterung des Emissionsstempels, sowie die Einführung einer Abgabe von Gewinnanteilschein- und Zinsbogen, von Schecks und von Grundstücksübertragungen, sowie den gesetzlichen Auftrag auf Einführung einer Reichswertzuwachssteuer, die bei wachsenden Erträgen an die Stelle der Abgabe von Grundstücksübertragungen treten soll.

Einzelne Änderungen des Reichsstempelgesetzes auf dem Gebiet der Abgabe von Grundstücksübertragungen sind eingetreten infolge des Zuwachssteuergesetzes vom 14. Februar 1911 (vgl. § 85 Abs. 3, §§ 89, 90 und die Befreiungsvorschriften am Schlusse der Tarifnummer 11 des Reichsstempelgesetzes).

## II. Inhalt*).

### A. Allgemeines.

Das Reichsstempelgesetz umfaßt in seiner gegenwärtigen Gestalt die Abgaben von der Emission (T.-Nr. 1—3) und dem Umsatz (T.-Nr. 4) von Wertpapieren, von Talons (T.-Nr. 3, A), von Lotterieen (T.-Nr. 5), von Frachturkunden (T.-Nr. 6.), Personenfahrkarten (T.-Nr. 7), Kraftfahrzeugen (T.-Nr. 8), Tantiemen (T.-Nr. 9), Schecks (T.-Nr. 10) und Grundstücksübertragungen (T.-Nr. 11). Der Gegenstand und die Höhe der Abgabe ist in dem dem Reichsstempelgesetz beigefügten Tarif für jede Abgabeart unter einer besonderen Nummer bestimmt, während über Art und Zeit der Abgabeentrichtung, über die Person des Steuerpflichtigen, über die Folgen der Nichtentrichtung und über den etwaigen Ausschluß gleichartiger, einzelstaatlicher Abgaben das Gesetz selbst — für den Emissions- und Talonstempel zusammen und für die sonstigen Abgabearten gesondert — in je einem Abschnitte Auskunft gibt.

Das Gesetz wird ergänzt durch die der Anlage des Gesetzes entsprechend geordneten Ausführungsbestimmungen des Bundesrats vom 25. Januar 1912 und, soweit Gesetz und Ausführungs-

*) Paragraphenzahlen ohne Zusatz beziehen sich auf die Vorschriften des Reichsstempelgesetzes. A.-B. bedeutet Ausführungsbestimmungen des Bundesrats vom 25. Januar 1912.

bestimmungen dazu Anlaß geben, durch einzelstaatliche Vollzugsanweisungen.

Für alle Abgabearten gemeinsam gelten die Vorschriften des Gesetzes im Abschnitt X §§ 91—107 und die Ausführungsbestimmungen §§ 1, 2, 181—214. Von ihnen sehen die Vorschriften des Gesetzes für die Reichsstempelabgaben eine 5jährige Verjährungsfrist vor (§ 93) und eröffnen in Beziehung auf die Verpflichtung zur Entrichtung der Abgaben den Rechtsweg mit der Maßgabe, daß die Klage binnen 6 Monaten nach Beitreibung oder Vorbehaltszahlung zu erheben und ohne Rücksicht auf den Streitgegenstand in erster Instanz beim Landgericht auszutragen ist (§ 94).

In strafrechtlicher Hinsicht wird bestimmt, daß Zuwiderhandlungen gegen die Gesetzesvorschriften mangels besonderer Strafandrohung mit einer Ordnungsstrafe bis zu 150 Mark belegt und daß in gleicher Weise in bestimmten Fällen auch anderweit mit höherer Strafe belegte Zuwiderhandlungen zu ahnden sind, sofern bei ihnen das Fehlen der Hinterziehungsmöglichkeit oder -absicht festgestellt wird (§§ 95—98).

Die Beaufsichtigung des Reichsstempelwesens ist den in den einzelnen Bundesstaaten mit der Stempelprüfung beauftragten Behörden und Beamten zugewiesen (§§ 99, 100 u. A.-B. §§ 188—198). Außerdem haben die Reichsbehörden, Staats- und Kommunalbehörden, die Handelssachverständigen und Schiedsgerichte, sowie die Notare die Besteuerung der ihnen vorkommenden Urkunden zu prüfen und von Zuwiderhandlungen Anzeige zu erstatten (§ 101 u. A.-B. §§ 197, 198). Die Vollstreckbarkeit und das Vollstreckungsverfahren bei Erhebung der Abgabe richten sich nach den für die Landesabgaben geltenden Vorschriften (§ 103 u. A.-B. §§ 199—208, 210). Über Umtausch und Ersatz von Stempelzeichen und über Erstattung überhobener Stempelabgaben und aus Billigkeitsrücksichten treffen die A.-B. §§ 181—187 Vorschriften.

Der Ertrag der Abgaben fließt nach Abzug der Steuererlasse und Steuererstattungen und — mit Ausnahme der Steuer von Losen der Staatslotterien — eines Betrages von 2 v. H. des Gesamtaufkommens in die Reichskasse (§§ 105, 106 u. A.-B. §§ 212, 213).

Das Gesetz ist in seiner gegenwärtigen Fassung (abgesehen von den durch das Zuwachssteuergesetz veranlaßten Änderungen) in Kraft getreten für den Scheckstempel am 1. Oktober 1909, im übrigen am 1. August 1909 und gilt für das Gebiet des deutschen Reiches mit Ausnahme der Insel Helgoland (§ 107).

## B. Einzelnes.

### Der Effekten-(Emissions)stempel

(Tarifnummern 1—3)

wird erhoben — unter Ausschluß einzelstaatlicher Stempelabgaben (§ 4) — von Aktien (T.-Nr. $1^{a\ u.\ c}$), Anteilscheinen der Kolonialgesellschaften (T.-Nr. $1^{b}$), Kuxen (T.-Nr. $1^{d}$), inländischen, für den Handelsverkehr bestimmten Renten und Schuldverschreibungen (T.-Nr. $2^{a}$, 3) sowie von Renten und Schuldverschreibungen ausländischer Staaten, Kommunalverbände und privater Korporationen und Unternehmungen (T.-Nr. $2^{b\ u.\ c}$).

Die Entrichtung hat zu erfolgen bei inländischen und ausländischen, im Inland befindlichen Wertpapieren nach vorhergehendem Antrag auf Abstempelung vor Ausgabe, Veräußerung der Wertpapiere im Inlande, Tätigung eines Geschäfts unter Lebenden oder Zahlung auf die Papiere und bei ausländischen, aus dem Ausland eingebrachten Wertpapieren, sofern sie durch Geschäft im Inland erworben sind, mit der Aushändigung im Inland, und sofern sie durch Geschäft im Ausland erworben sind, binnen 14 Tagen nach der Einbringung der Papiere ins Inland (§ 2). Die Abgabe ist zu entrichten durch Zahlung des Abgabenbetrages an die Steuerstelle unter amtlicher Abstempelung der Wertpapiere (§ 1 u. A.-B. §§ 4, 10—13). Die Steuerpflicht liegt bei ausländischen durch Rechtsgeschäft im Ausland angeschafften Papieren dem Erwerber, im übrigen den Teilnehmern an dem steuerpflichtigen Geschäft ob (§ 2 Abs. 1 u. 3). Die Abgabe beträgt bei Kuxen 5 Mark von jeder Urkunde und bei den übrigen Papieren 3 v. H., 2 v. H., 1 v. H. und 5 v. T. vom Nennwerte. Genußscheine zahlen eine feste Abgabe von 1 Mark oder 30 (40) Mark, je nachdem sie als Ersatz erloschener Aktien ausgegeben werden oder nicht.

Befreit sind Aktien gemeinnütziger Gesellschaften, Eisenbahnaktien unter Beteiligung einer öffentlichen Körperschaft (T.-Nr. 1 Befr.), Renten und Schuldverschreibungen des Reichs und der Bundesstaaten, sowie ausländische Prämienlose, die auf Grund des Reichsgesetzes vom 8. Juni 1871 abgestempelt sind (T.-Nr. 2 Befr.). Zuwiderhandlungen gegen die Entrichtungspflicht sind mit einer Geldstrafe vom fünfundzwanzigfachen Betrage der hinterzogenen Abgabe mindestens aber von 20 Mark bedroht (§ 2).

**Die Talonsteuer**

(Tarifnummer 3 A)

wird — unter Ausschluß einzelstaatlicher Stempelabgaben (§§ 4, 8 u. A.-B. § 28) — erhoben für einen zehnjährigen Zeitraum von Gewinnanteilschein- und Zinsbogen von Aktien und Anteilscheinen (T.-Nr. $3\,A^{a\ u.\ b}$) und von Renten und Schuldverschreibungen (T.-Nr. $3\,A^{c-f}$). Die Abgabe beträgt bei Aktien 1 v. H., bei Renten- und Schuldverschreibungen 5 v. T. bzw. 2 v. T. vom Nennwert und ist zu entrichten vor der Ausgabe der Gewinnanteilschein- und Zinsbogen inländischer Wertpapiere und bei ausländischen Wertpapieren vor der Ausgabe der Talons im Inlande (A.-B. § 24). Die Entrichtung der Abgabe erfolgt durch Zahlung des Abgabenbetrages an die zuständige Steuerstelle unter amtlicher Aufdrückung eines Stempels (A.-B. § 33). Auf die Nichterfüllung der Steuerpflicht finden die beim Effektenstempel vorgesehenen

Strafandrohungen Anwendung. (A.-B. § 25). Befreit sind die Zinsbogen von Renten- und Schuldverschreibungen des Reichs und der Bundesstaaten, von Aktien gemeinnütziger Gesellschaften, sowie vor dem 1. August 1909 ausgegebene und solche Talons, die bei der ersten Ausgabe der Wertpapiere mit diesen — jedoch für längstens 10 Jahre — in Verkehr gesetzt werden (T.-Nr. 3 A Befr.).

### Der Schlußnoten- (Umsatz)stempel

(Tarifnummer 4)

wird — unter Ausschluß einzelstaatlicher Stempelabgaben (§ 24) — erhoben beim Abschluß von Kauf- und sonstigen Anschaffungsgeschäften über die dem Emissionsstempel unterstellten Wertpapiere (T.-Nr. $4^{a\,1-3}$), über ausländische Banknoten, ausländisches Papiergeld und ausländische Geldsorten (T.-Nr. $4^{a\,4}$) sowie beim Abschluß von Kauf- und Anschaffungsgeschäften, die den Usancen der Börse entsprechend über Mengen von börsenmäßig gehandelten Waren geschlossen sind (T.-Nr. $4^{b}$). Die Abgabe beträgt $^{2}/_{10}$, $^{3}/_{10}$, $^{4}/_{10}$ und 1 v. T. des Wertes des Geschäftsgegenstandes und ist zu entrichten von dem inländischen Vermittler, Kontrahenten, Kommissionär oder Veräußerer (§ 14) binnen 3 Tagen nach Abschluß durch Ausstellung einer Schlußnote und Entwertung von Reichsstempelmarken zu dieser (§ 15). Zuwiderhandlungen unterliegen einer Geldstrafe im fünfzigfachen Betrage der Abgabe mindestens aber von 20 M. und im Rückfalle einer Geldstrafe von 150—5000 M. (§§ 25, 26). Für den Arbitrierverkehr und für Kostgeschäfte sind Steuerermäßigungen vorgesehen (T.-Nr. $4^{a}$ Abs. 3). Befreit sind neben einer Reihe anderer Kauf- und Anschaffungsgeschäfte (T.-Nr. 4 Befr. 1—4), solche über Renten- und Schuldverschreibungen des Reichs und der Bundesstaaten (T.-Nr. 4 Befr. 5).

### Der Lotteriestempel

(Tarifnummer 5)

wird — unter Ausschluß einzelstaatlicher Stempelabgaben (§ 36) — erhoben von Losen öffentlicher Lotterien und Ausweisen über Spieleinlagen bei öffentlich veranstalteten Ausspielungen von Geld und anderen Gewinnen (T.-Nr. 5) und von Wetteinsätzen bei öffentlich veranstalteten Rennen und ähnlichen öffentlichen Veranstaltungen (§ 29). Die Abgabe beträgt für inländische Lose 20 v. H., für ausländische 25 v. H. vom Gesamtnennwert der Lose und ist zu entrichten von dem Veranstalter (§ 28) vor Beginn des Losabsatzes (§ 30) und bei ausländischen Losen von dem inländischen Einführer oder Empfänger vor Beginn des Vertriebs und spätestens binnen 3 Tagen nach der Einführung oder dem Empfange (§ 31). Die Steuerpflicht wird erfüllt durch Zahlung des Abgabebetrags (§ 32) unter Vorlegung (A.-B. § 64) und amtlicher Abstempelung (A.-B. § 70) der Lose.

Die Nichterfüllung der Entrichtungspflicht zieht eine dem fünffachen Betrage der Abgabe gleichkommende Geldstrafe nach sich (§ 33). Von der Abgabe befreit sind Lotterien mit einem Gesamtpreis der Lose von höchstens 100 Mark und ausschließlich mildtätige Ausspielungen mit einem Gesamtpreis der Lose von höchstens 25000 Mark (T.=Nr. 5).

Durch Ges. betr. die Wetten bei öffentlich veranstalteten Pferderennen vom 4. Juli 05 ist der Betrieb eines Wettunternehmens für öffentlich veranstaltete Pferderennen von der Erlaubnis der Landeszentralbehörde mit der Maßgabe abhängig gemacht, daß die Erlaubnis nur insoweit erteilt werden darf, als die Verwendung der Einnahmen zum Besten der Pferdezucht sichergestellt erscheint. Das geschäftsmäßige Vermitteln von Wetten für öffentlich im Inlande oder Auslande veranstaltete Pferderennen sowie öffentliche Aufforderungen oder Angebote dazu (Buchmachen) sind unter Gefängnisstrafe von ein bis sechs Monaten oder Geldstrafe von 500 bis 1500 M. verboten (A.=B. § 68).

## Der Frachturkundenstempel
(Tarifnummer 6)

wird erhoben — unter Ausschluß einzelstaatlicher Stempelabgaben (§ 45) — von im Inlande ausgestellten oder behufs Empfangnahme oder Ablieferung der Sendung im Inlande vorgelegten oder ausgehändigten Frachturkunden:

1. im Schiffsverkehr zwischen inländischen Häfen und ausländischen Seehäfen (T.=Nr. 6[a]) im Betrage von 1 Mark für jede Urkunde;
2. im Schiffsverkehr zwischen inländischen Häfen und ausländischen Häfen der Nord= und Ostsee, des Kanals oder der norwegischen Küste (T.=Nr. 6[b]) im Betrage von 10 Pfennig für jede Urkunde (unter Erhöhung dieses Betrages für die Ladung eines ganzen Schiffsgefäßes);
3. im sonstigen Schiffsverkehre (T.=Nr. 6[c]) für ganze Schiffsladungen je nach der Frachthöhe und dem Raumgehalte des Schiffes im Betrage von 20, 50 Pfennig oder 1 Mark für jede Urkunde;
4. im inländischen Eisenbahnverkehr (T.=Nr. 6[d]) für ganze Wagenladungen nach der Frachthöhe im Betrage von 20 oder 50 Pfennig für jede Urkunde unter vermindernden oder erhöhendem Einfluß des Ladegewichts.

Die Steuerpflicht liegt unter beschränkter Pflicht zur Ausstellung einer Frachturkunde (§ 38) bei inländischen Urkunden im Seeverkehr dem Ablader, im Eisenbahnverkehr dem Frachtführer (vorbehaltlich des Rückgriffs gegen den Absender oder Empfänger) und im sonstigen Verkehr dem Aussteller ob. Bei ausländischen Urkunden trägt der Empfänger die Entrichtungspflicht (§ 37).

Die Abgabe ist zu entrichten bei inländischen Urkunden vor Aushändigung durch den Ablader oder Aussteller, bei ausländischen Urkunden binnen 3 Tagen nach Empfang und im Eisenbahnver=

kehr vor Aushändigung der Sendung an den Empfänger und bei nach dem Ausland bestimmten Sendungen vor Aushändigung an den ausländischen Frachtführer (§ 40). Ist die Entrichtung von den dazu Verpflichteten unterlassen worden, so ist sie von den ferneren Inhabern der Urkunde binnen 3 Tagen nach dem Empfang und spätestens vor der weiteren Aushändigung zu bewirken (§ 41).

Die Erfüllung der Abgabepflicht erfolgt durch Verwendung von Stempelmarken oder gestempelten Vordrucken (§ 42 und A.-B. 79, 80). Über die Pflicht zur Aufbewahrung vgl. A.-B. §§ 84—90, über Erlaß aus Billigkeitsrücksichten vgl. A.-B. § 91.

Die Nichterfüllung der Steuerpflicht zieht eine Geldstrafe im fünfundzwanzigfachen Betrage der vorenthaltnen Abgabe und von mindestens 20 Mark nach sich (§ 43), die sich bei gewerbsmäßiger Beförderung im Rückfalle bis zu 5000 M. erhöht (§ 44).

**Der Personenfahrkartenstempel**

(Tarifnummer 7)

wird — unter Ausschluß einzelstaatlicher Abgaben (§ 54) — erhoben von Fahrkarten, Fahrscheinen und sonstigen Ausweisungen über die Zahlung des Personenfahrgeldes für die III. oder eine höhere Fahrklasse im inländischen Bahn- und Dampfschiffsverkehr (T.-Nr. 7 [a] u. [b]) und ist nach der Klasse und nach dem Fahrpreis gestaffelt von einem Mindeststeuersatze von 5 Pf., 10 Pf., 20 Pf. für die III., II., I. Klasse bei einem Fahrpreise von mehr als 60 Pf. bis 2 Mk. bis zu einem Höchststeuersatze von 2 Mk., 4 Mk., 8 Mk. für die III., II., I. Klasse bei einem Fahrpreis von mehr als 50 Mk.

Die Entrichtungspflicht liegt den Eisenbahnverwaltungen und Dampfschiffahrtsunternehmungen zu Lasten des Erwerbers der Karten ob (§ 46) und erfolgt bei staatlichen Eisenbahn- und Dampfschiffsverwaltungen im Wege der Abrechnung (§ 47 und A.-B. §§ 94, 95) und im übrigen durch vor Ausgabe der Fahrkarten zu bewirkende Zahlung des Abgabebetrags an die Steuerstellen unter amtlicher Abstempelung der Fahrkarten oder Verwendung von Stempelmarken (§ 48 u. A.-B. §§ 96—99), sofern nicht auch hier das Abrechnungsverfahren zugelassen ist (§ 48 u. A.-B. § 100). Die Versteuerung im Ausland ausgegebener Fahrkarten erfolgt gemäß § 50 nach A.-B. §§ 101—104. Die Ausgabe vor der Stempelentrichtung zieht für Angestellte einer nichtstaatlichen Verkehrsverwaltung eine Geldstrafe von 100 Mark und im Rückfalle eine solche bis zu 5000 Mark nach sich (§§ 51, 52).

Befreit sind Fahrkarten IV. Klasse, solche im Betrage von weniger als 60 Pf., zu ermäßigten Preisen ausgegebene Militär-, Schüler- und Arbeiterfahrkarten sowie Fahrkarten der III. Wagenklasse zu einem Satze von höchstens 2 Pf. für das Kilometer, soweit eine IV. Wagenklasse nicht besteht.

Eine Erstattung der Abgabe findet nur bei Rückgewähr des vollen Fahrpreises statt (§ 53 u. A.-B. §§ 105, 106).

**Die Automobilsteuer**

(Tarifnummer 8)

wird — unter Ausschluß einzelstaatlicher Stempelabgaben (§ 65) — erhoben von Erlaubniskarten für Kraftfahrzeuge zur Personenbeförderung auf öffentlichen Wegen und Plätzen (T.-Nr. 8). Sie beträgt jährlich für Krafträder 10 Mark und besteht für Kraftwagen aus einem nach der Zahl der Pferdekräfte gestaffelten Grundbetrag von 25—150 Mark und einem Zuschlag von 2—10 Mark für jede Pferdekraft. Bei nicht mehr als viermonatigem Gebrauch wird die Hälfte dieser Sätze erhoben (T.-Nr. 8). Für Kraftfahrzeuge ausländischer Besitzer ist bei einem Aufenthalt von höchstens 90 Tagen je nach der Länge des Inlandsaufenthalts an Stelle der Inlandsabgabe eine ermäßigte Steuer zu entrichten, deren Mindestsatz (bei eintägigem Aufenthalt) 3 Mark, deren Höchstsatz (bei 60—90 tägigem Aufenthalt) 50 Mark beträgt (§ 126 A.-B.).

Die Abgabe ist vor der Ingebrauchnahme des Fahrzeugs (§ 56, 60) von dem Eigenbesitzer des Kraftfahrzeugs und bei ausländischen Kraftfahrzeugen von dem zu entrichten, der das Fahrzeug im Inlande in Gebrauch nimmt (§ 57). Die Entrichtung erfolgt durch Lösung einer Erlaubniskarte, die von der zuständigen Steuerstelle auf 1 Jahr (auf besonderen Antrag gegen Zahlung des halben Steuerbetrages auf 4 Monate oder bei Auslandskarten auf entsprechende kürzere Zeit) ausgestellt und dem Steuerpflichtigen gegen Zahlung des Abgabebetrags ausgehändigt wird (§§ 56, 60, 61 A.-B. §§ 111—116 und 129—134).

Die Nichterfüllung der Steuerpflicht wird mit einer Geldstrafe vom 5—10 fachen Betrage der Jahresabgabe bestraft (§ 64).

Befreit sind außer den Lastkraftfahrzeugen, die ausschließlich im Dienste des Reichs, eines Bundesstaates oder einer Behörde befindlichen Fahrzeuge, sowie solche Kraftfahrzeuge, die der gewerbsmäßigen Personenbeförderung dienen (T.-Nr. 8 Befr.).

**Die Tantiemensteuer**

(Tarifnummer 9)

wird mit 8 vom Hundert von der Gesamtsumme der Vergütungen (Gewinnanteile, Tantiemen, Gehälter usw.) erhoben, die den zur Überwachung oder Geschäftsführung bestellten Personen (Mitgliedern des Aufsichtsrats) von Aktiengesellschaften, Kommanditgesellschaften auf Aktien und Gesellschaften mit beschränkter Haftung seit der letzten Bilanzaufstellung gewährt sind (T.-Nr. 9 Abs. 1).

Die Abgabenentrichtung erfolgt durch Zahlung des Abgabenbetrags an die zuständige Steuerstelle unter Einreichung einer bei Aufstellung der Jahresbilanz anzufertigenden besonderen Aufstellung über die gewährten Vergütungen (§§ 66, 68, A.-B. §§ 139 bis 144).

Die Entrichtung der Steuer liegt dem Vorstande, den persönlich haftenden Gesellschaftern bzw. den Geschäftsführern der

Gesellschaften zu Lasten der bezugsberechtigten Personen ob (§ 67). Die Nichterfüllung wird mit einer Geldstrafe vom Zwanzigfachen des hinterzogenen Stempels belegt (§ 69).

Steuerfreiheit besteht in Fällen, in denen die gesamten Vergütungen einer Gesellschaft nicht mehr als 5000 Mark (T.-Nr. 9 Abs. 2) betragen haben.

## Der Scheckstempel
(Tarifnummer 10)

wird — unter Ausschluß einzelstaatlicher Abgaben (§ 77) — erhoben mit 10 Pfg. für jede Urkunde von im Inland ausgestellten und im Ausland auf das Inland ausgestellten Schecks und von Quittungen über Geldsummen aus Guthaben des Ausstellers bei scheckfähigen Anstalten oder Firmen, sofern die Quittung im Inland ausgestellt oder ausgehändigt wird (T.-Nr. 10).

Die Entrichtung erfolgt durch Verwendung von Stempelmarken (§ 74, A.-B. §§ 148—151) oder durch Verwendung abgestempelter Vordrucke (§ 74, A.-B. §§ 145—147).

Die Pflicht zur Entrichtung liegt dem Aussteller und bei im Auslande ausgestellten Schecks und Quittungen dem ersten inländischen Inhaber vor der Aushändigung ob (§ 70). Ist die Versteuerung von dem ersten Inhaber unterlassen, so ist zu deren Nachholung jeder weitere Inhaber verpflichtet (§ 73). Die Nichterfüllung der Entrichtungspflicht wird mit einer Geldstrafe von 20 Mk. für jede Urkunde bestraft (§ 75).

Befreit sind dem Wechselstempel unterliegende Schecks und im inländischen Postscheckverkehr ausgestellten Schecks (T.-Nr. 10 Befr.).

## Die Grundwechselabgabe
(Tarifnummer 11)

wird — unter Zulassung einzelstaatlicher Abgaben — mit $^1/_3$ v. H. — und zur Zeit (§ 90) mit $^2/_3$ v. H. — des Preises oder Wertes erhoben von Beurkundungen der Eigentumsübertragung an inländischen Grundstücken und diesen gleichgestellten Berechtigungen über

a) Kauf-, Tausch- und andere entgeltliche Veräußerungsverträge (T.-Nr. $11^a$);
b) das Einbringen in eine Aktiengesellschaft, Aktienkommanditgesellschaft oder Gesellschaft mit beschränkter Haftung (T.-Nr. $11^b$);
c) die Überlassung von Gesellschaftsvermögen an einen Gesellschafter (T.-Nr. $11^c$);
d) die Auflassungen, soweit eine in stempelpflichtiger Form errichtete Urkunde über das Veräußerungsgeschäft nicht vorgelegt wird (T.-Nr. $11^d$).

Die Pflicht zur Entrichtung liegt binnen zwei Wochen nach Eintritt der Steuerpflicht bei öffentlich beglaubigten Urkunden dem Veranlasser der Beurkundung, sonst den Teilnehmern am Rechtsgeschäft ob (§ 83) und ist zu erfüllen durch Verwendung von Stempelmarken oder Stempelbogen (§ 80, A.=B. §§ 152—158) und, soweit dies landesrechtlich zugelassen wird, durch Barzahlung oder Einziehung der Abgabe zu den Gerichtskosten (§ 80 Abs. 2, A.=B. § 152 Abs. 2, 3, §§ 159, 160). Soweit eine steuerpflichtige Beurkundung von Behörden oder Beamten vorgenommen ist, haben diese binnen zweier Wochen und vor Aushändigung der Urkunde für die Verwendung des Stempels und für dessen Einziehung bei Vermeidung der Haftung für den Abgabebetrag Sorge zu tragen (§§ 85, 86). Die Nichterfüllung der Steuerpflicht seitens des Steuerpflichtigen (§ 83) wird mit einer Geldstrafe vom zehnfachen Betrage der vorenthaltenen Abgabe bestraft (§ 88). Erstattungsvoraussetzungen und =verfahren sind gemäß § 79 Abs 2 in den A.=B. §§ 169—173 geregelt.

Befreit sind außer einer Reihe einzelner Rechtsgeschäfte (vgl. T.=Nr. 11ᵃ Befr. 1—3, T.=Nr. 11ᵇ Befr., T.=Nr. 11ᶜ Befr.) der Erwerb des Landesfürsten und der Landesfürstin (§ 84), sowie auf Antrag Eigentumsveränderungen aus Gründen des öffentlichen Wohles und Grundstücksübertragungen, die bebaute Grundstücke im Werte von nicht mehr als 20000 Mark oder unbebaute Grundstücke im Werte von nicht mehr als 5000 Mark betreffen, sofern der Erwerber ein Jahreseinkommen von höchstens 2000 Mark hat und den Grundstückshandel nicht gewerbsmäßig betreibt (T.=Nr. 11 Befr.=Vorschriften am Schlusse).

Als Ersatz für die Grundwechselabgabe wird von dem gebundenen Grundbesitz (Fideikommiß, Lehen, Stammgut) eine jährliche Abgabe von $^1/_{90}$ — und zur Zeit von $^2/_{90}$ — v. H. des Wertes erhoben.

Das zweite Drittel der Grundwechselabgabe und das zweite Neunzigstel der Fideikommißabgabe kommt mit dem 1. Juli 1914 in Wegfall, während das erste Drittel der Grundwechselabgabe späterhin sich insoweit ermäßigt, als der Jahresanteil des Reiches am Ertrage der Zuwachssteuer 25 Millionen Mark übersteigt (§§ 89, 90 u. A.=B. §§ 174—179).

# Reichsstempelgesetz

## vom 15. Juli 1909.

(Reichs-Gesetzbl. S. 833.)

---

### I. Aktien, Kuxe, Renten- und Schuldverschreibungen, Gewinnanteilschein- und Zinsbogen.

(Tarifnummer 1 bis 3 A.)

**§ 1.** Die Verpflichtung zur Entrichtung der unter Nummer 1 bis 3 A des anliegenden Tarifs bezeichneten Stempelabgabe wird erfüllt durch Zahlung des Abgabebetrags an eine zuständige Steuerstelle, welche auf dem vorzulegenden Wertpapiere Reichsstempelmarken zum entsprechenden Betrage zu verwenden oder die Aufdrückung des Stempels zu veranlassen hat.

In welchen Fällen und unter welchen Bedingungen der Verpflichtung zur Versteuerung durch rechtzeitige Verwendung von Stempelmarken ohne amtliche Mitwirkung einer Steuerstelle genügt werden kann, bestimmt der Bundesrat.

**§ 2.** Ausländische Wertpapiere, welche durch ein im Ausland abgeschlossenes Geschäft von einem zur Zeit des Geschäftsabschlusses im Inlande wohnhaften Kontrahenten angeschafft sind und ihm aus dem Ausland übersandt oder von ihm oder einem Vertreter aus dem Ausland abgeholt werden, sind von dem Erwerber binnen vierzehn Tagen nach der Einbringung der Wertpapiere in das Inland zur Versteuerung anzumelden. Wer dieses unterläßt oder wer Wertpapiere der unter den Tarifnummern 1 bis 3 bezeichneten Art im Inland ausgibt, veräußert, verpfändet oder ein anderes Geschäft unter Lebenden damit macht oder Zahlung darauf leistet, bevor die Verpflichtung zur Versteuerung erfüllt oder den Kontrollvorschriften des Bundesrats genügt ist, verfällt in eine Geldstrafe, welche dem fünfundzwanzigfachen Betrage der hinterzogenen Abgabe gleichkommt, mindestens aber zwanzig Mark für jedes Wertpapier beträgt.

Diese Strafen treffen besonders und zum vollen Betrage jeden, der als Kontrahent oder in anderer Eigenschaft an der Ausgabe, Veräußerung, Verpfändung oder an dem sonstigen Geschäfte teilgenommen hat.

Dieselben Personen sind für die Entrichtung der Steuer solidarisch verhaftet.

Die Nichterfüllung der Verpflichtung zur Entrichtung der in Nr. 1 d Abs. 2 des Tarifs vorgeschriebenen Abgabe wird mit einer Geldstrafe bestraft, welche dem fünfundzwanzigfachen Betrage der hinterzogenen Abgabe gleichkommt, mindestens aber zweihundertfünfzig Mark für die auf den einzelnen Anteil ausgeschriebene Einzahlung beträgt.

**§ 3.** Bevor stempelpflichtige inländische Wertpapiere zur Zeichnung aufgelegt werden, oder zu weiteren Einzahlungen auf solche aufgefordert wird, hat der Emittent hiervon der zuständigen Steuerstelle unter Angabe der Zahl, der Gattung und des Nennwerts der Stücke oder des Betrags der zu leistenden Einzahlungen nach Maßgabe eines von dem Bundesrate zu bestimmenden Formulars Anzeige zu erstatten.

Die Zuwiderhandlung gegen diese Vorschrift zieht Geldstrafe im Betrage von fünfzig bis fünfhundert Mark nach sich.

**§ 4.** Die der Reichsstempelsteuer unterworfenen Wertpapiere unterliegen in den einzelnen Bundesstaaten keiner weiteren Stempelabgabe (Taxe, Sportel usw.).

Auch ist von der Umschreibung solcher Wertpapiere in den Büchern und Registern der Gesellschaft usw. sowie von den auf die Wertpapiere selbst gesetzten Übertragungsvermerken (Indossamenten, Zessionen usw.) eine Abgabe nicht zu entrichten.

Im übrigen, insbesondere hinsichtlich der Urkunden über Eintragungen in dem Hypothekenbuche (Grundbuche), bleiben die landesgesetzlichen Vorschriften unberührt.

**§ 5.** Bezüglich der vor dem 1. August 1909 ausgegebenen inländischen und mit dem Reichsstempel versehenen ausländischen Wertpapiere bewendet es bei den bisherigen Vorschriften. Dasselbe gilt für die nach dem genannten Zeitpunkt ausgegebenen inländischen Wertpapiere in Ansehung der vorher geleisteten Zahlungen.

Wertpapiere, welche lediglich zum Zwecke des Umtausches, das heißt behufs Erneuerung der Urkunde ohne Veränderung des ursprünglichen Rechtsverhältnisses, ausgestellt worden sind, bleiben steuerfrei, wenn die zum Umtausche gelangenden Stücke ordnungsmäßig versteuert oder steuerfrei sind und den vom Bundesrate zu erlassenden Kontrollvorschriften genügt worden ist.

**§ 6.** Insoweit von einer inländischen Aktiengesellschaft oder Kommanditgesellschaft auf Aktien innerhalb eines Jahres nach Eintragung der Gesellschaft ins Handelsregister Aktien oder Aktienanteilscheine (Interimsscheine) nicht ausgegeben worden sind, ist die im Tarif unter Nr. 1 a vorgesehene Stempelabgabe vom Betrage der Einlagen auf das in Aktien zerlegte Grundkapital der Gesellschaft auf Grund einer spätestens zwei Wochen nach Ablauf des genannten Zeitraums beziehungsweise für die bei Inkrafttreten des Gesetzes vom 3. Juni 1906 bereits bestehenden Aktiengesellschaften oder Kommanditgesellschaften auf Aktien spätestens bis zum 1. März 1907 bei der Steuerstelle einzureichenden Anmeldung zu entrichten. Das Gleiche gilt, wenn eine Gesellschaft der bezeichneten Art das Grundkapital erhöht und innerhalb eines Jahres nach Eintragung der erfolgten Erhöhung ins Handelsregister die Ausgabe der neuen Aktien oder Aktienanteilscheine (Interimsscheine) nicht erfolgt ist. Zur Entrichtung der Abgabe ist die Gesellschaft verpflichtet.

Die Anmeldung zur Versteuerung muß die Firma und den Sitz der Gesellschaft, den Tag der Eintragung ins Handelsregister sowie die zur Berechnung der Stempelabgabe erforderlichen Angaben enthalten.

Werden von der Gesellschaft nachträglich Urkunden der gedachten Art ausgegeben, so ist von diesen in Höhe des gemäß Abs. 1 versteuerten Betrags eine Abgabe nicht zu erheben.

Für die vor dem 14. Juni 1900 in das Handelsregister eingetragenen Aktiengesellschaften oder Kommanditgesellschaften auf Aktien ist die Stempelabgabe nur in der zur Zeit der Eintragung in das Handelsregister geltenden Höhe zu entrichten. Das Gleiche gilt für die vor dem 14. Juni 1900 erfolgten Erhöhungen des Grundkapitals.

Soweit das Aktienkapital vor Ablauf der Anmeldungsfrist herabgesetzt worden ist, ist die Stempelabgabe nur von dem nach der Herabsetzung verbleibenden Betrage des Aktienkapitals zu entrichten und soweit das ursprüngliche Aktienkapital nach Abs. 4 verschiedenen Steuersätzen unterliegt, ermäßigt sich der Stempelbetrag im Verhältnisse des ursprünglichen zum steuerpflichtigen Kapitale.

**§ 7.** Sind bei Einreichung der Anmeldung in dem Falle des § 6 Abs. 1 die Einlagen nicht voll gezahlt, so erfolgt die Versteuerung nur nach Maßgabe der geleisteten Einzahlungen. Die Entrichtung der Abgabe von den weiteren Einzahlungen hat spätestens zwei Wochen nach Ablauf des für die Einzahlung bestimmten Zeitpunkts in der im § 6 bezeichneten Weise zu erfolgen. Die Vorschriften des § 3 über die vorläufige Anmeldung finden Anwendung.

**§ 8.** Auf die in der Tarifnummer 3A bezeichneten Urkunden finden die vorstehenden Vorschriften nach näherer Bestimmung des Bundesrats entsprechende Anwendung, soweit nicht nachstehend ein anderes bestimmt ist.

**§ 9.** Werden bei inländischen Aktiengesellschaften und Kommanditgesellschaften auf Aktien in der Zeit bis zum 1. Oktober 1914 neue Gewinnanteilscheinbogen ausgegeben, so kann seitens des Bundesrats, sofern die sofortige Einziehung der Steuer mit erheblichen Härten für den Steuerpflichtigen verbunden sein würde, Stundung der Abgabe bis zur Dauer von drei Jahren bewilligt werden.

Wird bei der Ausgabe neuer Gewinnanteilscheinbogen der Nachweis geführt, daß in dem vorhergehenden zehnjährigen Zeitraume für ein oder mehrere Jahre ein Gewinnanteil nicht gezahlt ist, so tritt eine entsprechende Kürzung der Abgabe ein, es sei denn, daß der im Durchschnitte der zehn Jahre verteilte Gewinnanteil mindestens vier vom Hundert betragen hat.

**§ 10.** Inländische Aktiengesellschaften und Kommanditgesellschaften auf Aktien, die keine Gewinnanteilscheine ausgeben, werden hinsichtlich der Verpflichtung zur Entrichtung der in Tarifnummer 3A unter a bezeichneten Stempelabgabe so behandelt, als wenn sie von dem Zeitpunkte der Eintragung der Gesellschaft oder der Eintragung der Erhöhung des Grundkaptials in das Handelsregister für je zehnjährige Zeiträume Gewinnanteilscheinbogen ausgegeben hätten. Die Stempelabgabe ist von dem Betrage der Einlagen auf das in Aktien zerlegte Grundkapital zu berechnen und auf Grund einer binnen dreimonatiger Frist an die Steuerbehörde einzureichenden Anmeldung zu entrichten.

**§ 11.** Zuwiderhandlungen gegen die Vorschrift des § 6 Abs. 1 und § 7 Satz 2 werden mit Geldstrafe von fünfzig bis fünftausend Mark bestraft.

Die landesgesetzliche Besteuerung von Gesellschaftsverträgen wird durch die genannte Vorschrift nicht berührt.

## II. Kauf- und sonstige Anschaffungsgeschäfte.

(Tarifnummer 4.)

**§ 12.** Die unter Tarifnummer 4 angeordnete Abgabe ist von allen im Inland abgeschlossenen Geschäften der bezeichneten Art zu erheben.

Im Ausland abgeschlossene Geschäfte unterliegen der Abgabe, wenn beide Kontrahenten im Inlande wohnhaft sind; ist nur der eine Kontrahent im Inlande wohnhaft, so ist die Abgabe nur im halben Betrage zu entrichten. Bei kaufmännischen Firmen entscheidet für die Frage des Wohnorts der Sitz des Handelsniederlassung, welche das Geschäft abgeschlossen hat.

Als im Ausland abgeschlossen gelten auch solche Geschäfte, welche durch briefliche oder telegraphische Korrespondenz zwischen einem Orte des Inlandes und einem Orte des Auslandes zustande gekommen sind.

**§ 13.** Bedingte Geschäfte gelten in betreff der Abgabepflicht als unbedingte. Ist einem Kontrahenten ein Wahlrecht eingeräumt, oder die Befugnis, innerhalb bestimmter Grenzen den Umfang der Lieferung zu bestimmen, so wird die Abgabe nach dem höchstmöglichen Werte des Gegenstandes des Geschäfts berechnet.

Jede Verabredung, durch welche die Erfüllung des Geschäfts unter veränderten Vertragsbestimmungen oder gegen Entgelt unter denselben Vertragsbestimmungen auf einen späteren Termin verschoben wird, gilt als neues abgabepflichtiges Geschäft.

Ist das Geschäft von einem Kommissionär (§ 383 des Handelsgesetzbuchs) abgeschlossen, so ist die Abgabe sowohl für das Geschäft zwischen dem Kommissionär und dem Dritten, als auch für das Abwickelungsgeschäft zwischen dem Kommissionär und dem Kommittenten zu entrichten, sofern nicht die Bestimmung des § 17 Abs. 2 eintritt.

Geschäfte, welche vorbehaltlich der Aufgabe („an Aufgabe") abgeschlossen werden, sind abgabepflichtig. Die Bezeichnung des definitiven Gegenkontrahenten (die Aufgabe) ist steuerfrei, wenn dieselbe spätestens am folgenden Werktage gemacht wird; wird dieselbe später gemacht, so gilt sie als ein neues abgabepflichtiges Geschäft.

**§ 14.** Zur Errichtung der Abgabe ist zunächst verpflichtet:

1. wenn das Geschäft durch einen im Inlande wohnhaften Vermittler abgeschlossen ist, dieser,
   anderenfalls:
2. wenn nur einer der Kontrahenten im Inlande wohnhaft ist, dieser,
3. wenn von den Kontrahenten nur der eine ein im Inlande wohnhafter nach § 38 des Handelsgesetzbuchs zur Führung von Handelsbüchern verpflichteter Kaufmann ist, der letztere,
4. wenn es sich um das Abwickelungsgeschäft zwischen dem Kommissionär und dem Kommittenten handelt (§ 13 Abs. 3), der Kommissionär,
5. in allen übrigen Fällen der Veräußerer.

Die im Inlande wohnhaften Vermittler und die Kontrahenten haften für die Abgabe als Gesamtschuldner; indessen ist bei Geschäften, für welche die Abgabe nur im halben Betrage zu entrichten ist (§ 12 Abs. 2), der nicht im Inlande wohnhafte Kontrahent für die Entrichtung der Abgabe nicht verhaftet.

Der Vermittler ist berechtigt, den Ersatz der entrichteten Abgabe von jedem für die Abgabe verhafteten Kontrahenten zu fordern.

**§ 15.** Der zur Entrichtung der Abgabe zunächst Verpflichtete hat über das abgabepflichtige Geschäft spätestens am dritten Tage nach dem Tage des Geschäftsabschlusses eine Schlußnote auszustellen, welche den Namen und den Wohnort des Vermittlers und der Kontrahenten, den Gegenstand und die Bedingungen des Geschäfts, insbesondere den Preis sowie die Zeit der Lieferung ergeben muß. Die Unterschrift des Ausstellers ist nicht erforderlich.

Die Schlußnote ist doppelt auf einem vorher gestempelten oder mit den erforderlichen Stempelmarken zu versehenden Formular auszustellen, von dem je eine Hälfte für jeden der beiden Kontrahenten bestimmt ist. Innerhalb der im Abs. 1 bezeichneten Frist hat der Aussteller der Schlußnote die nicht für ihn bestimmte Hälfte der letzteren, wenn derselbe die Schlußnote aber als Vermittler ausgestellt hat (§ 14 Ziffer 1), deren beide Hälften abzusenden.

Vermittler haben diese Absendung und den verwendeten Stempelbetrag in ihren Geschäftsbüchern zu vermerken.

Der zur Entrichtung der Abgabe zunächst Verpflichtete darf unversteuerte Schlußnoten über das abgabepflichtige Geschäft nicht ausstellen und aus der Hand geben.

**§ 16.** Ist einem für die Entrichtung der Abgabe verhafteten Kontrahenten (§ 14 Abs. 2) eine zu niedrig versteuerte Schlußnote zugestellt worden, so hat derselbe binnen vierzehn Tagen nach dem Tage des Geschäftsabschlusses den fehlenden Stempelbetrag auf der Schlußnote nachträglich zu verwenden; ist einem solchen Kontrahenten eine versteuerte Schlußnote überhaupt nicht zugegangen, so hat derselbe seinerseits binnen der bezeichneten Frist nach Maßgabe der im § 15 Abs. 1 und 2 gegebenen Bestimmungen zu verfahren.

Sind bei einem durch einen Vermittler abgeschlossenen Geschäfte (§ 14 Ziffer 1) zwei derartige Kontrahenten beteiligt, so hat jeder von ihnen nur die Hälfte des auf der zugestellten Schlußnote fehlenden Betrages nachträglich zu verwenden, im Falle des Nichteinganges der Schlußnote aber zu der von ihm auszustellenden Schlußnote nur die Hälfte des tarifmäßigen Stempels zu verwenden.

Die nach den vorstehenden Bestimmungen mangels des Empfanges der Schlußnote entrichtete Abgabe ist zurückzuerstatten, wenn nachgewiesen wird, daß der zunächst Verpflichtete die ihm nach § 15 obliegenden Verpflichtungen rechtzeitg erfüllt hat. Die Entscheidung erfolgt im Verwaltungswege.

**§ 17.** Eine Schlußnote kann mehrere abgabepflichtige Geschäfte umfassen, insofern letztere an demselben Tage und unter denselben Kontrahenten, welche in gleicher Eigenschaft gehandelt haben, abgeschlossen worden sind.

Wird bei Kommissionsgeschäften für einen auswärtigen Kommittenten, welcher seinerseits als Kommissionär eines Dritten handelt, die Schlußnote mit dem Zusatze „in Kommission" ausgestellt, so bleibt das Abwickelungsgeschäft zwischen ihm und seinem Kommittenten von der Abgabe befreit, wenn er die Schlußnote mit dem Vermerke versieht, daß sich eine versteuerte, über denselben Betrag oder dieselbe Menge und denselben Preis lautende Schlußnote mit zu bezeichnender Nummer (§ 20) in seinen Händen befindet.

Umfaßt eine Schlußnote ein Kaufgeschäft und gleichzeitig ein zu einer späteren Zeit zu erfüllendes Rückkaufgeschäft über in der Tarifnummer 4 bezeichnete Gegenstände derselben Art und in demselben Betrage beziehungsweise derselben Menge (Report-, Deport-, Kostgeschäft), so ist die Abgabe nur für das dem Werte nach höhere dieser beiden Geschäfte zu berechnen.

**§ 18.** Führt der Kommissionär an demselben Tage eine Einkaufskommission und eine Verkaufskommission über Wertpapiere derselben Gattung durch Eintritt als Selbstkontrahent aus, so ist für jedes der beiden Geschäfte, insoweit sie sich ausgleichen, neben der tarifmäßigen Abgabe eine weitere Abgabe in Höhe der Hälfte des Tarifsatzes zu entrichten, es sei denn, daß der Kommissionär zur Deckung eines der beiden Aufträge ein abgabepflichtiges Geschäft mit einem Dritten abgeschlossen hat. Die Bestimmungen über die Erhebung der weiteren Abgabe und über die zur Sicherung dieser Erhebung erforderlichen Maßregeln, insbesondere über die Art der Buchführung, werden vom Bundesrate getroffen.

**§ 19.** Tauschgeschäfte, bei welchen verschiedene Abschnitte oder Stücke mit verschiedenen Zinsterminen von Wertpapieren derselben Gattung ohne anderweite Gegenleistung Zug um Zug ausgetauscht werden, sind steuerfrei.

Uneigentliche Leihgeschäfte, das heißt solche, bei denen der Empfänger befugt ist, an Stelle der empfangenen Wertpapiere andere Stücke gleicher Gattung zurückzugeben, bleiben steuerfrei, wenn diese Geschäfte ohne Ausbedingung oder Gewährung eines Leihgeldes, Entgelts, Aufgeldes oder einer sonstigen Leistung und unter Festsetzung einer Frist von längstens einer Woche für die Rücklieferung der Wertpapiere abgeschlossen werden. Die darüber auszufertigenden Schlußnoten müssen diese Festsetzung sowie den Vermerk „Unentgeltliches Leihgeschäft" enthalten.

**§ 20.** Die Schlußnoten sind nach der Zeitfolge numeriert von denjenigen Anstalten und Personen, welche gewerbsmäßig abgabepflichtige Kauf- und sonstige Anschaffungsgeschäfte betreiben oder vermitteln, fünf Jahre lang, von anderen Personen ein Jahr lang aufzubewahren.

**§ 21.** Ist bei dem Abschluß eines abgabepflichtigen Geschäfts zwischen zwei Kontrahenten, welche nicht nach § 38 des Handelsgesetzbuchs zur Führung von Handelsbüchern verpflichtet sind, eine beiderseits unterschriebene Vertragsurkunde aufgestellt worden, so bleiben die §§ 14, 15, 16, 17, 20 außer Anwendung. Die Kontrahenten sind verpflichtet, die Vertragsurkunde binnen vierzehn Tagen nach dem Geschäftsabschlusse der Steuerbehörde zur Abstempelung vorzulegen; diese Verpflichtung erstreckt sich bei Geschäften, für welche die Abgabe nur im halben Betrage zu erheben ist (§ 12 Abs. 2), nicht auf den nicht im Inlande wohnhaften Kontrahenten.

**§ 22.** Bei Geschäften, für welche eine rechtzeitige Berechnung der Steuer nicht möglich ist, bleibt die Besteuerung unter den vom Bundesrate festzusetzenden Maßgaben so lange ausgesetzt, bis die Berechnung möglich wird. Der Bundesrat bestimmt ferner, unter welchen Umständen außerhalb dieses Falles, insbesondere bei im Ausland abgeschlossenen Geschäften, eine andere Frist zur Ausstellung der Schlußnoten eintreten kann.

**§ 23.** Nach der näheren Bestimmung des Bundesrats dürfen Stempelzeichen zur Entrichtung der in der Tarifnummer 4 angeordneten Abgabe auf Kredit verabfolgt werden.

**§ 24.** Geschäfte, welche nach Tarifnummer 4 abgabepflichtig sind, oder auf welche die Vorschrift unter „Befreiungen" zu dieser Tarifnummer Anwendung findet, sowie Schriftstücke über solche Geschäfte sind in den einzelnen Bundesstaaten keinen Stempelabgaben (Taxen, Sporteln usw.) unterworfen. Werden diese Schriftstücke indessen gerichtlich oder notariell aufgenommen oder beglaubigt, so unterliegen sie, neben der in Tarifnummer 4 für das Geschäft vorgeschriebenen Abgabe, den in den Landesgesetzen für gerichtliche oder notarielle Aufnahmen und Beglaubigungen etwa vorgeschriebenen Stempeln (Taxen, Sporteln usw.).

**§ 25.** Wer den Vorschriften im § 15 Abs. 1 und 2, § 16, Abs 1 und 2 und § 21 zuwiderhandelt oder eine Schlußnote wahrheitswidrig mit dem im § 17 Abs. 2 oder § 19 bezeichneten Vermerke versieht, oder im Falle der Tarifnummer 4a behufs Erlangung einer Steuerermäßigung unrichtige Angaben macht, hat eine Geldstrafe verwirkt, welche dem fünfzigfachen Betrage der hinterzogenen Abgabe oder der beanspruchten Steuerermäßigung gleichkommt, mindestens aber zwanzig Mark beträgt.

Kann der Betrag der hinterzogenen Abgabe nicht festgestellt werden, so tritt statt der vorstehend bestimmten Strafe eine Geldstrafe von zwanzig bis fünftausend Mark ein.

**§ 26.** Wer, nachdem er auf Grund des § 25 bestraft worden, von neuem den dortselbst bezeichneten Vorschriften zuwiderhandelt, hat neben der im § 25 vorgesehenen Strafe eine Geldstrafe von einhundertfünfzig bis fünftausend Mark verwirkt.

Diese Rückfallsstrafe tritt ein ohne Rücksicht darauf, ob die frühere Bestrafung in demselben oder in einem anderen Bundesstaat erfolgt ist. Sie ist verwirkt, auch wenn die frühere Strafe nur teilweise entrichtet oder ganz oder teilweise erlassen ist.

Dieselbe ist ausgeschlossen, wenn seit der Entrichtung oder dem Erlasse der letzten Strafe bis zur Begehung der neuen Zuwiderhandlung fünf Jahre verflossen sind.

**§ 27.** Wer gegen die Vorschriften im § 15 Abs. 3 und § 20 verstößt, ist mit Geldstrafe von drei Mark bis fünftausend Mark zu bestrafen.

## III. Spiel und Wette*).

(Tarifnummer 5.)

**§ 28.** Wer im Bundesgebiete Lotterien und Ausspielungen veranstalten will, hat die Stempelabgabe für die gesamte plan=

---

*) Hinsichtlich der Wetten bei öffentlich veranstalteten Pferderennen vergleiche das nachstehend abgedruckte Gesetz:

Gesetz, betreffend die Wetten bei öffentlich veranstalteten Pferderennen, vom 4. Juli 1905.
(Reichs=Gesetzbl. S. 595.)

Wir Wilhelm, von Gottes Gnaden Deutscher Kaiser, König von Preußen usw.

verordnen im Namen des Reichs, nach erfolgter Zustimmung des Bundesrats und des Reichstags, was folgt:

mäßige Anzahl der Lose oder Ausweise über Spieleinlagen im voraus zu entrichten.

Inwieweit Ausspielungen, bei welchen keine Spielausweise ausgegeben werden, zur Steuer heranzuziehen sind, ist vom Bundesrate zu bestimmen und öffentlich bekannt zu machen.

**§ 29.** Den Spieleinlagen stehen im Sinne der Tarifnummer 5 die Wetteinsätze bei öffentlich veranstalteten Rennen und ähnlichen öffentlichen Veranstaltungen gleich.

Wer im Inlande solche Wetteinsätze entgegennimmt, ist verpflichtet, versteuerte Ausweise hierüber auszustellen.

**§ 30.** Vor der Entrichtung der Abgabe darf ohne Genehmigung der zuständigen Steuerstelle mit dem Losabsatze nicht begonnen werden. Die Genehmigung kann von vorgängiger Sicherstellung der Abgabe abhängig gemacht werden.

**§ 31.** Wer ausländische Lose oder Ausweise über Spieleinlagen in das Bundesgebiet einführt oder daselbst empfängt, hat dieselben, bevor mit dem Vertriebe begonnen wird, spätestens

---

§ 1. Der Betrieb eines Wettunternehmens für öffentlich veranstaltete Pferderennen ist nur mit Erlaubnis der Landeszentralbehörde oder der von ihr bezeichneten Behörde zulässig.

§ 2. Die Erlaubnis darf nur solchen Vereinen zur Veranstaltung von Pferderennen erteilt werden, welche nach Maßgabe der vom Bundesrate zu erlassenden Ausführungsbestimmungen die Sicherheit bieten, daß sie die ihnen aus dem Betriebe des Wettunternehmens zufließenden Einnahmen ausschließlich zum Besten der Landespferdezucht verwenden.

Die Erlaubnis kann von weiteren Bedingungen abhängig gemacht, jederzeit beschränkt oder widerrufen werden; sie muß widerrufen werden, wenn die im Abs. 1 bezeichnete Sicherheit nicht mehr besteht.

§ 3. Das geschäftsmäßige Vermitteln von Wetten für öffentlich im In- und Auslande veranstaltete Pferderennen ist verboten.

Aufforderungen und Angebote zum Abschluß oder zur Vermittlung solcher Wetten sind verboten, wenn sie öffentlich oder durch Verbreitung von Schriften oder anderen Darstellungen erfolgen. Unter dieses Verbot fallen nicht Ankündigungen eines nach diesem Gesetz erlaubten Wettunternehmens.

§ 4. Die nach Maßgabe des § 23*) des Reichsstempelgesetzes von den Wetteinsätzen bei öffentlich veranstalteten Rennen zu erhebende Reichsstempelabgabe (Tarifnummer 5 des Reichsstempelgesetzes) ist bei Pferderennen auch dann zu entrichten, wenn ausschließlich Mitglieder bestimmter Vereine zum Wetten zugelassen werden. Diese Bestimmung tritt für solche Vereine, welche schon im Jahre 1904 auf Mitglieder beschränkte Wettunternehmen eingerichtet haben, erst mit dem 1. Januar 1906 in Kraft.

§ 5. Die Hälfte des Ertrags der Reichsstempelabgabe von Wetteinsätzen bei Pferderennen wird im Reichshaushalte für Zwecke der Pferdezucht bereitgestellt und zur Verwendung für diese Zwecke an die Regierungen der Einzelstaaten nach dem Verhältnis ausgezahlt, nach welchem diese Abgaben in ihrem Gebiet aufgebracht sind.

§ 6. Mit Gefängnis von ein bis zu sechs Monaten oder mit Geldstrafe von fünfhundert bis eintausendfünfhundert Mark wird, sofern nicht nach anderen Gesetzen eine höhere Strafe eintritt, bestraft:

1. wer ein Wettunternehmen für öffentlich veranstaltete Pferderennen ohne die vorgeschriebene Erlaubnis betreibt,
2. wer den Vorschriften des § 3 zuwiderhandelt.

Sind mildernde Umstände vorhanden, so kann auf Gefängnisstrafe bis zu einem Monat oder auf Geldstrafe bis zu fünfhundert Mark erkannt werden.

---

*) Jetzt § 28.

binnen drei Tagen nach dem Tage der Einführung oder des Empfanges der zuständigen Behörde anzumelden und davon die Stempelabgabe zu entrichten.

Den ausländischen Losen oder Ausweisen über Spieleinlagen stehen Ausweise über Einsätze bei ausländischen Wettunternehmungen für öffentlich veranstaltete Rennen und ähnliche öffentliche Veranstaltungen gleich. Wer, ohne solche Ausweise vom Ausland einzuführen, Wetten der bezeichneten Art vermittelt, ist, sofern er diese Vermittelung gewerbsmäßig betreibt, verpflichtet, versteuerte Ausweise über die Wetteinsätze auszustellen.

Gewerbsmäßige Vermittler von Wetten der vorbezeichneten sowie der im § 29 bezeichneten Art unterstehen der Aufsicht der Steuerbehörden nach näherer Bestimmung des Bundesrats.

**§ 32.** Die Verpflichtung zur Entrichtung der Stempelabgabe wird erfüllt durch Zahlung des Abgabebetrags bei der zuständigen Behörde.

Ob und in welcher Weise eine Verwendung von Stempelzeichen stattzufinden hat, bestimmt der Bundesrat.

**§ 33.** Die Nichterfüllung der in den §§ 28, 29, 30 und 31 bezeichneten Verpflichtungen wird mit einer dem fünffachen Betrage der hinterzogenen Abgabe gleichkommenden Geldstrafe geahndet. Dieselbe ist jedoch gegen den Unternehmer inländischer Lotterien oder Ausspielungen sowie gegen jeden, welcher den Vertrieb ausländischer Lose oder Ausweise über Ausspielungen im Bundesgebiete besorgt, nicht unter dem Betrage von zweihundertundfünfzig Mark festzusetzen.

Ist die Zahl der abgesetzten Lose oder die Gesamthöhe der Wetteinsätze nicht zu ermitteln, so tritt Geldstrafe von zweihundertundfünfzig bis fünftausend Mark ein.

**§ 34.** Ein Einspruch auf Rückerstattung des eingezahlten Abgabebetrags ist ausgeschlossen; eine solche kann von der obersten Landesfinanzbehörde nur dann zugestanden werden, wenn eine beabsichtigte Ausspielung erweislich nicht zustande gekommen ist.

**§ 35.** Die §§ 28 bis 34 leiden auf Staatslotterien deutscher Bundesstaaten keine Anwendung.

Die Stempelsteuer für die Lose der letzteren wird durch die Lotterieverwaltung eingezogen und in einer Summe für die Gesamtzahl der von ihr abgesetzten Lose zur Reichskasse abgeführt. Eine Abstempelung der Lose findet nicht statt.

**§ 36.** Öffentliche Ausspielungen, Verlosungen und Lotterien, für welche die Reichsstempelabgabe zu entrichten ist, unterliegen in den einzelnen Bundesstaaten keiner weiteren Stempelabgabe (Taxe, Sportel usw.).

## IV. Frachturkunden.

(Tarifnummer 6.)

**§ 37.** Die Verpflichtung zur Entrichtung der in Nummer 6 des Tarifs bezeichneten Stempelabgabe liegt bei Urkunden, welche im Inland ausgestellt werden, im Seeverkehre dem Ablader, im sonstigen Verkehre dem Aussteller des stempelpflichtigen Schriftstücks und bei den im Ausland ausgestellten Urkunden dem Empfänger der Sendung ob.

Im Eisenbahnverkehr ist für die Entrichtung der Abgabe der Frachtführer verantwortlich, welcher den Betrag von dem Absender oder Empfänger einzieht.

**§ 38.** Die Beförderung von Gütern im Schiffsverkehre der Tarifnummer 6a, b und, sofern es sich um Schiffe mit einem Raumgehalte von über 250 Tonnen handelt, auch im sonstigen Schiffsverkehre (Tarifnummer 6c) darf nur erfolgen, wenn eine Urkunde der im Tarife bezeichneten Art ausgestellt wird. Die Ablieferung von Gütern, die im Schiffsverkehre vom Auslande nach dem Inlande befördert sind, darf nur erfolgen, wenn eine Urkunde der bezeichneten Art ausgehändigt wird.

Auf die Beförderung der Postsendungen und des Gepäcks der Reisenden im Schiffsverkehre mit dem Auslande findet die Vorschrift des Abs. 1 keine Anwendung.

**§ 39.** Wird im Seeverkehr eine Urkunde der bezeichneten Art im Inland ausgestellt, so ist die Abgabe von einer Abschrift zu entrichten, die dem Reeder auszuhändigen, oder, falls diesem selbst die Verpflichtung zur Entrichtung der Abgabe obliegt, von ihm zurückzubehalten ist.

Hat der Reeder seine Niederlassung im Auslande, so tritt an seine Stelle der inländische Vertreter.

**§ 40.** Die Abgabe muß entrichtet werden bei im Inland ausgestellten Schriftstücken, bevor die Aushändigung der Urkunde durch den Ablader oder Aussteller erfolgt, bei im Ausland ausgestellten Schriftstücken binnen drei Tagen, nachdem die Urkunde in den Besitz des Empfängers der Sendung gelangt ist. Die Schriftstücke, von welchen die Abgabe nach Tarifnummer 6a, b, c zu entrichten ist, sind während der Dauer eines Jahres aufzubewahren.

Im Eisenbahnverkehre hat die Entrichtung der Abgabe spätestens vor Aushändigung der Sendung an den Empfänger und, wenn die Sendung nach dem Auslande bestimmt ist, spätestens vor der Aushändigung an den ausländischen Frachtführer zu erfolgen.

**§ 41.** Ist die Entrichtung der Abgabe von den dazu verpflichteten Personen unterlassen worden, so ist sie von jedem ferneren Inhaber des nicht gestempelten Schriftstücks binnen drei Tagen nach dem Tage des Empfanges und jedenfalls vor der weiteren Aushändigung des Schriftstücks zu bewirken.

**§ 42.** Die im § 37 gedachte Verpflichtung wird erfüllt durch Verwendung von Vordrucken, die vor dem Gebrauche vorschriftsmäßig abgestempelt sind, oder von Stempelmarken nach näherer Anordnung des Bundesrats.

Dem Bundesrate steht auch die Bestimmung darüber zu, ob und in welchen Fällen die Entrichtung der Abgabe ohne Verwendung von Stempelzeichen erfolgen darf.

**§ 43.** Die Nichterfüllung der Steuerpflicht wird mit einer Geldstrafe bestraft, welche dem fünfundzwanzigfachen Betrage der vorenthaltenen Abgabe gleichkommt, mindestens aber zwanzig Mark beträgt.

Diese Strafe trifft besonders und zum vollen Betrage jeden, der die ihm obliegende Verpflichtung zur Entrichtung der Abgabe nicht rechtzeitig erfüllt.

Die gleiche Strafe trifft denjenigen, welcher der Vorschrift des § 38 Abs. 1 zuwider Güter befördert oder ausliefert, ohne daß eine der vorgeschriebenen Urkunden ausgestellt oder ausgehändigt wird.

Kann der Betrag der hinterzogenen Abgabe nicht festgestellt werden, so tritt statt der im Abs. 1 gedachten Strafe eine Geldstrafe von zwanzig bis fünftausend Mark ein.

**§ 44.** Wer die Beförderung von Gütern als Gewerbe betreibt, hat, wenn er nach erfolgter Bestrafung auf Grund des § 43 von neuem der dort bezeichneten Vorschrift zuwiderhandelt, neben der Strafe des § 43 die im § 26 vorgesehene Rückfallsstrafe verwirkt.

**§ 45.** Enthält ein Schriftstück außer der Beurkundung eines Frachtvertrags noch eine andere, einer landesgesetzlichen Stempelabgabe unterliegende Beurkundung, so finden die landesgesetzlichen Vorschriften neben den Bestimmungen dieses Gesetzes Anwendung.

Im übrigen unterliegen die Schriftstücke keiner weiteren Stempelabgabe (Taxe, Sportel usw.) in den einzelnen Bundesstaaten.

## V. Personenfahrkarten.

(Tarifnummer 7.)

**§ 46.** Die Verpflichtung zur Entrichtung der in Nummer 7 des Tarifs bezeichneten Stempelabgabe liegt bei Fahrkarten, die im Inland ausgestellt werden, den Eisenbahnverwaltungen und den Dampfschiffahrtsunternehmungen ob, welche den Betrag von dem Erwerber der Karten einzuziehen berechtigt sind.

**§ 47.** Die Verwaltungen der Eisenbahnen und Dampfschiffe, welche vom Reiche oder einem Bundesstaate betrieben werden, haben der zuständigen Steuerstelle in vom Bundesrate zu bestimmenden Zeitabschnitten Nachweisungen über die Anzahl der steuerpflichtigen Fahrkarten nebst den für die Berechnung des Stempelbetrags erforderlichen Angaben einzureichen.

Auf Grund dieser Nachweisungen wird der zu entrichtende Betrag von der Steuerstelle festgesetzt und eingezogen.

**§ 48.** Andere als die im § 47 bezeichneten Eisenbahn- und Dampfschiffahrtsverwaltungen haben den Abgabebetrag für die auszugebenden Fahrkarten im voraus zu entrichten.

Die Verpflichtung zur Entrichtung der Abgabe wird erfüllt durch Zahlung des Abgabebetrags an die zuständige Steuerstelle gegen Abstempelung der vorzulegenden Fahrkarten.

**§ 49.** Der Bundesrat ist befugt, unter Anordnung der erforderlichen Verwaltungsmaßregeln zu bestimmen, daß im Falle des § 48 eine Abstempelung der Karten ohne vorgängige Abgabenentrichtung bewirkt, sowie daß von einer Abstempelung abgesehen wird und die Entrichtung der Abgabe erst nach Veräußerung der Fahrkarten in der im § 47 vorgeschriebenen Weise erfolgt.

Dem Reisenden gegenüber ist der Stempelbetrag (§§ 47 und 48) in jedem Falle mit dem Fahrpreis in einer Summe zu berechnen und einzuziehen.

**§ 50.** Für im Ausland ausgegebene Fahrkarten, welche zur Fahrt auf inländischen Eisenbahnstrecken oder zur Dampfschiffahrt auf inländischen Wasserstraßen berechtigen, hat die Erfüllung der Verpflichtung zur Entrichtung der Abgabe nach näherer Bestimmung des Bundesrats zu erfolgen.

**§ 51.** Wenn ein Angestellter einer nicht staatlichen Eisenbahnverwaltung oder einer Dampfschiffahrtsunternehmung Fahrkarten, welche der Vorschrift des § 48 unterliegen, aber mit dem vorgeschriebenen Stempelzeichen nicht versehen sind, veräußert, so wird er mit einer Geldstrafe von hundert Mark für jeden einzelnen Fall bestraft.

**§ 52.** Wer nach erfolgter Bestrafung auf Grund des § 51 der gleichen Vorschrift von neuem zuwiderhandelt, unterliegt neben der Strafe des § 51 der im § 26 vorgesehenen Rückfallsstrafe.

**§ 53.** Eine Erstattung der für eine Fahrkarte gezahlten Stempelabgabe findet nur statt, wenn der volle Preis der Fahrkarte von der Eisenbahnverwaltung oder der Dampfschiffahrtsunternehmung nachweislich zurückgewährt worden ist.

**§ 54.** Die Fahrkarten unterliegen in den einzelnen Bundesstaaten keiner weiteren Stempelabgabe (Taxe, Sportel usw.).

**§ 55.** Der Bundesrat ist befugt, während einer längstens auf ein Jahr zu bemessenden Übergangszeit das Verfahren bei der Stempelerhebung abweichend von den vorstehenden Vorschriften zu regeln.

## VI. Erlaubniskarten für Kraftfahrzeuge*).

(Tarifnummer 8).

**§ 56.** Der Beförderung von Personen dienende Kraftfahrzeuge dürfen zum Befahren öffentlicher Wege und Plätze nur in Gebrauch genommen werden, wenn zuvor bei der zuständigen Be-

---

*) Hinsichtlich der Stempelabgabe von Erlaubniskarten für Kraftfahrzeuge ausländischer Besitzer ist das nachstehend abgedruckte Gesetz, zu dessen Ausführung vom Bundesrate die im Zentralbl. f. d. deutsche Reich 1908 S. 201 veröffentlichten, nunmehr in die Ausführungsbestimmungen §§ 126 ff. (S. 101) aufgenommenen Bestimmungen getroffen worden sind, erlassen worden.

Gesetz, betreffend die Stempelabgabe von Erlaubniskarten für Kraftfahrzeuge ausländischer Besitzer, vom 18. Mai 1908.
(Reichs-Gesetzbl. S. 210.)

Wir Wilhelm, von Gottes Gnaden Deutscher Kaiser, König von Preußen usw.

verordnen im Namen des Reichs, nach erfolgter Zustimmung des Bundesrats und des Reichstags, was folgt:

hörde gegen Zahlung des Abgabebetrags eine Erlaubniskarte der im Tarife bezeichneten Art gelöst worden ist. Probefahrten gelten nicht als Ingebrauchnahme im Sinne dieser Vorschrift.

Welche Behörden zur Erteilung der Erlaubniskarten zuständig sind, wird hinsichtlich der das Reichsgebiet berührenden ausländischen Kraftfahrzeuge vom Bundesrat, im übrigen von den Landesregierungen bestimmt.

Auf die nach dem Tarife befreiten Kraftfahrzeuge findet die Vorschrift des Abs. 1 keine Anwendung. Die verkehrspolizeilichen Vorschriften der Landesgesetze werden hierdurch nicht berührt.

**§ 57.** Die Verpflichtung zur Lösung einer nach Tarifnummer 8 versteuerten Erlaubniskarte liegt dem Eigenbesitzer des Kraftfahrzeugs, und wenn ihm gegenüber auf Zeit ein anderer zum Besitze berechtigt ist, auf diese Zeit dem anderen ob. Die Verpflichtung des letzteren fällt weg, wenn ihm das Kraftfahrzeug nur zum vorübergehenden Gebrauch unentgeltlich überlassen worden und die Abgabe für die Ingebrauchnahme des Fahrzeugs bereits anderweit entrichtet ist.

Bei aus dem Ausland eingehenden Kraftfahrzeugen, für welche ein im Inlande wohnhafter oder sich daselbst dauernd aufhaltender Steuerpflichtiger nicht vorhanden ist, ist die Erlaubniskarte von demjenigen zu lösen, der das Kraftfahrzeug im Inland in Gebrauch nimmt.

**§ 58.** Die Erlaubniskarte wird auf ein Jahr ausgestellt, soweit nicht die Ausstellung auf einen kürzeren Zeitraum beantragt worden ist.

**§ 59.** Bei gleichzeitigem Besitze mehrerer Kraftfahrzeuge ist für jedes der Fahrzeuge eine besondere Erlaubniskarte zu lösen.

Stellt der Steuerpflichtige während der Gültigkeitsdauer der Erlaubniskarte an Stelle des bisherigen ein anderes Kraftfahrzeug ein, so ist er zur Entrichtung einer weiteren Stempelabgabe nur insoweit verpflichtet, als die Abgabe hinsichtlich des neuen Fahrzeuges sich höher als die Abgabe für das bisherige Fahrzeug berechnet. Der hiernach sich ergebende Betrag ist nur zur Hälfte zu erheben, wenn der Rest der Gültigkeitsdauer einer gelösten Jahreskarte vier Monate oder weniger beträgt.

---

§ 1. Der Bundesrat wird ermächtigt, für im Auslande wohnende Kraftfahrzeugbesitzer im Grenzverkehre, bei einem nicht länger als neunzig Tage innerhalb eines Jahreszeitraums währenden Aufenthalt im Inland auch außerhalb des Grenzverkehrs, zum Zwecke der Verkehrserleichterung Abweichungen von den Vorschriften des Abschnitts VI (Erlaubniskarten für Kraftfahrzeuge) und der Tarifnummer 8b des Reichsstempelgesetzes vom 3. Juni 1906[1]) anzuordnen.

Die vom Bundesrate getroffenen Anordnungen sind dem Reichstage, wenn er versammelt ist, sofort, andernfalls bei seinem nächsten Zusammentreten vorzulegen. Sie sind außer Kraft zu setzen, soweit der Reichstag dies verlangt.

§ 2. Dieses Gesetz tritt mit dem Tage seiner Verkündung in Kraft.

---

[1]) Jetzt vom 15. Juli 1909.

Im Falle der Veräußerung eines Kraftfahrzeuges während der Gültigkeitsdauer der Erlaubniskarte kann die Karte auf den Namen des Erwerbers umgeschrieben werden. Letzterer hat alsdann bis zum Ablaufe der Gültigkeitsdauer eine Abgabe nicht zu entrichten. Die Vorschriften des Abs. 2 finden in diesem Falle keine Anwendung.

**§ 60.** Die Ausstellung der Erlaubniskarte ist spätestens drei Tage vor Ingebrauchnahme des Kraftfahrzeugs, bei im Gebrauche befindlichen Kraftfahrzeugen spätestens am dritten Tage vor Ablauf der Gültigkeitsdauer der alten Erlaubniskarte, die Umschreibung der Erlaubniskarte im Falle des § 59 Abs. 2 spätestens drei Tage vor Ingebrauchnahme des neuen Fahrzeugs bei der für den Wohn- oder Aufenthaltsort des Steuerpflichtigen zuständigen Behörde zu beantragen. Die Landesregierungen sind ermächtigt, andere Fristen vorzuschreiben.

Für aus dem Ausland eingehende Fahrzeuge (§ 57 Abs. 2) ist die Ausstellung der Erlaubniskarte alsbald nach dem Grenzübertritte bei der nächsten zuständigen Behörde zu beantragen.

Der Antrag hat zu enthalten:

1. den Namen, Stand und Wohnort des Steuerpflichtigen,
2. die Bezeichnung des Kraftfahrzeugs nach den für die Erhebung der Abgabe wesentlichen Merkmalen,
3. den Zeitraum, für den die Ausstellung der Erlaubniskarte begehrt wird.

Gleichzeitig mit dem Antrag ist der erforderliche Stempelbetrag einzuzahlen.

**§ 61.** Die zur Ausstellung der Erlaubniskarte zuständige Behörde hat Stempelmarken im entsprechenden Betrage zu der Erlaubniskarte zu verwenden und die Stempelmarken zu entwerten.

Die Aushändigung der Erlaubniskarte darf nicht vor Einzahlung des Abgabenbetrags erfolgen.

Die näheren Bestimmungen über Form und Inhalt der Erlaubniskarten trifft der Bundesrat. Er kann anordnen, daß die Entrichtung der Abgabe ohne Verwendung von Stempelmarken zu erfolgen hat.

**§ 62.** Soweit nach den verkehrspolizeilichen Bestimmungen für Kraftfahrzeuge die Führung polizeilicher Kennzeichen vorgeschrieben ist, darf die Zuteilung oder die Ausgabe der Kennzeichen nur gegen Vorlegung der ordnungsmäßig versteuerten Erlaubniskarte erfolgen.

Im Falle nicht rechtzeitiger Lösung einer neuen Erlaubniskarte hat die Polizeibehörde, und zwar, wenn sie nicht selbst die zur Ausstellung der Erlaubniskarte zuständige Behörde ist, auf Antrag der letzteren, die Beschlagnahme des für das im Gebrauche befindliche Kraftfahrzeug amtlich ausgegebenen Kennzeichens zu bewirken.

**§ 63.** Der Führer des Kraftfahrzeugs hat die Erlaubniskarte unterwegs stets bei sich zu führen. Er ist verpflichtet, sie auf Verlangen den sich durch ihre Dienstkleidung oder sonst ausweisenden Grenz- und Steueraufsichtsbeamten sowie den Aufsichtsbeamten der Polizeiverwaltung zum Nachweise der Erfüllung der Stempelpflicht vorzuzeigen und nötigenfalls die erforderliche Auskunft zu geben. Ein in der Fahrt begriffenes Kraftfahrzeug darf indessen lediglich aus diesem Anlaß außer im Grenzbezirke nicht angehalten werden.

**§ 64.** Die Nichterfüllung der Steuerpflicht wird mit einer Geldstrafe bestraft, welche dem fünf- bis zehnfachen Betrage der Abgabe für eine Jahreskarte gleichkommt.

Die Strafe trifft besonders und zum vollen Betrage jeden, der die ihm obliegende Verpflichtung zur Entrichtung der Abgabe nicht rechtzeitig erfüllt.

Kann der Betrag der hinterzogenen Abgabe nicht festgestellt werden, so tritt statt der im Abs. 1 bezeichneten Strafe eine Geldstrafe von einhundertfünfzig bis viertausend Mark für den einzelnen Fall ein.

Zur Sicherstellung der vorenthaltenen Abgabe, der Strafe und der Kosten kann das Kraftfahrzeug in Beschlag genommen werden.

**§ 65.** Durch die Vorschriften dieses Gesetzes wird die Erhebung landesgesetzlicher Gebühren für die Feststellung der Verkehrstauglichkeit des Kraftfahrzeugs und für die amtliche Kennzeichnung der Kraftfahrzeuge nicht ausgeschlossen. Der Bundesrat ist ermächtigt, für die hiernach zulässigen Gebühren Höchstsätze vorzuschreiben.

Im übrigen unterliegen Erlaubniskarten für Kraftfahrzeuge, für welche eine Reichsstempelabgabe nach den Vorschriften dieses Gesetzes zu entrichten ist, keiner weiteren Stempelabgabe (Taxe, Sportel usw.) in den einzelnen Bundesstaaten.

## VII. Vergütungen.

(Tarifnummer 9.)

**§ 66.** Die Aktiengesellschaften, Kommanditgesellschaften auf Aktien und Gesellschaften mit beschränkter Haftung haben bei Aufstellung der Jahresbilanz eine besondere Aufstellung anzufertigen, aus der zu ersehen ist die Summe der gesamten Vergütungen (Gewinnanteile, Tantiemen, Gehälter, Tagegelder, Reisegelder usw. [Abs. 3 Tarifnummer 9]), die den zur Überwachung der Geschäftsführung bestellten Personen (Mitgliedern des Aufsichtsrats) seit der letzten Bilanzaufstellung gewährt worden sind.

**§ 67.** Die Verpflichtung zur Entrichtung der Abgabe liegt dem Vorstande, den persönlich haftenden Gesellschaftern beziehungsweise den Geschäftsführern der im § 66 genannten Gesellschaften ob. Die Abgabe ist von der Gesellschaft zu Lasten der zum Bezuge der Vergütungen berechtigten Personen zu entrichten.

**§ 68.** Die Verpflichtung zur Stempelentrichtung wird erfüllt durch Verwendung von Vordrucken, die vor dem Gebrauche vorschriftsmäßig abgestempelt sind, oder von Stempelmarken nach näherer Anordnung des Bundesrats. Dem Bundesrate steht auch die Bestimmung darüber zu, ob und in welchen Fällen die Entrichtung der Abgabe ohne Verwendung von Stempelzeichen erfolgen darf.

**§ 69.** Bei Nichterfüllung der vorbezeichneten Verpflichtung werden die Mitglieder des Vorstandes, die persönlich haftenden Gesellschafter beziehungsweise die Geschäftsführer der Gesellschaft mit einer Geldstrafe belegt, welche das Zwanzigfache des hinterzogenen Stempels beträgt.

## VIII. Schecks.

(Tarifnummer 10.)

**§ 70.** Die Entrichtung der in Nr. 10 des Tarifs bezeichneten Stempelabgabe muß erfolgen, ehe ein im Inland ausgestellter Scheck vom Aussteller, ein im Ausland auf das Inland ausgestellter Scheck, der nicht schon im Auslande mit dem Reichsstempel versehen ist, von dem ersten inländischen Inhaber aus den Händen gegeben wird.

Die Entrichtung der Stempelabgabe von den den Schecks gleichgestellten Quittungen liegt dem Aussteller des stempelpflichtigen Schriftstücks und, wenn dieses im Ausland ausgestellt ist, demjenigen ob, der es im Inland aushändigt. Die Entrichtung muß erfolgen, bevor das Schriftstück ausgehändigt wird.

**§ 71.** Kommt der Annahmeerklärung, die auf einen auf das Ausland ausgestellten Scheck gesetzt wird, rechtliche Wirkung zu, so ist dem inländischen Aussteller gestattet, den mit einem Indossamente noch nicht versehenen Scheck ohne Entrichtung der Stempelabgabe lediglich zum Zwecke der Annahme zu versenden und zur Annahme vorzulegen. Im übrigen begründet die Verwendung des Wechselstempels zu einem angenommenen derartigen Scheck nicht den Anspruch auf Erstattung des zur Urkunde nach Tarifnummer 10 bereits entrichteten Stempels.

**§ 72.** Wird ein Scheck, der auf einen bestimmten Zahlungsempfänger gestellt und im Auslande zahlbar ist, in mehreren, im Texte mit der Bezeichnung „Erste, zweite, dritte usw. Ausfertigung“ oder mit einer gleichbedeutenden Bezeichnung versehenen Ausfertigung ausgestellt, so genügt die Versteuerung einer dieser Ausfertigungen. Ist jedoch auf eine der nicht versteuerten Ausfertigungen ein Indossament gesetzt, das sich auf der versteuerten Ausfertigung nicht befindet, so unterliegt diese Ausfertigung gleichfalls der Versteuerung. Die Versteuerung muß erfolgen, ehe der Indossant oder, wenn das Indossament im Ausland ausgestellt ist, der erste inländische Inhaber die Ausfertigung aus den Händen gibt.

Der Beweis des Vorhandenseins einer versteuerten Ausfertigung oder des Einwandes, daß das auf eine unversteuerte

Ausfertigung gesetzte Indossament auch auf einer versteuerten Ausfertigung abgegeben sei, liegt demjenigen ob, welcher wegen Unterlassung der Versteuerung einer Ausfertigung des Schecks in Anspruch genommen wird.

**§ 73.** Ist die in den §§ 70, 72 vorgeschriebene Versteuerung unterlassen, so ist der nächste und, solange die Versteuerung nicht bewirkt ist, jeder fernere inländische Inhaber verpflichtet, den Scheck zu versteuern, ehe er ihn auf der Vorder- oder Rückseite unterzeichnet, veräußert, zur Zahlung oder zur Verrechnung vorlegt, Zahlung darauf empfängt oder leistet, eine Quittung darauf setzt, mangels Zahlung Protest erheben läßt oder den Scheck aus den Händen gibt. Auf die von den Vordermännern verwirkten Strafen hat die Entrichtung der Abgabe durch den späteren Inhaber keinen Einfluß.

Hat eine der im § 70 Abs. 2 bezeichneten Personen die Entrichtung der Abgabe von den den Schecks gleichgestellten Quittungen unterlassen, so ist die Entrichtung vom Empfänger des Schriftstücks binnen drei Tagen nach dem Tage des Empfanges und jedenfalls vor der weiteren Aushändigung des Schriftstücks zu bewirken.

**§ 74.** Die Verpflichtung zur Entrichtung der Stempelabgabe wird erfüllt:

1. durch Ausstellung der stempelpflichtigen Urkunde auf einem mit dem Reichsstempel versehenen Vordruck oder
2. durch Verwendung der erforderlichen Stempelmarke auf der Urkunde, wenn hierbei die vom Bundesrat erlassenen und bekannt gemachten Vorschriften über die Art und Weise der Verwendung beobachtet worden sind.

**§ 75.** Die Nichterfüllung der Verpflichtung zur Entrichtung der Stempelabgabe wird mit einer Geldstrafe von zwanzig Mark für jedes Schriftstück bestraft.

Die Strafe trifft besonders und zum vollen Betrage jeden, der der ihm obliegenden Verpflichtung zur Entrichtung der Stempelabgabe nicht rechtzeitig genügt hat.

**§ 76.** Ist die Urkunde von einer im Inlande wohnhaften Person ausgestellt worden, so wird vermutet, daß die Ausstellung im Inland erfolgt ist, bis Tatsachen erwiesen werden, welche geeignet sind, die Unrichtigkeit dieser Vermutung darzutun.

**§ 77.** Urkunden, die nach diesem Abschnitte stempelpflichtig sind oder auf welche die in diesem Abschnitte vorgesehenen Stempelbefreiungen Anwendung finden, sind in den einzelnen Bundesstaaten keiner Abgabe unterworfen.

Auch von den auf derartige Schecks gesetzten Übertragungsvermerken, Quittungen und sonstigen auf Leistungen aus diesen Papieren bezüglichen Vermerken dürfen landesgesetzliche Abgaben nicht erhoben werden. Auf Proteste findet diese Vorschrift keine Anwendung.

## IX. Grundstücksübertragungen.

(Tarifnummer 11.)

**§ 78.** Die Verpflichtung zur Entrichtung der in der Tarifnummer 11 bezeichneten Abgabe tritt ein bei der Zwangsversteigerung mit Erteilung des Zuschlags, bei freiwilliger Veräußerung in den Fällen a, b, c mit der rechtswirksamen Beurkundung des der Übertragung zu Grunde liegenden Rechtsgeschäfts und im Falle zu d mit der Eintragung der Rechtsänderung in das Grundbuch oder, wenn das Grundstück im Grundbuche nicht eingetragen ist und nicht eingetragen zu werden braucht, mit der rechtswirksamen Beurkundung.

**§ 79.** Für die Steuerpflichtigkeit ist die Hinzufügung von Bedingungen, die unterbliebene Ausführung und die Wiederaufhebung des Geschäfts oder Rechtsvorganges sowie die Vernichtung der Urkunde ohne Bedeutung.

Der Bundesrat bestimmt, ob und inwieweit der Abgabenbetrag auf Antrag zu erstatten ist.

**§ 80.** Die Entrichtung der Abgabe geschieht durch Verwendung von Stempelmarken nach näherer Anordnung des Bundesrats.

Dem Bundesrate steht auch die Bestimmung darüber zu, ob und unter welchen Voraussetzungen die Entrichtung der Abgabe ohne Verwendung von Stempelmarken zu erfolgen hat.

**§ 81.** Von mehreren über denselben Rechtsvorgang lautenden Urkunden ist nur eine stempelpflichtig.

Die Verwendung des Stempels zu dieser ist auf den übrigen Urkunden zu vermerken.

**§ 82.** Enthält eine Urkunde mehrere steuerpflichtige Rechtsvorgänge der zu a bis d der Tarifnummer 11 bezeichneten Art, so ist der Betrag des Stempels für einen jeden besonders zu berechnen und die Urkunde mit der Summe dieser Stempelbeträge zu belegen.

**§ 83.** Die Stempelabgabe ist binnen zwei Wochen nach Eintritt der Steuerpflicht zu entrichten:

a) bei den von Behörden oder Beamten, einschließlich der Notare vorgenommenen Verhandlungen und Beurkundungen von denjenigen, auf deren Veranlassung die Schriftstücke aufgenommen sind;

b) in den übrigen Fällen von den Teilnehmern am Rechtsgeschäfte.

Mehrere zur Zahlung der Abgabe verpflichtete Personen haften als Gesamtschuldner.

**§ 84.** Von der Entrichtung der Abgabe befreit sind der Landesfürst und die Landesfürstin.

**§ 85.** Soweit eine steuerpflichtige Beurkundung von Behörden oder Beamten, einschließlich der Notare, vorgenommen ist, haben diese den Stempel vor Aushändigung der Urkunde, spätestens aber binnen zweier Wochen nach Eintritt der Steuerpflicht zu verwenden.

Ist der Stempel innerhalb dieser Frist von den Verpflichteten nicht beigebracht, so ist die zwangsweise Einziehung des Stempels binnen einer Woche bei der zuständigen Steuerstelle von den vorbezeichneten Behörden und Beamten zu beantragen, oder, wenn sie selbst zur zwangsweisen Einziehung von Geldern befugt sind, die zwangsweise Einziehung innerhalb der gleichen Frist anzuordnen. Dieser Bestimmung unterliegen auch diejenigen Urkunden, bei denen ein Notar den Entwurf anfertigt und nach Vollziehung durch die Beteiligten die Unterschriften oder Handzeichen beglaubigt.

*) Die Entgegennahme der Auflassung oder, wenn diese nicht vor dem Grundbuchrichter erfolgt, die Eintragung des neuen Eigentümers im Grundbuch kann nach dem Ermessen des Gerichts von einer vorgängigen Sicherheitsleistung für den Abgabenbetrag anhängig gemacht werden. Über Erinnerungen gegen die Anordnung der Sicherheitsleistung wird im Aufsichtsweg entschieden.

**§ 86.** Für die Entrichtung der Stempelabgabe haften unter Vorbehalt des Rückgriffs gegen den nach § 83 zur Zahlung der Steuer Verpflichteten:

a) Aktiengesellschaften, Kommanditgesellschaften auf Aktien, eingetragene Genossenschaften, Gewerkschaften und Gesellschaften mit beschränkter Haftung für die Stempelbeträge zu den von ihren Vorständen oder Geschäftsführern in ihrem Auftrag oder Namen errichteten Verhandlungen;

b) jeder Inhaber oder Vorzeiger einer mit dem gesetzlichen Stempel nicht oder nicht ausreichend versehenen Urkunde, welcher ein rechtliches Interesse an dem Gegenstande der Beurkundung hat;

c) Beamte, einschließlich der Notare, welche die von ihnen aufgenommenen Urkunden vor erfolgter oder nicht ausreichend erfolgter Stempelverwendung aushändigen oder Ausfertigungen oder Abschriften erteilen oder wegen der Einziehung des Stempels die ihnen nach § 85 obliegenden Pflichten verabsäumen, soweit ihnen ein Verschulden zur Last fällt und die Steuer von dem Steuerpflichtigen nicht zu erlangen ist.

Diese Vorschrift kommt auch dann zur Anwendung, wenn ein Notar den Entwurf einer Urkunde anfertigt und nach Vollziehung durch die Beteiligten die Unterschriften oder Handzeichen beglaubigt.

**§ 87.** Die Wertermittelung ist in denjenigen Fällen, in denen die Steuer vom Werte zu berechnen ist, auf den gemeinen Wert des Gegenstandes zur Zeit des Eintritts der Steuerpflicht zu richten.

Der Wert dauernder Nutzungen oder Leistungen bestimmt sich nach den Vorschriften des Erbschaftssteuergesetzes.

Ist einem der Vertragschließenden ein Wahlrecht oder die Befugnis eingeräumt, innerhalb gewisser Grenzen den Umfang

---

*) Die Fassung dieses Abs. beruht auf § 67 des Zuwachssteuergesetzes vom 14. Februar 1911.

der Leistung zu bestimmen, so wird die Stempelsteuer nach dem höchsten möglichen Werte des Gegenstandes des Geschäfts berechnet.

Soweit in Landesgesetzen für die Wertermittelung bei Erhebung einer Abgabe von der Übertragung des Eigentums an Grundstücken oder ihnen gleichgeachteter Rechte von den vorstehenden Vorschriften Abweichungen getroffen sind, können diese nach näherer Bestimmung des Bundesrats der Bemessung der Reichsabgabe zugrunde gelegt werden.

**§ 88.** Die Nichterfüllung der Steuerpflicht seitens des nach § 83 zur Zahlung der Abgabe Verpflichteten wird mit einer Geldstrafe bestraft, welche dem zehnfachen Betrage der vorenthaltenen Abgabe gleichkommt, mindestens aber zwanzig Mark beträgt.

Kann der Betrag der hinterzogenen Steuer nicht ermittelt werden, so tritt eine Geldstrafe bis zu zehntausend Mark ein.

Die Strafe trifft besonders und zum vollen Betrage jeden, der die ihm obliegende Verpflichtung zur Entrichtung der Abgabe nicht rechtzeitig erfüllt.

Die gleiche Strafe tritt ein, wenn bei Auflassungserklärungen und Umschreibungsanträgen ein geringerer Wert angegeben wird als der nach den Vorschriften der Spalte 4 der Tarifnummer 11 berechnete Betrag der Gegenleistung oder wenn behufs Erlangung der Steuerfreiheit unrichtige Angaben gemacht werden.

*) **§ 89.** Von Grundstücken, die auf Grund von Vorschriften gebunden sind, die nach den Artikeln 57, 58, 59 des Einführungsgesetzes zum Bürgerlichen Gesetzbuch von den Vorschriften des Bürgerlichen Gesetzbuchs unberührt bleiben, ist an Stelle der Abgabe nach Tarifnummer 11 eine jährliche Abgabe von $^1/_{90}$ vom Hundert des Wertes zu entrichten.

Die Ermittelung des Wertes findet nach den Bestimmungen des § 16 des Erbschaftssteuergesetzes vom 3. Juni 1906 (RGBl. S. 620) in dreißigjährigen Zeitabschnitten statt.

Der erste dreißigjährige Abschnitt beginnt mit dem Zeitpunkt, in welchem das Grundstück der Bindung unterworfen wird und sofern dieser vor dem Inkrafttreten dieses Gesetzes liegt, mit dem 1. Oktober 1909.

Für die Zeit vom 1. Oktober 1909 bis zum 30. Juni 1914 wird zu der im Abs. 1 vorgesehenen Abgabe ein Zuschlag von $^1/_{90}$ vom Hundert des ermittelten Wertes jährlich erhoben.

Die Abgabe ruht auf dem Grundstück und gilt als öffentliche Last im Sinne des § 10 Ziffer 3 des Gesetzes über die Zwangsversteigerung und Zwangsverwaltung.

Grundstücke, zu deren rechtsgültiger Veräußerung weder eine landesherrliche oder sonstige Genehmigung noch die Zustimmung von Familienmitgliedern oder Dritten erforderlich ist und deren Veräußerungserlös nach den gesetzlichen oder hausverfassungsmäßigen oder stiftungsmäßigen Bestimmungen der freien Ver-

*) Die Fassung des § 89 beruht auf § 68 des Zuwachssteuergesetzes vom 14. Februar 1911.

wendung des Veräußerers unterliegt, gelten nicht als gebunden im Sinne der Vorschriften dieses Paragraphen.

Von der Abgabe befreit sind der Landesfürst und die Landesfürstin.

*) **§ 90.** Bei Veräußerungen, die in die Zeit bis zum 30. Juni 1914 fallen, wird zu der in Tarifnummer 11 vorgesehenen Abgabe von $^{1}/_{3}$ vom Hundert des Kaufpreises ein Zuschlag von einhundert vom Hundert erhoben.

Nach dem 30. Juni 1914 wird der Steuersatz in Tarifnummer 11 von drei zu drei Jahren durch den Bundesrat einer Nachprüfung unterzogen. Übersteigt innerhalb des dreijährigen Zeitraums der durchschnittliche Jahresanteil des Reichs am Ertrage der Zuwachssteuer den Betrag von fünfundzwanzig Millionen Mark, so ist der Steuersatz in Tarifnummer 11 mit Wirkung vom Beginn des der Feststellung folgenden Rechnungsjahrs für die folgenden drei Jahre nach näherer Bestimmung des Bundesrats entsprechend herabzusetzen.

Die Vorschriften des Abs. 2 finden auf die Abgabe nach § 89 Anwendung. Insoweit die Abgabe für eine Zeit bezahlt ist, für welche die Herabsetzung eintritt, ist vom Reiche entsprechender Rückersatz zu leisten.

## X. Allgemeine Bestimmungen.

**§ 91.** Der Bundesrat erläßt die Anordnungen wegen der Anfertigung und des Vertriebs der nach Maßgabe dieses Gesetzes zu verwendenden Stempelmarken und gestempelten Formulare sowie die Vorschriften über die Form der Schlußnoten und über die Art der Verwendung der Marken. Er stellt die Bedingungen fest, unter welchen für verdorbene Marken und gestempelte Vordrucke, für abhandengekommene oder vernichtete Scheckvordrucke sowie für Stempel auf verdorbenen Wertpapieren Erstattung zulässig ist.

**§ 92.** Stempelmarken, welche nicht in der vorgeschriebenen Weise verwendet worden sind, werden als nicht verwendet angesehen.

**§ 93.** Der Anspruch auf Zahlung der nach diesem Gesetze zu entrichtenden Abgaben unterliegt der Verjährung.

Auf die Verjährung finden die Vorschriften des Bürgerlichen Gesetzbuchs und des Artikels 169 des Einführungsgesetzes zum Bürgerlichen Gesetzbuche mit folgenden Maßgaben Anwendung:

Die Verjährungsfrist beträgt fünf Jahre.

Die Verjährung beginnt, unbeschadet der Vorschrift des § 201 Satz 2 des Bürgerlichen Gesetzbuchs, in dem Falle des § 1 Abs. 1 mit dem Schlusse des Jahres, in dem die Vorlegung der Wertpapiere bei der Steuerstelle erfolgt, in den übrigen Fällen mit dem Schlusse des Jahres, in dem der Anspruch fällig wird.

Die Verjährung wird auch unterbrochen durch eine an den Zahlungspflichtigen erlassene Aufforderung zur Zahlung oder durch

*) Die Fassung des § 90 beruht auf § 69 des Zuwachssteuergesetzes vom 14. Februar 1911.

die Bewilligung einer von ihm nachgesuchten Stundung. Wird die Verjährung unterbrochen, so beginnt eine neue Verjährung nicht vor dem Schlusse des Jahres, in welchem der für die Beendigung der Unterbrechung maßgebende Zeitpunkt eintritt, und im Falle der Bewilligung einer Stundung nicht vor dem Schlusse des Jahres, in welchem die bewilligte Frist abläuft.

**§ 94.** In Beziehung auf die Verpflichtung zur Entrichtung der in diesem Gesetze festgestellten Abgaben ist der Rechtsweg zulässig. Die Klage ist bei Verlust des Klagerechts binnen sechs Monaten nach erfolgter Beitreibung oder mit Vorbehalt geleisteter Zahlung zu erheben. Für die Berechnung dieser Frist sind die Bestimmungen der Zivilprozeßordnung maßgebend. Zuständig sind ohne Rücksicht auf den Wert des Streitgegenstandes die Landgerichte. Soweit bei denselben Kammern für Handelssachen bestehen, gehört der Rechtsstreit vor diese. Die Revision sowie die Beschwerde gegen Entscheidungen der Oberlandesgerichte geht an das Reichsgericht.

**§ 95.** Zuwiderhandlungen gegen die Vorschriften dieses Gesetzes oder gegen die zu dessen Ausführung erlassenen Vorschriften, die im Gesetze mit keiner besonderen Strafe belegt sind, ziehen eine Ordnungsstrafe bis zu einhundertfünfzig Mark nach sich.

Dieselbe Strafe tritt ein, wenn in den Fällen der §§ 2, 25, 33, 43, 51, 64, 69, 75 und 88 aus den Umständen sich ergibt, daß eine Steuerhinterziehung nicht hat verübt werden können oder nicht beabsichtigt worden ist.

**§ 96.** Die auf Grund dieses Gesetzes zu verhängenden Strafen sind bei Genossenschaften und Aktiengesellschaften gegen die Vorstandsmitglieder, bei Kommanditgesellschaften gegen die persönlich haftenden Gesellschafter, bei offenen Handelsgesellschaften gegen die Gesellschafter nur im einmaligen Betrage, jedoch unter Haftbarkeit jedes einzelnen als Gesamtschuldner festzusetzen. Ebenso ist in anderen Fällen zu verfahren, in denen bei einem Geschäfte mehrere Personen als Vertreter desselben Kontrahenten oder als gemeinschaftliche Kontrahenten beteiligt sind.

Auf die Verhängung der im § 26 vorgeschriebenen Rückfallsstrafe finden diese Bestimmungen keine Anwendung.

**§ 97.** Hinsichtlich des administrativen Strafverfahrens wegen der Zuwiderhandlungen gegen dieses Gesetz, der Strafmilderung, und des Erlasses der Strafe im Gnadenwege, der Vollstreckung der Strafe sowie der Verjährung der Strafverfolgung finden die Vorschriften in § 17 Satz 1, §§ 18 und 19 des Gesetzes vom 10. Juni 1869, betreffend die Wechselstempelsteuer*), sinngemäße Anwendung. Die auf Grund des gegenwärtigen Gesetzes erkannten Geldstrafen fallen dem Fiskus desjenigen Staates zu, von dessen Behörden die Strafentscheidung erlassen ist.

---

*) An die Stelle der § 17 Satz 1, § 18 sind die § 23, § 24 des Wechselstempelgesetzes vom 15. Juli 1909 getreten. Der § 19 ist weggefallen.

**§ 98.** Die Verwandlung einer Geldstrafe, zu deren Zahlung der Verpflichtete unvermögend ist, in eine Freiheitsstrafe findet nicht statt. Auch darf zur Beitreibung von Geldstrafen ohne Zustimmung des Verurteilten, wenn dieser ein Deutscher ist, kein Grundstück subhastiert werden.

**§ 99.** Unter den in diesem Gesetz erwähnten Behörden und Beamten sind, soweit das Gesetz nichts anderes bestimmt, die betreffenden Landesbehörden und Landesbeamten verstanden.

Welche dieser Behörden und Beamten die in dem Gesetz als zuständig bezeichneten sind, bestimmen, sofern das Gesetz nichts anderes verfügt, die Landesregierungen.

Den letzteren liegt auch die Kontrolle über die betreffenden Behörden und Beamten ob.

**§ 100.** Die in den einzelnen Bundesstaaten mit der Beaufsichtigung des Stempelwesens beauftragten Behörden und Beamten haben die ihnen obliegenden Verpflichtungen mit den gleichen Befugnissen, wie sie ihnen hinsichtlich der nach den Landesgesetzen zu entrichtenden Stempelabgaben zustehen, auch hinsichtlich der in diesem Gesetze bestimmten Abgaben wahrzunehmen.

Der Prüfung in bezug auf die Abgabenentrichtung unterliegen alle diejenigen, welche abgabepflichtige Geschäfte der in Nr. 4 des Tarifs bezeichneten Art oder die Beförderung von Gütern oder Personen (Nr. 6 und 7 des Tarifs) gewerbsmäßig betreiben oder vermitteln. Das Gleiche gilt in Ansehung der in Tarifnummer 10 bezeichneten Abgabe von den im § 2 des Scheckgesetzes vom 11. März 1908 (Reichs-Gesetzbl. S. 71) aufgeführten Anstalten, Genossenschaften, Kassen und Handelsfirmen, welche sich nach den für ihren Geschäftsbetrieb maßgebenden Bestimmungen oder gewerbsmäßig mit der Annahme von Geld und der Leistung von Zahlungen für fremde Rechnung im Wege des Scheckverkehrs befassen.

Den revidierenden Beamten sind alle bezüglichen Schriftstücke und erforderlichenfalls auch die Geschäftsbücher zur Einsicht vorzulegen.

Von anderen als den im Abs. 2 bezeichneten Personen kann die Steuerdirektivbehörde die Einreichung der auf bestimmt zu bezeichnende abgabepflichtige Geschäfte bezüglichen Schriftstücke verlangen.

**§ 101.** Außerdem haben die Reichsbehörden, die Behörden und Beamten der Bundesstaaten und Kommunen, die von Handelsvorständen eingesetzten Sachverständigenkommissionen und Schiedsgerichte sowie die Notare die Verpflichtung, die Besteuerung der ihnen vorkommenden Urkunden zu prüfen und die zu ihrer Kenntnis gelangenden Zuwiderhandlungen gegen dieses Gesetz bei der zuständigen Behörde zur Anzeige zu bringen.

Die Vorschrift des § 26 Abs. 2 des Wechselstempelgesetzes vom 15. Juli 1909 (Reichs-Gesetzbl. S. 825*) findet auf die Abschrift von Scheckprotesten entsprechende Anwendung.

---

*) Die Vorschrift lautet: Auf der nach der Wechselordnung zurückzubehaltenden Abschrift des Protestes ist ausdrücklich zu bemerken, mit welchem Wechselstempel die protestierte Urkunde versehen oder daß sie mit einem Wechselstempel nicht versehen ist.

§ 102. Der Bundesrat ordnet an, in welchen Fällen bei administrativen Straffestsetzungen Sachverständige zu hören sind; solche sind, wo Handelsvorstände bestehen, von diesen zu bezeichnen.

Die Handelsvorstände können unter Berücksichtigung der besonderen Verhältnisse und Gewohnheiten ihres Bezirkes zum Zwecke der Durchführung des Gesetzes und Sicherung der Entrichtung der Abgaben reglementarische Anordnungen erlassen; letztere bedürfen der Zustimmung der Landesregierungen.

§ 103. Bezüglich der Vollstreckbarkeit und des Vollstreckungsverfahrens werden die Reichsstempelabgaben den Landesabgaben gleichgeachtet.

§ 104. Die Kassen des Reichs sind von der Entrichtung der durch dieses Gesetz unter Tarifnummer 1, 2, 3 angeordneten Abgaben befreit.

Andere subjektive Befreiungen finden, soweit nicht ausdrücklich Ausnahmen angeordnet sind, nicht statt.

Wegen der Entschädigung für die Aufhebung solcher Befreiungen, welche etwa auf lästigen Privatrechtstiteln beruhen, sowie wegen der Erstattung der von solchen Berechtigten entrichteten Stempelbeträge kommen die entsprechenden Bestimmungen des Gesetzes, betreffend die Wechselstempelsteuer (§ 26, Abs. 2 bis 4), zur Anwendung.

§ 105. Jedem Bundesstaate wird von der jährlichen Einnahme, welche in seinem Gebiete aus dem Verkaufe von Stempelmarken oder gestempelten Blanketts oder durch bare Einzahlung von Reichsstempelabgaben erzielt wird, mit Ausnahme der Steuer von Losen der Staatslotterien, der Betrag von zwei Prozent aus der Reichskasse gewährt.

§ 106. Der Ertrag der Abgaben fließt nach Abzug

1. der auf dem Gesetz oder auf allgemeinen Verwaltungsvorschriften beruhenden Steuererlasse und Steuererstattungen,
2. der nach Vorschrift des § 105 zu berechnenden Erhebungs- und Verwaltungskosten

in die Reichskasse.

## IX. Schlußbestimmungen.

§ 107. Dieses Gesetz tritt mit dem 1. August 1909, in Ansehung des Scheckstempels mit dem 1. Oktober 1909 in Kraft.

Auf die vor dem Inkraftreten dieses Gesetzes ausgestellten Schecks finden die Vorschriften dieses Gesetzes keine Anwendung.

Für das Gebiet der Insel Helgoland wird der Zeitpunkt des Inkrafttretens des Gesetzes durch Kaiserliche Verordnung unter Zustimmung des Bundesrats festgesetzt.

# Tarif.

| 1 | 2 | 3 | | | | 4 |
|---|---|---|---|---|---|---|
| Nr. | Gegenstand der Besteuerung | Steuersatz vom Hundert | vom Tausend | ℳ | ₰ | Berechnung der Stempelabgabe |
| | **Aktien, Anteilscheine, Kuxe, Renten- und Schuldverschreibungen.** | | | | | |
| 1. | a) Inländische Aktien, Aktienanteilscheine und Reichsbankanteilscheine sowie Interimsscheine über Einzahlungen auf diese Wertpapiere | 3 | — | — | — | vom Nennwerte, bei Interimsscheinen sowie nicht voll gezahlten Namensaktien und Anteilscheinen vom Betrage der bescheinigten Einzahlungen, und zwar in Abstufungen von 60 Pf. für je 20 Mark; überschießende Bruchteile werden, soweit sie nicht unter dem Betrage von 1 Mark zurückbleiben, für volle 20 Mark gerechnet. Bei den Wertpapieren zu 1 a und b erfolgt die Versteuerung zuzüglich des Betrags, zu welchem sie höher, als der Nennwert lautet, ausgegeben werden. Der nachweislich versteuerte Betrag der Interimsscheine wird auf den Betrag der demnächst etwa zu versteuern- |
| | b) Anteilscheine der deutschen Kolonialgesellschaften und der ihnen gleichgestellten deutschen Gesellschaften sowie Interimsscheine über Einzahlungen auf diese Wertpapiere . . . . . . . . . . . | 3 | — | — | — | |
| | c) Ausländische Aktien und Aktienanteilscheine, wenn sie im Inland ausgehändigt, veräußert, verpfändet oder wenn daselbst andere Geschäfte unter Lebenden damit gemacht oder Zahlungen darauf geleistet werden, unter der gleichen Voraussetzung auch Interimsscheine über Einzahlungen auf diese Wertpapiere . . . . . . | 3 | — | — | — | |
| | Die Abgabe ist von jedem Stücke nur einmal zu entrichten. | | | | | |

| 1 | 2 | 3 | | | | 4 |
|---|---|---|---|---|---|---|
| Nr. | Gegenstand der Besteuerung | Steuersatz vom Hundert | vom Tausend | ℳ | ₰ | Berechnung der Stempelabgabe |
| (1) | | | | | | den Aktien usw. angerechnet. Das Gleiche gilt von dem versteuerten Betrage nicht voll gezahlter Aktien und Anteilscheine bei späteren Einzahlungen. Ausländische Werte werden nach den Vorschriften wegen Erhebung des Wechselstempels umgerechnet. |
| | d) Anteilscheine gewerkschaftlich betriebener Bergwerke (Kuxe, Kuxscheine) . . . . . . . . . . . . | — | — | 5 | — | von jeder einzelnen Urkunde. |
| | Außerdem für alle nach dem 1. August 1909 auf Werte der angegebenen Art ausgeschriebenen Einzahlungen, soweit solche nicht zur Deckung von Betriebsverlusten dienen oder zur Erhaltung des Betriebs in seinem bisherigen Umfange bestimmt sind und verwendet werden . . . . . . . . . . | 3 | — | — | — | vom Betrage der Einzahlung, und zwar in Abstufungen von 3 Mark für je 100 Mark oder einen Bruchteil dieses Betrages. |
| | Zur Entrichtung des Stempels für die Einzahlungen ist die Gewerkschaft verpflichtet, und zwar spätestens zwei Wochen nach dem von der Gewerkschaftsvertretung festgesetzen Einzahlungstag oder, sofern die Zahlung zu diesem Zeitpunkte nicht eingegangen ist, spätestens zwei Wochen nach dem Eingange der Zahlung. | | | | | |

| 1 | 2 | 3 | | | | 4 |
|---|---|---|---|---|---|---|
| Nr. | Gegenstand der Besteuerung | Steuersatz vom Hundert | vom Tausend | ℳ | ₰ | Berechnung der Stempelabgabe |
| (1.) | **Befreit sind:**<br>Inländische Aktien und Aktienanteilscheine sowie Interimsscheine über Einzahlungen auf diese Wertpapiere, sofern sie von Aktiengesellschaften ausgegeben werden, welche<br>a) nach der Entscheidung des Bundesrats ausschließlich gemeinnützigen Zwecken dienen, den zur Verteilung gelangenden Reingewinn satzungsmäßig auf eine höchstens vierprozentige Verzinsung der Kapitaleinlagen beschränken, auch bei Auslosungen oder für den Fall der Auflösung nicht mehr als den Nennwert ihrer Anteile zusichern und bei der Auflösung den etwaigen Rest des Gesellschaftsvermögens für gemeinnützige Zwecke bestimmen,<br>— Die von solchen Aktiengesellschaften beabsichtigten Veranstaltungen müssen auch für die minderbegüterten Volksklassen bestimmt sein. —<br>oder welche<br>b) die Herstellung von inländischen Eisenbahnen unter Beteiligung oder Zinsgarantie des Reichs, der Bundesstaaten, der Provinzen, Gemeinden oder Kreise zum Zwecke haben. | | | | | |
| 2. | a) Inländische, für den Handelsverkehr bestimmte Renten- und Schuldverschreibungen (auch Teilschuldverschreibungen), sofern sie nicht unter Nr. 3 fallen, sowie Interimsscheine über Einzahlungen auf diese Wertpapiere . . . . . . . . . | 2 | — | — | — | vom Nennwerte, bei Interimsscheinen vom Betrage der bescheinigten Einzahlungen und zwar: zu 2a und c in Abstufungen von 40 Pf. |

| 1 | 2 | 3 | | | | 4 |
|---|---|---|---|---|---|---|
| Nr. | Gegenstand der Besteuerung | Steuersatz vom Hundert | Steuersatz vom Tausend | ℳ | ₰ | Berechnung der Stempelabgabe |
| (2.) | b) Renten- und Schuldverschreibungen ausländischer Staaten, Kommunalverbände, Kommunen und Eisenbahngesellschaften, wenn sie im Inland ausgehändigt, veräußert, verpfändet oder wenn daselbst andere Geschäfte unter Lebenden damit gemacht oder Zahlungen darauf geleistet werden, unter der gleichen Voraussetzung auch Interimsscheine über Einzahlungen auf diese Wertpapiere<br>Die Abgabe ist von jedem Stück nur einmal zu entrichten. | 1 | — | — | — | zu 2b in Abstufungen von 20 Pf. für je 20 Mark; überschießende Bruchteile werden soweit sie nicht unter dem Betrage von 1 Mark zurückbleiben, für volle 20 Mark gerechnet.<br>Der nachweislich versteuerte Betrag der Interimsscheine wird auf den Betrag der demnächst etwa zu versteuernden Rentenverschreibungen usw. angerechnet.<br>Ist der Kapitalwert von Rentenverschreibungen aus diesen selbst nicht ersichtlich, so gilt als solcher der 25fache Betrag der einjährigen Rente.<br>Ausländische Werte werden nach den Vorschriften wegen Erhebung des Wechselstempels umgerechnet. |
| | c) Renten- u. Schuldverschreibungen ausländischer Korporationen, Aktiengesellschaften oder industrieller Unternehmungen und sonstige für den Handelsverkehr bestimmte ausländische Renten- und Schuldverschreibungen, sofern sie nicht unter 2b fallen, wenn sie im Inland ausgehändigt, veräußert, verpfändet oder wenn daselbst andere Geschäfte unter Lebenden damit gemacht oder Zahlungen darauf geleistet werden, unter der gleichen Voraussetzung auch Interimsscheine über Einzahlungen auf diese Wertpapiere . . . . . . . . .<br>Die Abgabe ist von jedem Stücke nur einmal zu entrichten.<br>Befreit sind:<br>1. Renten- und Schuldverschreibungen des Reichs und der Bundesstaaten sowie Interimsscheine über Einzahlungen auf diese Wertpapiere;<br>2. die auf Grund des Reichsgesetzes vom 8. Juni 1871 abge- | 2 | — | — | — | |

| 1 | 2 | 3 | | | | 4 |
|---|---|---|---|---|---|---|
| Nr. | Gegenstand der Besteuerung | Steuersatz vom Hundert | Steuersatz vom Tausend | ℳ | ₰ | Berechnung der Stempelabgabe |
| (2.) | stempelten ausländischen Inhaberpapiere mit Prämien. | | | | | |
| | Anmerkung zu Tarifnummer 1 und 2. | | | | | |
| | Der Aushändigung ausländischer Wertpapiere im Inlande wird es gleich geachtet, wenn solche Wertpapiere, welche durch ein im Ausland abgeschlossenes Geschäft von einem zur Zeit des Geschäftsabschlusses im Inlande wohnenden Kontrahenten angeschafft sind, diesem aus dem Ausland übersandt oder von ihm oder einem Vertreter aus dem Ausland abgeholt werden. | | | | | |
| | Genußscheine und ähnliche zum Bezug eines Anteils an dem Gewinn einer Aktienunternehmung oder einer unter Nr. 1b des Tarifs fallenden Gesellschaft berechtigende Wertpapiere, sofern sie sich nicht als Aktien oder Aktienanteilscheine oder sonstige Gesellschaftsanteile (Tarifnummer 1) oder als Renten- oder Schuldverschreibungen (Tarifnummer 2) darstellen, unterliegen einer festen Abgabe, die für | | | | | |
| | a) solche, welche als Ersatz an Stelle erloschener Aktien ausgegeben werden . . . . . . . . . . | — | — | 1 | — | von jeder einzelnen Urkunde. |
| | b) alle übrigen, und zwar: | | | | | |
| | 1. inländische . . . . . . . | — | — | 30 | — | |
| | 2. ausländische . . . . . . . | — | — | 40 | — | |
| | beträgt. | | | | | |
| 3. | Inländische auf den Inhaber lautende und auf Grund staatlicher Genehmigung ausgegebene Renten- und Schuldverschreibungen der Kommunalverbände, Kommunen und Kommunal-Kreditanstalten, der | | | | | vom Nennwerte beziehungsweise vom Betrage der bescheinigten Einzahlungen nach Maßgabe der Vorschriften für die |

| 1 | 2 | 3 | | | | 4 |
|---|---|---|---|---|---|---|
| Nr. | Gegenstand der Besteuerung | Steuersatz vom Hundert | Steuersatz vom Tausend | ℳ | ₰ | Berechnung der Stempelabgabe |
| (3.) | Korporationen ländlicher oder städtischer Grundbesitzer, der Grundkredit- und Hypothekenbanken oder der Eisenbahngesellschaften sowie Interimsscheine über Einzahlungen auf diese Wertpapiere . . . . . | — | 5 | — | — | Abgabenberechnung bei inländisch. Wertpapieren der unter Nr. 2 bezeichneten Art und zwar in Abstufungen von 50 Pf. für je 100 Mark oder einen Bruchteil dieses Betrags. |
| 3 A. | **Gewinnanteilschein- und Zinsbogen.** | | | | | |
| | a) Gewinnanteilscheinbogen von inländischen Aktien, Aktienanteilscheinen, Reichsbankanteilscheinen, Anteilscheinen von Kolonialgesellschaften und den ihnen gleichgestellten Gesellschaften . . . . . . | 1 | — | — | — | vom Nennwerte der Wertpapiere, für welche die Bogen ausgegeben werden, in Abstufungen von 1 Mark für je 100 Mark; überschießende Bruchteile werden für volle 100 Mark gerechnet. |
| | b) Gewinnanteilscheinbogen von ausländischen Aktien und Aktienanteilscheinen, sofern die Bogen im Inland ausgegeben werden . . . . | 1 | — | — | — | Sofern die Einzahlungen auf die Wertpapiere nicht voll geleistet sind, ist die Abgabe vom Betrage der geleisteten Einzahlungen, jedoch höchstens vom Betrage des Nennwertes der Wertpapiere zu entrichten. Wird während der Zeit, für welche die Gewinnanteilscheine laufen, eine weitere Einzahlung geleistet, so ist vom Betrage der Einzahlung, soweit sie zusammen mit der früheren Einzahlung den |

| 1 | 2 | 3 | | | | 4 |
|---|---|---|---|---|---|---|
| Nr. | Gegenstand der Besteuerung | Steuersatz vom Hundert | Steuersatz vom Tausend | ℳ | ₰ | Berechnung der Stempelabgabe |
| (3 A.) | | | | | | Nennwert des Wertpapiers nicht übersteigt, eine weitere Abgabe nach dem Verhältnisse der abgelaufenen Zeit zu der Zeit zu entrichten, für welche die Gewinnanteilscheine noch laufen. Für Bogen, die Anteilscheine für einen längeren als zehnjährigen Zeitraum enthalten, erhöht sich die Abgabe für jedes fernere Jahr um ein Zehntel. |
| | c) Zinsbogen (Rentenbogen) von inländischen für den Handelsverkehr bestimmten Renten- und Schuldverschreibungen (auch Teilschuldverschreibungen), sofern sie nicht unter Nr. 3A f fallen . . . . . . | — | 5 | — | — | vom Nennwerte der Wertpapiere, für welche die Bogen ausgegeben werden, in Abstufungen von 50 Pf. für je 100 Mark; überschießende Bruchteile werden für volle 100 Mark gerechnet. Für Bogen, die Zinsscheine für einen längeren als zehnjährigen Zeitraum enthalten, erhöht sich die Abgabe für jedes fernere Jahr um ein Zehntel. |
| | d) Zinsbogen von Renten- und Schuldverschreibungen ausländischer Staaten, Kommunalverbände, Kommunen und Eisenbahngesellschaften, sofern die Bogen im Inland ausgegeben werden . . . . | — | 5 | — | — | |
| | e) Zinsbogen von Renten- und Schuldverschreibungen ausländischer Korporationen, Aktiengesellschaften oder industrieller Unternehmungen und sonstigen für den Handelsverkehr bestimmten ausländischen Renten- und Schuldverschreibungen, sofern die Bogen im Inland ausgegeben werden. . | — | 5 | — | — | |

| 1 | 2 | 3 | | | | 4 |
|---|---|---|---|---|---|---|
| Nr. | Gegenstand der Besteuerung | Steuersatz vom Hundert | Steuersatz vom Tausend | M | Pf | Berechnung der Stempelabgabe |
| (3 A.) | f) Zinsbogen von inländischen auf den Inhaber lautenden und auf Grund staatlicher Genehmigung ausgegebenen Renten- und Schuldverschreibungen der Kommunalverbände, Kommunen und Kommunal-Kreditanstalten, der Korporationen ländlicher oder städtischer Grundbesitzer, der Grundkredit- und Hypothekenbanken oder der Eisenbahngesellschaften<br>Befreit sind:<br>1. Zinsbogen von Renten- und Schuldverschreibungen des Reichs und der Bundesstaaten;<br>2. Gewinnanteilscheinbogen von Aktien der in der Befreiungsvorschrift der Tarifnummer 1 bezeichnet. Aktiengesellschaften;<br>3. Gewinnanteilschein- und Zinsbogen, die bei der ersten Ausgabe der Wertpapiere mit diesen in Verkehr gesetzt werden. Die Befreiung greift nicht Platz, soweit die Bogen für einen längeren als zehnjährigen Zeitraum ausgegeben werden;<br>4. Gewinnanteilschein- und Zinsbogen, die vor dem Inkrafttreten dieser Vorschriften ausgegeben sind. | — | 2 | — | — | vom Nennwerte der Wertpapiere, für welche die Bogen ausgegeben werden, in Abstufungen von 20 Pf. für je 100 Mark; überschießende Bruchteile werden für volle 100 Mark gerechnet.<br>Für Bogen, die Zinsscheine für einen längeren als zehnjährigen Zeitraum enthalten, erhöht sich die Abgabe für jedes fernere Jahr um ein Zehntel. |
| | **Kauf- und sonstige Anschaffungsgeschäfte.** | | | | | |
| 4. | a) Kauf- und sonstige Anschaffungsgeschäfte über:<br>1. Wertpapiere der unter 2a, 2b und 3 des Tarifs bezeichneten Art . . . . . . . . . . . . | — | $^{2}/_{10}$ | — | — | |

| 1 | 2 | 2 | | | | 4 |
|---|---|---|---|---|---|---|
| Nr. | Gegenstand der Besteuerung | Steuersatz vom Hundert | vom Tausend | M | Pf | Berechnung der Stempelabgabe |
| (4.) | 2. Anteile von bergrechtlichen Gewerkschaften oder die darüber ausgestellten Urkunden (Kuxscheine, Bezugsscheine, Abtretungsscheine) . . . . . . . | — | 1 | — | — | |
| | 3. sonstige Wertpapiere der unter 1 bis 3 des Tarifs bezeichneten Art einschließlich der Genußscheine . . . . . . . . . . | — | $^3/_{10}$ | — | — | |
| | 4. ausländische Banknoten, ausländisches Papiergeld, ausländische Geldsorten . . . . . . | — | $^2/_{10}$ | — | — | |
| | Den Kauf- und sonstigen Anschaffungsgeschäften steht gleich die bei Errichtung einer Aktiengesellschaft, einer Kommanditgesellschaft auf Aktien, einer Kolonialgesellschaft oder einer dieser gleichgestellten Gesellschaft erfolgende Zuteilung der Aktien oder Anteilscheine auf Grund vorhergehender Zeichnung, die bei Errichtung einer Aktiengesellschaft oder Kolonialgesellschaft oder einer dieser gleichgestellten Gesellschaft stattfindende Übernahme der Aktien oder Anteilscheine durch die Gründer und die Ausreichung von Wertpapieren an den ersten Erwerber. | | | | | vom Werte des Gegenstandes des Geschäfts, und zwar in Abstufungen von<br>zu 4 a 1: 0,20 Mark<br>„ 4 a 2: 1,00 „<br>„ 4 a 3: 0,30 „<br>„ 4 a 4: 0,20 „<br>„ 4 b: 0,40 „<br>für je 1000 Mark oder einen Bruchteil dieses Betrags. |
| | Ermäßigung.<br>Hat jemand nachweislich im Arbitrierverkehr unter Ziffer 1, 3 oder 4 der Tarifnummer 4a fallende Gegenstände derselben Gattung im Inlande gekauft und im Auslande verkauft, oder umgekehrt, oder an dem einen Börsenplatze des Auslandes gekauft und an dem anderen verkauft, so ermäßigt sich für ihn die Stempelabgabe von | | | | | Bei Berechnung der Abgabe im einzelnen Falle sind mindestens 10 Pf. in Ansatz zu bringen und höhere Pfennigbeträge derart nach oben hin abzurunden, daß sie durch 10 teilbar sind.<br>Der Wert des Gegenstandes wird nach dem vereinbarten |

| 1 | 2 | 3 | | | | 4 |
|---|---|---|---|---|---|---|
| Nr. | Gegenstand der Besteuerung | Steuersatz vom Hundert | vom Tausend | ℳ | ₰ | Berechnung der Stempelabgabe |
| (4.) | jedem dieser Geschäfte, so weit deren Wertbeträge sich decken, und zwar<br>für die Gegenstände unter Ziffer 1 und 4 um $^3/_{40}$ vom Tausend und<br>für die Gegenstände unter Ziffer 3 um $^5/_{40}$ vom Tausend,<br>wenn die beiden einander gegenüberstehenden Geschäfte zu festen Kursen an demselben Tage oder an zwei unmittelbar aufeinander folgenden Börsentagen abgeschlossen sind. Es macht keinen Unterschied, ob der Beteiligte die Geschäfte im Auslande selbst oder durch eine Metaverbindung abgeschlossen hat.<br>Unter den gleichen Voraussetzungen tritt die Steuerermäßigung (um $^3/_{40}$ vom Tausend) ein, wenn An- und Verkäufen von ausländischen Banknoten oder ausländischem Papiergelde Geschäfte über Geldsorten oder Wechsel gegenüberstehen.<br>Eine einmalige, längstens halbmonatige Verlängerung im Ausland abgeschlossener Geschäfte der in Rede stehenden Art bleibt steuerfrei.<br>Für Kostgeschäfte (§ 17 Abs. 3 des Gesetzes) über Gegenstände der vorstehend im Abs. 1 bezeichneten Art ermäßigt sich die Stempelabgabe um die Hälfte der tarifmäßigen Sätze.<br>Die gleichen Vorschriften finden statt für den Arbitrierverkehr zwischen inländischen Börsenplätzen.<br>Die näheren Vorschriften über | | | | | Kauf- oder Lieferungspreise, sonst durch den mittleren Börsen- oder Marktpreis am Tage des Abschlusses bestimmt. Die zu den Wertpapieren gehörigen Zins- und Gewinnanteilscheine bleiben bei Berechnung der Abgabe außer Betracht.<br>Ausländische Werte sind nach den Vorschriften wegen Erhebung des Wechselstempels umzurechnen. |

| 1 | 2 | 3 | | | | 4 |
|---|---|---|---|---|---|---|
| | | Steuersatz | | | | |
| | | vom | | | | |
| Nr. | Gegenstand der Besteuerung | Hundert | Tausend | ℳ | ₰ | Berechnung der Stempelabgabe |
| (4.) | die Entrichtung der Abgabe erläßt der Bundesrat. | | | | | |
| | b) Kauf- und sonstige Anschaffungsgeschäfte, welche unter Zugrundelegung von Usancen einer Börse geschlossen werden (Loko-, Zeit-, Fix-, Termin-, Prämien- usw. Geschäfte), über Mengen von Waren, die börsenmäßig gehandelt werden | — | $^4/_{10}$ | — | — | |
| | Als börsenmäßig gehandelt gelten diejenigen Waren, für welche an der Börse, deren Usancen für das Geschäft maßgebend sind, Terminpreise notiert werden, und bei Waren, in denen der Börsenterminhandel untersagt ist, diejenigen, für welche an der in Betracht kommenden Börse Preise für Zeitgeschäfte notiert werden. | | | | | |
| | **Befreiungen.** | | | | | |
| | Die vorbestimmte Abgabe wird nicht erhoben: | | | | | |
| | 1. falls die Waren, welche Gegenstand eines nach Nummer 4b stempelpflichtigen Geschäfts sind, von einem der Vertragschließenden im Inland erzeugt oder hergestellt sind; | | | | | |
| | 2. für die Ausreichung der von den Pfandbriefinstituten und Hypothekenbanken ausgegebenen, auf den Inhaber lautenden Schuldverschreibungen als Darlehnsvaluta an den kreditnehmenden Grundbesitzer; | | | | | |
| | 3. für sogenannte Kontantgeschäfte über die unter Nummer 4a 4 bezeichneten Gegenstände, sowie über ungemünztes Gold oder Silber. | | | | | |

| 1 | 2 | 3 | | | | 4 |
|---|---|---|---|---|---|---|
| Nr. | Gegenstand der Besteuerung | Steuersatz vom Hundert | vom Tausend | ℳ | ₰ | Berechnung der Stempelabgabe |
| (4.) | Als Kontantgeschäfte gelten solche Geschäfte, welche vertragsmäßig durch Lieferung des Gegenstandes seitens des Verpflichteten an dem Tage des Geschäftsabschlusses zu erfüllen sind;<br>4. von den zur Versicherung von Wertpapieren gegen Verlosung geschlossenen Geschäften, unbeschadet der Stempelpflicht der nach erfolgter Verlosung stattfindenden Kauf- oder sonstigen Anschaffungsgeschäfte;<br>5. für Kauf- oder sonstige Anschaffungsgeschäfte über Renten- und Schuldverschreibungen des Reichs oder der Bundesstaaten sowie Interimsscheine über Einzahlungen auf diese Wertpapiere. | | | | | |
| | **Lotterielose.** | | | | | |
| 5. | Lose öffentlicher Lotterien sowie Ausweise über Spieleinlagen bei öffentlich veranstalteten Ausspielungen von Geld- oder anderen Gewinnen | | | | | |
| | a) inländische . . . . . . . . . . | 20 | — | — | — | bei inländischen Losen vom planmäßigen Preise (Nennwerte) sämtlicher Lose oder Ausweise mit Ausschluß des auf die Reichsstempelabgabe entfallenden Betrags; bei ausländischen Losen von dem Preise der einzelnen Lose in Abstufungen von 1 Mark für je 4 Mark oder einem Bruchteil des Betrags. |
| | b) ausländische . . . . . . . . . | 25 | — | — | — | |
| | Befreit sind:<br>Lose der von den zuständigen Behörden genehmigten Ausspielungen und Lotterien, sofern der Gesamtpreis der Lose einer Ausspielung die Summe von einhundert Mark und bei Ausspielungen zu ausschließlich mildtätigen Zwecken die Summe von fünfundzwanzigtausend Mark nicht übersteigt. | | | | | |

| 1 | 2 | 3 | | | | 4 |
|---|---|---|---|---|---|---|
| Nr. | Gegenstand der Besteuerung | Steuersatz vom Hundert | Steuersatz vom Tausend | M | Pf | Berechnung der Stempelabgabe |
| | **Frachturkunden.** | | | | | |
| 6. | Frachturkunden, wenn sie im Inland ausgestellt oder behufs Empfangnahme oder Ablieferung der darin bezeichneten Sendung im Inlande vorgelegt oder ausgehändigt werden, und zwar: | | | | | |
| | a) Konossemente und Frachtbriefe im Schiffsverkehre zwischen inländischen und ausländischen Seehäfen oder zwischen Häfen an inländischen Wasserstraßen und ausländischen Seehäfen, soweit sie nicht unter b fallen . . . . . . . . . . . . | — | — | 1 | — | |
| | b) Konossemente und Frachtbriefe im Schiffsverkehre zwischen inländischen Häfen und ausländischen Häfen der Nord- und Ostsee, des Kanals oder der norwegischen Küste | — | — | — | 10 | |
| | Wenn eine Urkunde über die Ladung eines ganzen Schiffsgefäßes lautet, wird bei einem Frachtbetrage von nicht mehr als 25 Mark das Doppelte, bei höheren Beträgen das Fünffache und, sofern es sich um Schiffe mit einem Reinraumgehalte von über 200 Kubikmeter handelt, bei einem Frachtbetrage von nicht mehr als 25 Mark das Fünffache, bei höheren Beträgen das Zehnfache der zu a und b bezeichneten Sätze erhoben. | | | | | von der einzelnen Urkunde; falls diese jedoch über die Ladung mehrerer Schiffsgefäße oder Eisenbahnwagen lautet, von jeder Schiffs- oder Eisenbahnwagenladung. Je zwei Schmalspurwagen, die auf ein Frachtpapier abgefertigt sind, sind als eine Eisenbahnwagenladung zu rechnen; ebenso sind, wenn die Eisenbahnverwaltung statt eines Wagens meh- |
| | c) Konossemente, Frachtbriefe, Ladescheine, Einlieferungsscheine im Schiffsverkehre, soweit sie nicht unter a und b fallen, wenn die Urkunde über die Ladung eines ganzen Schiffsgefäßes lautet, bei einem Frachtbetrage von nicht mehr als 25 Mark . . . | — | — | — | 20 | |

| 1 | 2 | 3 | | | | 4 |
|---|---|---|---|---|---|---|
| Nr. | Gegenstand der Besteuerung | Steuersatz vom Hundert | Steuersatz vom Tausend | ℳ | ₰ | Berechnung der Stempelabgabe |
| (6.) | bei höheren Beträgen. . . . . | — | — | — | 50 | rere zur Verfügung stellt, diese mehreren Wagen einer Eisenbahnwagenladung gleichzuachten. Die Abgabe ist für jede Sendung nur einmal zu entrichten. |
| | und sofern es sich um Schiffe mit einem Raumgehalte von über 150 Tonnen handelt | | | | | |
| | bei einem Frachtbetrage von nicht mehr als 25 Mark . . . | — | — | — | 50 | |
| | bei höheren Beträgen. . . . . | — | — | 1 | — | |
| | Dem Frachtbetrag im Sinne dieser Vorschrift ist der Schlepplohn hinzuzurechnen, sofern er neben der Fracht zu zahlen ist. | | | | | |
| | d) Frachtbriefe im inländischen Eisenbahnverkehre, wenn die Urkunde über die Ladung eines ganzen Eisenbahnwagens lautet | | | | | |
| | bei einem Frachtbetrage von nicht mehr als 25 Mark . . | — | — | — | 20 | |
| | bei höheren Beträgen . . . . | — | — | — | 50 | |
| | Der Steuersatz vermindert sich auf die Hälfte dieser Sätze, wenn das Ladegewicht des Wagens 5 Tonnen nicht übersteigt. Er erhöht sich auf das Einundeinhalbfache, wenn das Ladegewicht über 10 Tonnen, aber nicht mehr als 15 Tonnen beträgt. Für je weitere 5 Tonnen Ladegewicht tritt die Hälfte des Satzes hinzu. | | | | | |
| | **Personenfahrkarten.** | | | | | |
| 7. | a) Fahrkarten, Fahrscheine und sonstige Ausweise über die erfolgte Zahlung des Personenfahrgeldes im Eisenbahnverkehr auf inländischen Bahnlinien. | | | | | |

| bei einem Fahrpreise von: | in III. Wagenklasse ₰ | in II. Wagenklasse ₰ | in I. Wagenklasse ₰ |
|---|---|---|---|
| 0,60 ℳ bis 2 ℳ | 5 | 10 | 20 |
| mehr als 2 „ „ 5 „ | 10 | 20 | 40 |
| „ „ 5 „ „ 10 „ | 20 | 40 | 80 |

| 1 | 2 | 3 | | | | 4 |
|---|---|---|---|---|---|---|
| Nr. | Gegenstand der Besteuerung | Steuersatz vom Hundert | Steuersatz vom Tausend | M | Pf | Berechnung der Stempelabgabe |
| (7.) | Pf Pf Pf<br>mehr als 10 M bis 20 M 40 80 160<br>" " 20 " " 30 " 60 120 240<br>" " 30 " " 40 " 90 180 360<br>" " 40 " " 50 " 140 270 540<br>" " 50 " ........ 200 400 800<br>Fahrkarten von Straßen- und ähnlichen Bahnen, welche getrennte Wagenklassen nicht führen, werden wie Fahrkarten dritter Klasse behandelt.<br>b) Fahrkarten, Fahrscheine und sonstige Ausweise über die erfolgte Zahlung des Personenfahrgeldes im Dampfschiffsverkehr auf inländischen Wasserstraßen und Seen sowie im Dampfschiffsverkehre der Nord- und Ostsee zwischen inländischen Orten unterliegen den unter a für die dritte Wagenklasse festgesetzten Steuersätzen.<br>Wenn das Dampfschiff verschiedene Fahrklassen führt, gelten die unter a für die III. Wagenklasse festgesetzten Steuersätze für die niedrigste Fahrklasse, die unter a für die II. Wagenklasse festgesetzten Steuersätze gleichmäßig für die höheren Fahrklassen.<br>**Befreit sind:**<br>1. Fahrkarten usw., wenn deren tarifmäßiger Fahrpreis, bei Zeitkarten der Gesamtpreis der Zeitkarte, bei Fahrkarten von und nach ausländischen Orten der Fahrpreis für die im Inlande zurückzulegende Strecke den Betrag von 0,60 Mark nicht erreicht;<br>2. die zu ermäßigten Preisen aus- | | | | | vom einzelnen Fahrtausweise. |

| 1 | 2 | 3 | | | | 4 |
|---|---|---|---|---|---|---|
| Nr. | Gegenstand der Besteuerung | Steuersatz vom Hundert | Steuersatz vom Tausend | ℳ | ₰ | Berechnung der Stempelabgabe |
| (7.) | gegebenen Militär-, Schüler- und Arbeiterfahrkarten;<br>3. Fahrkarten der dritten Wagenklasse, soweit im Eisenbahnverkehr eine vierte Wagenklasse nicht geführt wird und der Fahrpreis der dritten Wagenklasse den Satz von 2 Pf. für das Kilometer nicht übersteigt.<br><br>Anmerkung zu Tarifnummer 7.<br>Von Zusatzkarten, die zur Fahrt in einer anderen Zuggattung oder auf einem Dampfschiff anderer Gattung (Eil-, Luxusdampfer) berechtigen, ist eine besondere Abgabe nicht zu entrichten.<br>Von Zusatzkarten, die zur Fahrt in einer höheren Fahrklasse berechtigen, ist die Stempelabgabe in Höhe des Unterschieds zwischen dem Stempelbetrage für diese Fahrklasse und dem zur Hauptkarte geschuldeten Stempelbetrage zu entrichten.<br>Berechtigt eine Fahrkarte nach Wahl des Reisenden zur Benutzung der Eisenbahn oder des Dampfschiffs, so hat die Stempelberechnung unter Berücksichtigung derjenigen Beförderungsweise zu erfolgen, die den höheren Stempelbetrag ergibt. Die Vorschrift findet entsprechende Anwendung, wenn eine Fahrkarte (Fahrscheinheft) zum Teil zur Benutzung einer niedrigeren, zum Teil zur Benutzung einer höheren Wagenklasse berechtigt.<br>Für Fahrkarten, welche zum halben Betrage des auf die Karte aufgedruckten Fahrpreises ausgegeben wer- | | | | | |

| 1 | 2 | 3 | | | | 4 |
|---|---|---|---|---|---|---|
| | | Steuersatz | | | | |
| | | vom | | | | |
| Nr. | Gegenstand der Besteuerung | Hundert | Tausend | ℳ | ₰ | Berechnung der Stempelabgabe |
| (7.) | den (Kinderkarten), ist die Hälfte der für den vollen Fahrpreis festgesetzten Stempelabgabe, jedoch mindestens 5 Pfennig, zu entrichten. Bei Sonderfahrten usw., für deren Benutzung keine Fahrkarten ausgegeben werden, sondern der Preis in anderer Weise berechnet wird, ist ein Stempel in Höhe von zehn vom Hundert des gesamten Beförderungspreises zu entrichten. | | | | | |
| | **Erlaubniskarten für Kraftfahrzeuge.** | | | | | |
| 8. | a) Erlaubniskarten für Kraftfahrzeuge zur Personenbeförderung auf öffentlichen Wegen und Plätzen und zwar: | | | | | |
| | 1. für Krafträder . . . . . . . | — | — | 10 | — | |
| | 2. für Kraftwagen | | | | | |
| | a) von nicht mehr als 6 Pferdekräften . . . . . . . . . | — | — | 25 | — | |
| | b) von über 6, jedoch nicht mehr als 10 Pferdekräften . . . | — | — | 50 | — | |
| | c) von über 10, jedoch nicht mehr als 25 Pferdekräften . . . | — | — | 100 | — | |
| | d) von über 25 Pferdekräften als Grundbetrag; | — | — | 150 | — | von jeder einzelnen Karte. |
| | außerdem zu 2: von jeder Pferdekraft oder einem Teile einer Pferdekraft | | | | | |
| | falls das Fahrzeug nicht mehr als 6 Pferdekräfte hat . . . . . . | — | — | 2 | — | |
| | falls dasselbe über 6, jedoch nicht mehr als 10 Pferdekräfte hat | — | — | 3 | — | |
| | falls dasselbe über 10, jedoch nicht mehr als 25 Pferdekräfte hat | — | — | 5 | — | |
| | im übrigen . . . . . . . . . | — | — | 10 | — | |

| 1 | 2 | 3 | | | | 4 |
|---|---|---|---|---|---|---|
| Nr. | Gegenstand der Besteuerung | Steuersatz vom Hundert | Tausend | M. | Pf. | Berechnung der Stempelabgabe |
| (8.) | Die Abgabe ermäßigt sich um die Hälfte, wenn die Ausstellung der Erlaubniskarte für einen vier Monate nicht übersteigenden Zeitraum beantragt wird. | | | | | |
| *) | b) Erlaubniskarten für Kraftfahrzeuge von im Auslande wohnenden Besitzern (§ 57 Abs. 2) zur Personenbeförderung auf öffentlichen Wegen und Plätzen bei vorübergehender Benutzung des Kraftfahrzeugs im Inland, und zwar bei Benutzung: | | | | | |
| | 1. während eines nicht mehr als dreißig Tage im Jahre betragenden Aufenthalts im Inlande für Krafträder . . . . . | — | — | 3 | — | von der einzelnen Karte. Bei mehr als dreißigtägigem Aufenthalt ist eine Karte der zu a bezeichneten Art zu lösen, für die der gezahlte Stempelbetrag in Anrechnung gebracht wird. |
| | 2. a) während eines nicht mehr als fünf Tage im Jahre betragenden Aufenthalts im Inlande für Kraftwagen | — | — | 15 | — | |
| | b) während eines mehr als fünf Tage bis zu höchstens dreißig Tagen im Jahre betragenden Aufenthalts im Inlande für Kraftwagen . . . . . . . | — | — | 40 | — | |
| | Eine Befreiung von der Stempelabgabe findet statt: | | | | | |
| | 1. hinsichtlich derjenigen Kraftfahrzeuge, welche zur ausschließlichen Benutzung im Dienste des Reichs, eines Bundesstaats oder einer Behörde bestimmt sind; | | | | | |
| | 2. hinsichtlich solcher Kraftfahrzeuge, die ausschließlich der gewerbsmäßigen Personenbeförderung dienen. | | | | | |

*) Vergleiche das oben S. 13 abgedruckte Gesetz vom 18. Mai 1908 und §§ 126 ff. der Ausführungsbestimmungen.

| 1 | 2 | 3 | | | | 4 |
|---|---|---|---|---|---|---|
| Nr. | Gegenstand der Besteuerung | Steuersatz vom Hundert | Steuersatz vom Tausend | ℳ | ₰ | Berechnung der Stempelabgabe |
| | **Vergütungen.** | | | | | |
| 9. | Die Aufstellungen der Aktiengesellschaften, Kommanditgesellschaften auf Aktien und Gesellschaften mit beschränkter Haftung über die Höhe der gesamten Vergütungen (Gewinnanteile, Tantiemen, Gehälter usw.), die den zur Überwachung der Geschäftsführung bestellten Personen (Mitgliedern des Aufsichtsrats) seit der letzten Bilanzaufstellung gewährt worden sind . . . . | 8 | — | — | — | von der Gesamtsumme der Vergütungen. |
| | Befreit sind Aufstellungen, nach denen die Summe der sämtlichen an die Mitglieder des Aufsichtsrats gemachten Vergütungen (§ 66) nicht mehr als 5000 Mark ausmacht. Übersteigt die Gesamtsumme der Vergütungen 5000 Mark, so wird die Abgabe nur insoweit erhoben, als sie aus der Hälfte des 5000 Mark übersteigenden Betrags gedeckt werden kann. | | | | | |
| | Werden Tagegelder im Betrage von mehr als fünfzig Mark für den Tag gezahlt, so ist der Mehrbetrag als versteuerbare Tantieme zu betrachten. Reisegelder, die den Betrag der baren Auslagen übersteigen werden ebenfalls als Tantiemen betrachtet. | | | | | |
| | **Schecks.** | | | | | |
| 10. | Im Inland ausgestellte Schecks und Schecks, welche im Ausland auf das Inland ausgestellt sind. . . . . . | — | — | — | 10 | vom einzelnen Scheck. Ist ein Scheck in mehreren Ausfertigungen ausge- |
| | Den Schecks stehen gleich die Quittungen über Geldsummen, die aus Guthaben des Ausstellers bei den | | | | | |

| 1 | 2 | 3 | | | | 4 |
|---|---|---|---|---|---|---|
| Nr. | Gegenstand der Besteuerung | Steuersatz vom Hundert | vom Tausend | M | Pf | Berechnung der Stempelabgabe |
| (10.) | im § 2 des Scheckgesetzes vom 11. März 1908 (Reichs-Gesetzbl. S. 71) bezeichneten Anstalten oder Firmen gezahlt werden, sofern die Quittung im Inland ausgestellt oder ausgehändigt wird.<br>Befreit sind:<br>1. im inländischen Postscheckverkehr ausgestellte Schecks;<br>2. Schecks, die dem Wechselstempel unterliegen. | | | | | stellt, so ist die Abgabe auch von jeder weiteren Ausfertigung zu entrichten, sofern diese nach gesetzlicher Vorschrift als ein für sich bestehender Scheck gilt.<br>Im übrigen ist die Abgabe von der einzelnen Urkunde nur einmal zu entrichten. |
| | **Grundstücksübertragungen.** | | | | | |
| 11. | Beurkundungen der Übertragung des Eigentums an im Inlande gelegenen Grundstücken und der Übertragung von Berechtigungen, für welche die sich auf Grundstücke beziehenden Vorschriften gelten, soweit sie zum Gegenstande haben:<br>a) Kauf- und Tauschverträge und andere entgeltliche Veräußerungsverträge, einschließlich der gerichtlichen Zwangsversteigerungen sowie der Abtretung der Rechte aus dem Meistgebot und der Erklärung des Meistbietenden, daß er für einen anderen geboten habe . . . . . . . . . | 1/3 | — | — | — | und zwar:<br>1. bei Kaufverträgen vom Kaufpreis unter Hinzurechnung des Wertes der ausbedungenen Leistungen und vorbehaltenen Nutzungen;<br>2. bei Tauschverträ- |
| | Beurkundungen von Übertragungen der Rechte der Erwerber aus Veräußerungsgeschäften sowie Beurkundungen nachträglicher Erklärungen der aus einem Veräußerungsgeschäfte berechtigten Erwerber, die Rechte für einen Dritten erworben oder die Pflichten für einen Dritten übernommen zu haben, werden | | | | | |

| 1 | 2 | 2 | | | | 4 |
|---|---|---|---|---|---|---|
| Nr. | Gegenstand der Besteuerung | Steuersatz vom Hundert | Steuersatz vom Tausend | ℳ | ₰ | Berechnung der Stempelabgabe |
| (11.) | in betreff der Stempelpflichtigkeit wie Beurkundungen der Veräußerungen behandelt, sofern nicht der erste Erwerber das Veräußerungsgeschäft erweislich auf Grund eines Vollmachtsauftrags oder einer Geschäftsführung ohne Auftrag für einen Dritten abgeschlossen hat und die Übertragung der Rechte dieses ersten Erwerbers an den Dritten erfolgt. Dasselbe gilt von Übertragungen der Rechte aus Anträgen zur Schließung eines entgeltlichen Veräußerungsgeschäfts, die den Veräußerer binden, sowie aus Verträgen, durch die nur der Veräußerer zur Schließung eines solchen Veräußerungsgeschäfts verpflichtet wird.<br><br>**Befreit sind:**<br>1. Kauf- und Tauschverträge und andere entgeltliche Veräußerungsverträge zwischen Teilnehmern an einer Erbschaft zum Zwecke der Teilung der zu letzterer gehörigen Gegenstände.<br>Zu den Teilnehmern an einer Erbschaft wird auch der überlebende Ehegatte gerechnet, der mit den Erben des verstorbenen Ehegatten gütergemeinschaftliches Vermögen zu teilen hat.<br>2. Überlassungsverträge zwischen Eltern und Kindern, auch eingekindschafteten, oder deren Abkömmlingen. | | | | | gen vom Werte der von einem der Vertragschließenden in Tausch gegebenen Gegenstände, und zwar derjenigen, welche den höheren Wert haben; beim Tausche inländischer gegen ausländische Grundstücke vom Werte der ersteren.<br>3. bei anderen Verträgen vom Gesamtwerte der Gegenleistung unter Hinzurechnung des Wertes der vorbehaltenen Nutzungen oder, wenn der Wert der Gegenleistung aus dem Vertrage nicht hervorgeht, von dem Werte des veräußerten Gegenstandes;<br>4. bei Zwangsversteigerungen vom Betrage des Meistgebotes, zu dem der Zuschlag erteilt wird, unter Hinzurechnung der vom Ersteher übernommenen Leistungen, und |

| 1 | 2 | 3 | | | | 4 |
|---|---|---|---|---|---|---|
| | | Steuersatz | | | | |
| | | vom | | | | |
| Nr. | Gegenstand der Besteuerung | Hundert | Tausend | ℳ | ₰ | Berechnung der Stempelabgabe |
| (11.) | Auf Beurkundungen von Übertragungen der Rechte des Erwerbers aus Verträgen der bezeichneten Art an andere Personen als an Abkömmlinge des ersten Veräußerers finden die unter a Abs. 2 Satz 1 dieser Tarifnummer vorgesehenen Einschränkungen der Stempelpflicht keine Anwendung.<br>3. Die Abtretung der Rechte aus dem Meistgebot und die Erklärung, für einen anderen geboten zu haben, sofern die Abtretung oder die Erklärung in dem Versteigerungstermin erfolgt oder sofern ein Gläubiger Meistbietender war, dem eine durch ein geringeres Gebot nicht oder nicht völlig gedeckte Hypothek, Grundschuld oder Rentenschuld zustand; | | | | | wenn das Meistgebot den Wert des Gegenstandes nicht erreicht, von diesem. Im Falle der Abtretung der Rechte aus dem Meistgebot der Erklärung des Meistbietenden, daß er für einen andern geboten habe, tritt an die Stelle des Meistgebots der Wert der Gegenleistung, sofern eine solche in der Urkunde enthalten ist.<br>Anmerkungen.<br>a) Bei Verträgen über Leistung an Erfüllungsstatt berechnet sich die Stempelabgabe nach dem Werte, zu dem die Gegenstände an Erfüllungsstatt angenommen werden. Wird in einem Kaufvertrage hinsichtlich des Kaufpreises eine Leistung an Erfüllungsstatt vereinbart, so ist der Vertrag wie |

| 1 | 2 | 3 | | | | 4 |
|---|---|---|---|---|---|---|
| Nr. | Gegenstand der Besteuerung | Steuersatz vom Hundert | vom Tausend | ℳ | ₰ | Berechnung der Stempelabgabe |
| (11.) | | | | | | ein Tauschvertrag zu versteuern. b) Wenn auf dem veräußerten Gegenstand ein Nießbrauchsrecht lastet, zu dessen Beseitigung der Veräußerer nicht verpflichtet ist, so ist der Steuerbemessung der Wert des veräußerten Gegenstandes zu Grunde zu legen, sofern dieser Wert den Betrag der Gegenleistung (Ziffer 1 und 3 dieser Spalte) übersteigt. c) Wenn der Ersteher zur Zeit der Einleitung der Zwangsversteigerung Hypotheken- oder Grundschuldgläubiger ist, so tritt an die Stelle des Meistgebots, falls dieses hinter dem Gesamtbetrage der Hypotheken- und Grundschuldforderungen des Erstehers und der diesen vorgehenden Forderungen zurückbleibt, die- |

| 1 | 2 | 3 | | | | 4 |
|---|---|---|---|---|---|---|
| | | Steuersatz | | | | |
| | | vom | | | | |
| Nr. | Gegenstand der Besteuerung | Hundert | Tausend | ℳ | ₰ | Berechnung der Stempelabgabe |
| (11.) | | | | | | ser Gesamtbetrag, sofern er nicht den Wert des Gegenstandes übersteigt.<br>d) Wird bei einer Versteigerung, welche zum Zwecke der Auseinandersetzung unter Miteigentümern erfolgt, der Zuschlag einem Miteigentümer erteilt, so bleibt bei Berechnung des Stempels derjenige Teil des Meistgebots außer Betracht, welcher auf den dem Ersteher bereits zustehenden Anteil an den versteigerten Gegenständen fällt. Im Falle der Gemeinschaft unter Miterben gilt im Sinne dieser Vorschrift jeder Miterbe als Miteigentümer nach Verhältnis seines ideellen Anteils am Nachlasse. |
| | b) das Einbringen in eine Aktiengesellschaft, Kommanditgesellschaft auf Aktien oder Gesellschaft mit beschränkter Haftung . . . | 1/3 | — | — | — | des Entgelts einschließlich der auf der Einlage ruhenden, auf |
| | Dem Einbringen von unbeweglichen Gegenständen steht | | | | | |

| 1 | 2 | 3 | | | | 4 |
|---|---|---|---|---|---|---|
| Nr. | Gegenstand der Besteuerung | Steuersatz vom Hundert | vom Tausend | ℳ | ₰ | Berechnung der Stempelabgabe |
| (11.) | gleich das Einbringen des Rechtes auf Auflassung sowie der Rechte aus Veräußerungsgeschäften der unter a Abs. 2 dieser Tarifnummer bezeichneten Art.<br><br>Befreit ist:<br>das Einbringen von Nachlaßgegenständen in eine ausschließlich von den Teilnehmern an einer Erbschaft gebildete Gesellschaft mit beschränkter Haftung. Zu den Teilnehmern einer Erbschaft wird auch der überlebende Ehegatte gerechnet, welcher mit den Erben des verstorbenen Ehegatten gütergemeinschaftliches Vermögen zu teilen hat; | | | | | die Gesellschaft übergehenden Verbindlichkeiten und des Wertes aller sonstigen ausbedungenen Leistungen und vorbehaltenen Nutzungen oder, wenn das Entgelt aus dem Vertrage nicht hervorgeht, des Wertes des eingebrachten Vermögens. |
| | c) die Überlassung von Gesellschaftsvermögen an einen Gesellschafter oder dessen Erben zum Sondereigentume seitens einer Aktiengesellschaft, Kommanditgesellschaft auf Aktien, Gewerkschaft, Gesellschaft mit beschränkter Haftung, offenen Handelsgesellschaft, Kommanditgesellschaft. Kolonialgesellschaft oder einer dieser gleichgestellten Gesellschaft, seitens einer Gesellschaft oder eines Vereins des bürgerlichen Rechtes sowie seitens einer Genossenschaft . . . . .<br>Der Überlassung von Grundstücken steht gleich die Überlassung des Rechtes auf Auflassung sowie der Rechte aus Veräußerungsverträgen der unter a Abs. 2 dieser Tarifnummer bezeichneten Art. | $^1/_3$ | — | — | — | des Entgelts einschließlich des Wertes der ausbedungenen Leistungen und vorbehaltenen Nutzungen oder, wenn das Entgelt nicht aus dem Vertrage |

| 1 | 2 | 3 | | | | 4 |
|---|---|---|---|---|---|---|
| Nr. | Gegenstand der Besteuerung | Steuersatz vom Hundert | vom Tausend | ℳ | ₰ | Berechnung der Stempelabgabe |
| (11.) | **Befreit ist:**<br>die Rückgewähr der von einem Gesellschafter eingebrachten Vermögensgegenstände an diesen Gesellschafter oder dessen Erben oder dessen Ehefrau, welche mit ihm in Gütergemeinschaft gestanden hat; | | | | | hervorgeht, des Wertes der überlassenen Rechte.<br>Bei Berechnung des Stempels bleibt derjenige Teil der zum Sondereigentum überlassenen Vermögensgegenstände außer Betracht, der auf den erwerbenden Gesellschafter nach der Kopfzahl der Gesellschafter entfällt. |
| | d) Auflassungen und Anträge auf Eintragungen der Begründung oder Übertragung von Erbbaurechten oder sonstigen Rechten, die ein Grundbuchblatt erhalten können, in Fällen der freiwilligen Veräußerung<br>Der Antrag auf Umschreibung von Gesellschaftseigentum auf den Namen eines Gesellschafters unterliegt dem Auflassungsstempel auch dann, wenn nach den Vorschriften des Bürgerlichen Rechtes eine Auflassung nicht erforderlich ist.<br>Der Auflassungsstempel ist nicht zu erheben, wenn die das Veräußerungsgeschäft enthaltende, in an sich stempelpflichtiger Form ausgestellte Urkunde in Urschrift, Ausfertigung oder beglaubigter Abschrift vorgelegt wird.<br>Eine das Veräußerungsgeschäft enthaltende Urkunde im Sinne dieser Vorschrift gilt nicht als vorhanden, wenn die Urkunde<br>1. das Rechtsgeschäft nicht so enthält, wie es unter den Beteiligten hinsichtlich des Wer- | $^1/_3$ | — | — | — | des Wertes des veräußerten Gegenstandes.<br>*) **Anmerkung zu Tarifnummer 11.**<br>Stempelabgaben unter 50 Pfennig werden nicht erhoben. Höhere Beträge, welche nicht ohne Bruch durch zehn teilbar sind, werden auf den nächst höheren durch zehn teilbaren Betrag abgerundet; Stempelbeträge über fünf Mark, welche nicht ohne Bruch durch fünfzig teilbar sind, werden auf den nächst höheren durch fünfzig teilbaren Betrag abgerundet. |

*) Die Fassung dieser Anmerkung beruht auf § 71 des Zuwachssteuergesetzes v. 14. Febr. 1911.

| 1 | 2 | 3 | | | | 4 |
|---|---|---|---|---|---|---|
| Nr. | Gegenstand der Besteuerung | Steuersatz vom Hundert | Steuersatz vom Tausend | ℳ | ₰ | Berechnung der Stempelabgabe |
| (11.) | tes der Gegenleistung verabredet ist,<br>2. die Veräußerung eines Grundstücks durch einen Bevollmächtigten enthält, sofern die Veräußerung erweislich für Rechnung des Bevollmächtigten erfolgt ist,<br>3. die Überlassung der Rechte an dem Vermögen einer Gesellschaft seitens eines Gesellschafters oder dessen Erben an die Gesellschaft, an einen andern Gesellschafter oder einen Dritten enthält, sofern nicht diese Personen Abkömmlinge des überlassenden Teiles sind,<br>4. die Überlassung von Vermögensgegenständen seitens der Gesellschaft zum Sondereigentum an einen Gesellschafter oder dessen Erben enthält, soweit nicht der Stempel zu c dieser Tarifnummer in voller Höhe zu entrichten ist oder die Befreiungsvorschrift zu c dieser Tarifnummer Anwendung findet.<br>Wird nach der Zahlung des Auflassungsstempels die Urkunde über das zu Grunde liegende Veräußerungsgeschäft errichtet, so ist auf den zu dieser Urkunde nach a bis c dieser Tarifnummer erforderlichen Stempel der gezahlte Auflassungsstempel anzurechnen.<br>Die Vorschriften über den Auflassungsstempel finden entsprechende Anwendung bei An- | | | | | |

| 1 | 2 | 3 | | | | 4 |
|---|---|---|---|---|---|---|
| | | Steuersatz | | | | |
| | | vom | | | | |
| Nr. | Gegenstand der Besteuerung | Hundert | Tausend | M | Pf | Berechnung der Stempelabgabe |
| (11.) | trägen auf Umschreibungen in öffentlichen Büchern, sofern das Grundbuch noch nicht als angelegt anzusehen ist.<br><br>*) Befreit sind auf Antrag:<br>1. Grundstücksübertragungen der in a und d dieser Tarifnummer bezeichneten Art, wenn der stempelpflichtige Betrag bei bebauten Grundstücken 20 000 Mark, bei unbebauten Grundstücken 5000 Mark nicht überschreitet. Erwirbt dieselbe Person von demselben Veräußerer durch verschiedene Rechtsvorgänge mehrere Grundstücke oder Grundstücksteile, so sind die Übertragungen steuerpflichtig, wenn der Wert zusammen die angegebenen Beträge übersteigt, und die Umstände ergeben, daß der Erwerb zum Zwecke der Ersparung der Steuer in mehrere Rechtsvorgänge zerlegt worden ist. Was im Sinne dieser Vorschrift als bebautes und unbebautes Grundstück anzusehen ist, bestimmt sich nach dem § 1 des Zuwachssteuergesetzes.<br>Die Steuerfreiheit tritt nur ein, wenn weder der Erwerber und sein Ehegatte im letzten Jahre ein Einkommen von mehr als 2000 Mark gehabt haben, noch einer von ihnen den Grundstückshandel gewerbsmäßig betreibt. Wird festgestellt, daß der Erwerb für Rechnung eines Dritten erfolgt, so ist die Steuerfreiheit nur zu gewähren, wenn die Voraussetzungen für die Befreiung auch in der Person des Dritten vorliegen. | | | | | |

*) Die Fassung d. Befreiungsvorschrift 1 beruht auf § 70 d. Zuwachssteuergesetzes v. 14. Febr. 1911.

| 1 | 2 | 3 | | | | 4 |
|---|---|---|---|---|---|---|
| Nr. | Gegenstand der Besteuerung | Steuersatz vom Hundert | Steuersatz vom Tausend | ℳ | ₰ | Berechnung der Stempelabgabe |
| (11.) | Beurkundungen von Übertragungen der Rechte eines befreiten Erwerbers werden in betreff der Stempelpflichtigkeit auch dann wie Beurkundungen von Veräußerungen behandelt (a Abs. 2 Satz 1 dieser Tarifnummer), wenn der erste Erwerber das Veräußerungsgeschäft erweislich auf Grund eines Vollmachtsauftrags oder einer Geschäftsführung ohne Auftrag für einen Dritten abgeschlossen hat und die Übertragung der Rechte dieses ersten Erwerbers an den Dritten erfolgt.<br>2. *)Eigentumsveränderungen, denen sich die Beteiligten aus Gründen des öffentlichen Wohles zu unterwerfen gesetzlich verpflichtet sind. | | | | | |

*) Die Einfügung der Befreiungsvorschrift 2 beruht auf § 70 des Zuwachssteuergesetzes vom 14. Februar 1911.

# Ausführungsbestimmungen
## zum Reichsstempelgesetze.

### Allgemeines.

Amtsstellen.

**§ 1.** (1) Die Erhebung der Stempelabgaben, die im Gesetz und in den Ausführungsbestimmungen vorgeschriebenen Abstempelungen sowie der Verkauf von Stempelzeichen erfolgen, soweit nachstehend nicht ein anderes bestimmt ist, durch die von den Landesregierungen hierzu bestimmten Amtsstellen.

(2) Die Amtsstellen sind von den Landesregierungen öffentlich bekanntzumachen, soweit dies nicht schon früher geschehen ist.

(3) Veränderungen im Bestand oder in den Befugnissen der Abstempelungsstellen werden dem Reichskanzler mitgeteilt und von diesem im Zentralblatt für das Deutsche Reich veröffentlicht.

**§ 2.** (1) Für die Abstempelung ausländischer Wertpapiere sind nur die nachbezeichneten Steuerstellen zuständig: die Hauptzollämter Berlin-Börse, Breslau-Nord, Cöln-Apostelnkloster, Frankfurt a. M., die Kreiskasse von Oberbayern in München, das Stempelamt in Nürnberg, die Hauptzollämter Dresden II und Leipzig II, die Hauptsteuerämter in Stuttgart, Karlsruhe, Mannheim und Darmstadt, das Hauptzollamt Kaiserstraße in Bremen, das Stempelkontor in Hamburg und das Hauptzollamt in Straßburg i. E.

(2) Eine Abstempelung inländischer und ausländischer Genußscheine (Anmerkung zur Tarifnummer 1 und 2 Abs. 2) erfolgt nur bei den Abstempelungsstellen zu Berlin, Frankfurt a. M., München, Dresden, Mannheim, Hamburg und Straßburg i. E.

### I. Aktien, Anteilscheine, Kuxe, Renten- und Schuldverschreibungen, Genußscheine, Gewinnanteilschein- und Zinsbogen.

Zum § 1 des Gesetzes.

1. Anmeldung von Wertpapieren.

**§ 3.** Die zu versteuernden Wertpapiere sind mit einer nach den anliegenden Mustern 1 oder 2 doppelt ausgefertigten, von dem Anmelder unterzeichneten und mit genauer Angabe seines Standes und Wohnorts versehenen Anmeldung einer zuständigen Steuerstelle vorzulegen. Lose oder von den Wertpapieren getrennte Zinsscheine usw. sind nicht mitvorzulegen. In der Anmeldung sind die Wertpapiere nach Gattung (Aktie, Interimsschein zu solcher, Kuxschein, Schuldverschreibung usw.) und Benennung sowie nach Reihe, Buchstabe und Nummer geordnet aufzuführen.

2. Steuerfestsetzung.

**§ 4.** (1) Nach Prüfung der Anmeldung setzt die Steuerstelle den Abgabebetrag fest und zieht ihn ein.

(2) Bei ausländischen Wertpapieren, in denen der Nennwert in fremder und deutscher Währung angegeben ist, wird die Abgabe nach der deutschen Währung berechnet; ist der Nennwert nicht in deutscher Währung angegeben, so wird er unter Zugrundelegung der fremden Währung, und falls mehrere fremde Währungen angegeben sind, der höchstgültigen fremden Währung umgerechnet*).

3. Steuerentrichtung.

(3) Die Wertpapiere sind erst abzustempeln, nachdem die Abgabe gegen — endgültige oder vorläufige — Quittung eingezahlt oder hinterlegt worden ist. Die Hinterlegung tritt ein, wenn die Abstempelung der Papiere am Tage der Einzahlung der Steuer nicht mehr bewirkt oder beendet werden kann. Jede Quittung muß, um gültig zu sein, den Tag der Buchung der Steuer und die Nummer des Einnahme- oder Anmeldungsbuchs, unter welcher die Buchung erfolgt ist, enthalten und von zwei Beamten vollzogen sein. Die endgültige Quittung ist auf eine Ausfertigung der Anmeldung zu schreiben.

(4) Kann die Abstempelung nicht sofort vorgenommen werden, so ist dem Überbringer die eine Ausfertigung der Anmeldung, mit Empfangsbescheinigung versehen, zurückzugeben.

(5) Nach der Abstempelung werden dem Anmelder die Wertpapiere gegen Rückgabe der Empfangsbescheinigung und der vorläufigen Quittung, welche als Belege bei der Steuerstelle verbleiben, und die mit endgültiger Quittung versehene Ausfertigung der Anmeldung ausgehändigt.

4. Aufgeld.

**§ 5.** (1) Werden Wertpapiere der unter Nr. 1a und b des Tarifs angegebenen Art zu einem höheren als dem Nennbetrag

---

*) Bei den nachstehend bezeichneten fremden Währungen sind bis auf weiteres die dabei bemerkten Mittelwerte für die Umrechnung festgesetzt:

| | | |
|---|---|---|
| 1 Pfund Sterling | = | 20,40 ℳ |
| 1 Frank, Lira, Peseta (Gold), Löu, finnische Mark | = | 0,80 „ |
| 1 österreichischer Gulden (Gold) | = | 2,00 „ |
| 1 „ „ (Währung) | = | 1,70 „ |
| 1 österreichisch-ungarische Krone | = | 0,85 „ |
| 1 Gulden holländischer Währung | = | 1,70 „ |
| 1 skandinavische Krone | = | 1,125 „ |
| 1 alter Goldrubel | = | 3,20 „ |
| 1 Rubel | = | 2,16 „ |
| 1 alter Kreditrubel | = | 2,16 „ |
| 1 türkischer Piaster | = | 0,18 „ |
| 1 Peso (Gold) | = | 4,00 „ |
| 1 Dollar | = | 4,20 „ |
| 1 mexikanischer Golddollar | = | 2,10 „ |
| 1 alter japanischer Goldyen | = | 4,20 „ |
| 1 japanischer Yen | = | 2,10 „ |
| 1 deutsch-ostafrikanische oder indische Rupie | = | 1,35 „ |

ausgegeben, so ist in der Anmeldung (§ 3) auch der Betrag anzugeben, zu welchem die Ausgabe der Papiere stattfindet. Bei Interimsscheinen ist der Betrag der Einzahlung zuzüglich des den Nennwert überschreitenden Betrags anzugeben.

(2) Der Steuerstelle sind auf Verlangen die Urkunden und Schriftstücke vorzulegen, aus denen sich der Ausgabebetrag ergibt.

**§ 6.** (1) Kann in dem Falle des § 5 der Betrag, zu welchem das Wertpapier ausgegeben wird, zur Zeit der Anmeldung zur Versteuerung noch nicht angegeben werden, so ist die Abstempelung vorzunehmen, wenn der Anmelder sich in der Anmeldung verpflichtet, binnen einer von ihm zu bezeichnenden Frist, spätestens binnen vierzehn Tagen nach der Ausgabe der Wertpapiere, eine Nachtragsanmeldung vorzulegen und den danach geschuldeten Betrag zu entrichten.

(2) Ob und in welcher Höhe von dem Anmelder eine Sicherheit zu bestellen ist, entscheidet die Steuerstelle. Die Art der Sicherheitsleistung bestimmt sich nach § 15.

(3) Die Steuerstelle quittiert auf einer Ausfertigung der Nachtragsanmeldung über die Zahlung; einer wiederholten Vorlegung und Abstempelung der Wertpapiere bedarf es nicht.

(4) Die Steuerstelle hat die Einhaltung der Verpflichtung zur Einreichung einer Nachtragsanmeldung (Abs. 1) zu überwachen.

### 5. Von bergrechtlichen Gewerkschaften ausgeschriebene Einzahlungen.

**§ 7.** Werden von einer bergrechtlichen Gewerkschaft Einzahlungen (Beiträge, Zubußen) ausgeschrieben, so hat der Vorstand (Repräsentant, Grubenvorstand) spätestens zwei Wochen nach Ablauf der für die Einzahlung bestimmten Frist und, soweit die Zahlung zu diesem Zeitpunkt nicht eingegangen ist, in Ansehung der späteren Zahlungen spätestens zwei Wochen nach dem Eingang der Zahlung eine Anzeige zu erstatten, welche insbesondere die Summe der Einzahlungen, den Fälligkeitstag und den Beschluß, auf Grund dessen die Ausschreibung erfolgt, enthalten muß. Falls eine Freilassung von der Steuer nicht beansprucht wird, ist die Anzeige in doppelter Ausfertigung einzureichen. Die Steuerstelle setzt den Abgabebetrag fest, zieht ihn ein und gibt die zweite Ausfertigung der Anzeige mit Quittung versehen zurück.

**§ 8.** (1) Falls eine Steuerbefreiung in Anspruch genommen wird, ist die Anzeige an die Direktivbehörde zu erstatten und darin zugleich der Nachweis zu führen, daß oder inwieweit die ausgeschriebenen Beträge gemäß Tarifnummer 1d Abs. 2 steuerfrei sind.

(2) Der Direktivbehörde ist jede erforderliche Auskunft zu erteilen. Auf Verlangen sind ihr auch die Bücher und sonstigen Schriftstücke der Gewerkschaft (Verhandlungen der Gewerkenversammlung, Verwaltungsrechnungen usw.) vorzulegen. Sie entscheidet über den Antrag auf Steuerbefreiung, setzt den Abgabebetrag fest und veranlaßt dessen Einziehung.

(3) Kann über die Steuerpflichtigkeit der Einzahlungen erst später entschieden werden, so bestimmt die Direktivbehörde, ob und in welcher Höhe Sicherheit zu bestellen ist.

(4) Der Vorlegung von Kuxscheinen bedarf es nicht.

**§ 9.** In Zweifelsfällen hat auf Ersuchen der Direktivbehörde die zuständige Bergbehörde ihr vorgelegte Fragen gutachtlich zu beantworten oder der Direktivbehörde geeignete Sachverständige namhaft zu machen.

6. Abstempelung.

**§ 10.** (1) Die Abstempelung erfolgt mittels Maschine durch Aufdrücken des Reichsstempels auf die Vorderseite des Wertpapiers. Bei inländischen Papieren wird ein Flachstempel, bei ausländschen ein Prägestempel angewendet*).

---

*) Die nach den »Ausnahmen« zur Tarifnummer 1 und 2 des Gesetzes vom 1. Juli 1881 abgestempelten ausländischen Wertpapiere haben einen Stempelaufdruck erhalten, welcher in einem von einem Kreise umgebenen Vierpaß die deutsche Kaiserkrone sowie ein Band mit Angabe des Steuersatzes von 10 Pfennig oder 50 Pfennig zeigt und dessen Einfassung die Aufschrift »Reichs-Stempel-Abgabe« und das Unterscheidungszeichen der betreffenden Abstempelungsstelle trägt (Ziffer 2c Abs. 2 der Ausführungsvorschriften vom 7. Juli 1881).

Die Abstempelung der inländischen Wertpapiere und der nicht nach den „Ausnahmen" versteuerten ausländischen Wertpapiere erfolgte mittels eines Stempels, welcher in einem verzierten, aufrechtstehenden Rechteck bestand, auf welchem sich der Reichsadler, um denselben in kreisrunder Einfassung die Aufschrift »Reichs-Stempel-Abgabe« sowie das Unterscheidungszeichen der betreffenden Abstempelungsstelle befand (Ziffer 2c Abs. 3 der Ausführungsvorschriften vom 7. Juli 1881). Durch die Bekanntmachung des Reichskanzlers vom 5. Januar 1883 (Zentralblatt für das Deutsche Reich S. 8) wurde ein neuer Stempel eingeführt, der außer den vorgedachten Merkmalen auf einem gebogenen Bande die Angabe des Steuersatzes von 5, 2 oder 1 vom Tausend enthielt.

Ein kreisrunder Stempel mit Angabe der Steuersätze, der im übrigen der oben im Abs. 2 gegebenen Beschreibung entsprach, ist durch die Bekanntmachung des Reichskanzlers vom 11. Juni 1887 (Zentralblatt S. 159) eingeführt worden, die Abstempelung der Wertpapiere konnte indessen auch mit dem in der Bekanntmachung vom 5. Januar 1883 bezeichneten Stempel vorgenommen werden. Die Steuersätze, zu welchen die Abstempelung zu erfolgen hatte, waren bis zum Inkrafttreten des Reichsstempelgesetzes vom 27. April 1894: 5, 2 und 1 vom Tausend; später $1^1/_2$ und 1 vom Hundert, 6, 5, 4, 2 und 1 vom Tausend, 5 Mark, 3 Mark und 50 Pfennig, nach Inkrafttreten des Gesetzes vom 14. Juni 1900: 2 und $2^1/_2$ vom Hundert, $1^1/_2$ Mark, 6 vom Tausend, 1 vom Hundert, 50 Pfennig, 15 Mark, 20 Mark, 2 vom Tausend. Das Gesetz vom 3. Juni 1906 hat die Sätze des Gesetzes vom 14. Juni 1900 unverändert gelassen.

Der Prägestempel für ausländische Wertpapiere ist durch Bekanntmachung des Reichskanzlers vom 31. Oktober 1908 (Zentralblatt S. 468) vom 1. Juli 1909 ab eingeführt. Bis dahin waren für in- und ausländische Wertpapiere Flachstempel des gleichen Musters in Gebrauch.

Gemäß Bekanntmachung des Reichskanzlers vom 9. April 1891 (Zentralblatt S. 74) ist der Stempelaufdruck auf die Stücke

1. der $4^1/_2$prozentigen inneren argentinischen Anleihe vom Jahre 1888,
2. der $4^1/_2$pprozentigen äußeren argentinischen Anleihe vom Jahre 1888 und
3. der Buenos-Aires-Stadtanleihe vom Jahre 1888

vorübergehend nicht mit roter, sondern mit blauer Farbe bewirkt; auch die Stücke Nr. 1 bis 54 714 der 4prozentigen Anleihe der Kaiserlich Ottomanischen Regierung von 1908 sind mit Genehmigung des Reichskanzlers vom 23. Dezember 1909 mit blauer Farbe abgestempelt worden.

(2) Der Flachstempel ist kreisrund mit einem Durchmesser von 31 mm und trägt in der zwischen zwei Linien laufenden Umschrift die Bezeichnung: REICHS-STEMPEL-ABGABE VERSTEUERT; das Mittelfeld ist ausgefüllt durch einen nur in Umrißlinien gezeichneten Reichsadler, unter welchem das Unterscheidungszeichen der betreffenden Abstempelungsstelle sich befindet.

(3) Der Prägestempel ist nebenstehend abgebildet. Die hellen Stellen der Abbildung sind im Stempelbilde farblos und erhaben, während die dunklen Stellen den farbig gedruckten Grund darstellen. Der Stempel zeigt in der Mitte das nach links sehende Brustbild der Germania mit Kaiserkrone und Eichenkranz, auf beiden Seiten und unten durch gerade Linien, oben durch eine geschwungene Linie begrenzt und auf beiden Seiten von einfachem Linienschmuck umgeben. Oberhalb des Kopfes stehen in einem geschwungenen Bande die Worte: REICHS-STEMPEL-ABGABE. Unter dem Kopfe zeigt sich Tag, Monat und Jahr der Abstempelung, darunter die Unterscheidungsnummer der Abstempelungsstelle.

(4) Der Stempelaufdruck ist auf der Vorderseite des Papiers an einer Stelle anzubringen, an welcher wesentliche Angaben der Urkunde, wie Ausstellungstag, Reihe und Nummer des Stückes, durch den Abdruck nicht verdeckt werden, auch der Abdruck bei etwaigem Zusammenfalten des Papiers nicht geknickt wird. Soweit diese Voraussetzungen für die linke obere Ecke der Vorderseite zutreffen, ist der Stempelabdruck an dieser Stelle anzubringen.

**§ 11.** (1) Auf Antrag und auf Kosten des Anmelders können die Wertpapiere durch die Reichsdruckerei abgestempelt werden. Der Antrag ist in der Anmeldung (§ 3) zu stellen. Die Steuerstelle zieht den Abgabebetrag und einen die Kosten der Abstempelung deckenden Vorschuß von dem Anmelder ein und ersucht unter Beifügung einer nach § 4 mit Quittung über Abgabe und Vorschuß versehenen Ausfertigung der Anmeldung die Reichsdruckerei um Abstempelung der Wertpapiere. Der Antragsteller hat für die Einsendung der Wertpapiere an die Reichsdruckerei zu sorgen und empfängt sie von dort unmittelbar zurück. Hin- und Rücksendung erfolgen auf seine Kosten und Gefahr.

(2) Der Steuerstelle erteilt die Reichsdruckerei eine Bescheinigung, daß die Abstempelung in Übereinstimmung mit der zurückzusendenden Anmeldung erfolgt ist, unter Benachrichtigung von dem Betrage der Kosten der Abstempelung. Die Steuerstelle nimmt diese Bescheinigung zu den Belegen, rechnet mit dem Antragsteller über den Vorschuß unter Rückzahlung des etwaigen Über-

schusses ab und gibt ihm eine mit Quittung (§ 4) versehene Ausfertigung der Anmeldung zurück.

(3) Ersieht die Reichsdruckerei aus der übersandten Quittung, daß der Vorschuß die Kosten nicht deckt, so hat sie die Steuerstelle hiervon alsbald und vor der Rücksendung der abgestempelten Wertpapiere zwecks unverzüglicher Einziehung des fehlenden Betrages zu benachrichtigen.

**§ 12.** (1) Nach jeder Einzahlung auf die in den Tarifnummern 1 bis 3 bezeichneten Wertpapiere sind die Interimsscheine nach den vorstehenden Vorschriften zur Abstempelung vorzulegen. Diese erfolgt nach den gleichen Bestimmungen wie die Abstempelung der vollgezahlten Wertpapiere und mit dem gleichen Stempel (§ 10) bei dem Quittungsvermerk über die jeweilige Einzahlung; dabei ist zugleich der Ort, bei inländischen Wertpapieren auch die Zeit der Abgabenerhebung mittels eines Stempels ersichtlich zu machen.

(2) Der wiederholten Vorlegung und Abstempelung der Interimsscheine bedarf es nicht, wenn bei Vorlegung der Interimsscheine die volle tarifmäßige Abgabe für die vollgezahlten Stücke im voraus entrichtet worden ist. In Fällen derartiger Vorauszahlungen der Steuer sind die Interimsscheine über dem Reichsstempelabdrucke mit folgendem Vermerke zu versehen:

Vollzahlung ist vorausbesteuert.

den ten 19

(Amtsbezeichnung, Unterschrift und Amtsstempelabdruck der abstempelnden Steuerstelle.)

**§ 13.** (1) Die vorstehenden Bestimmungen finden sinngemäße Anwendung, wenn eine nicht vollgezahlte Aktie oder ein nicht vollgezahlter Anteilschein zur teilweisen Versteuerung angemeldet wird.

(2) Die rechtzeitige Anmeldung und Versteuerung der späteren Einzahlungen ist von der Steuerstelle zu überwachen. Spätere Anmeldungen sind bei derselben Steuerstelle einzureichen, bei welcher die erste Anmeldung erfolgt ist.

(3) Der wiederholten Vorlegung und Abstempelung der Aktien und Anteilscheine bedarf es nicht.

## Zum Abs. 2 der Spalte 4 der Tarifnummern 1 und 2.

**7. Anrechnung bereits entrichteter Stempelabgabe.**

**§ 14.** (1) Für die zur Versteuerung angemeldeten Wertpapiere ist der volle tarifmäßige Betrag der Stempelabgabe von der Steuerstelle auch dann zu berechnen und festzustellen, wenn schon für die Interimsscheine eine Reichsstempelabgabe entrichtet worden ist. Die Anrechnung des versteuerten, d. i. des durch die gezahlte Steuersumme gedeckten Betrags der Interimsscheine auf den Betrag der endgültigen Stücke ist in der Anmeldung zu beantragen und hierbei der Betrag der einzelnen auf die Interimsscheine geleisteten Einzahlungen und der dafür entrichteten Abgaben sowie der Ort und die Zeit der Steuererhebungen anzugeben; auch sind die abgestempelten Interimsscheine mit den abzustempelnden Wertpapieren vorzulegen. Ist die Anrechnung zulässig, so erfolgt die Einzahlung des für die Aktien usw. etwa noch zu erlegenden Abgabebetrages, die Quittungsleistung und die Abstempelung der Papiere nach den Bestimmungen der §§ 4, 10, 11. Auf der Anmeldung (§ 3) hat die Steuerstelle den noch zu versteuernden Betrag der einzelnen Stücke sowie die dafür zu erhebende Abgabe ersichtlich zu machen.

(2) Die gleiche Art der Steuerberechnung findet bei den späteren Einzahlungen auf nicht vollgezahlte Aktien und Anteilscheine statt.

(3) Auf den Interimsscheinen sind vor deren Rückgabe die Stempelzeichen durch Ausschneiden oder Durchlochen zu vernichten. Nach Ermessen der Steuerstelle kann die Vernichtung auch in anderer sichernder Art erfolgen oder nach Umständen ganz unterbleiben; was in dieser Beziehung veranlaßt ist, wird auf der Anmeldung vermerkt.

(4) Unter den von der Steuerstelle vorzuschreibenden Bedingungen dürfen die abgestempelten Interimsscheine zur Feststellung des anzurechnenden versteuerten Betrages und zur Vernichtung der Stempelzeichen auch vor der Vorlegung der abzustempelnden endgültigen Stücke vorgelegt werden.

**§ 15.** (1) Soweit die Interimsscheine nicht spätestens gleichzeitig mit den abzustempelnden Aktien usw. vorgelegt werden können, darf der Anmelder, unter Angabe des auf die Interimsscheine eingezahlten Betrages und der entrichteten Steuer, sich die Vorlegung der abgestempelten Interimsscheine zum Zwecke der Anrechnung des versteuerten Betrages in der Anmeldung vorbehalten. Die Steuer für denjenigen Betrag, dessen Anrechnung in Anspruch genommen wird, ist zu hinterlegen oder sicherzustellen. Die Sicherstellung erfolgt durch Niederlegung kurshabender inländischer Wertpapiere oder durch Verpfändung von Reichs- oder Staatsschuldbuchforderungen. Schuldverschreibungen des Reichs und der Bundesstaaten und Reichs- und Staatsschuldbuchforderungen werden zum Nennwert, bei niedrigerem Kurse zum Kurswert, sonstige Wertpapiere der bezeichneten Art in Höhe des bei der Reichsbank beleihbaren Teilbetrages als Sicherheit angenommen. Den Papieren sind die Zinsscheine und die Anweisungen zu deren Abhebung beizufügen; es steht jedoch dem Anmelder frei, die innerhalb des ersten Jahres fälligen Zinsscheine zurückzubehalten. Die Steuerstelle hat auf der dem Anmelder zurückzugebenden Ausfertigung der Anmeldung unter Bezugnahme auf den Vorbehalt die Hinterlegung oder Sicherstellung zu bescheinigen und einen entsprechenden Vermerk im Anmeldungsbuche zu machen, im übrigen aber nach der Bestimmung im ersten Absatz des § 14 zu verfahren. Die Interimsscheine müssen innerhalb eines Jahres nach der Rückgabe der abgestempelten Aktien usw., den Tag der Rückgabe nicht mitgerechnet, bei der Steuerstelle vorgelegt werden. Aus besonderen Gründen kann die Steuerstelle eine Verlängerung dieser Frist bewilligen. Bei der Vorlegung der Interimsscheine hat der Anmelder den Betrag der einzelnen auf die letzteren geleisteten Einzahlungen und der dafür entrichteten Abgaben sowie den Ort und die Zeit der Steuererhebungen anzugeben, auch die oben bezeichnete Ausfertigung der Anmeldung mitbeizufügen. Ist die Anrechnung zulässig, so hat die Steuerstelle wegen der etwaigen Vernichtung der Stempelzeichen auf den Interimsscheinen (§ 14 Abs. 3) und wegen Rückgabe des hinterlegten Steuerbetrags oder der bestellten Sicherheit das Weitere zu veranlassen, insbesondere auch die zugestandene Anrechnung auf der mitvorgelegten und zurückzugebenden Ausfertigung der Anmeldung sowie auf der als Beleg bei der Steuerstelle verbliebenen Ausfertigung und im Anmeldungsbuche zu vermerken. Nach Ablauf der Frist ist der rückständige, durch Anrechnung nicht getilgte Teil der Steuer einzuziehen.

(2) Soweit infolge der früheren Art der Abstempelung aus den auf den Interimsscheinen befindlichen Steuerstempeln der Ort und die Zeit der Abgabenerhebung nicht ersichtlich sind, ist deren Angabe durch den Anmelder nicht erforderlich. Auf Verlangen der Steuerstelle sind indessen vor Bewilligung der Anrechnung die Quittungen über die Steuerentrichtung beizubringen.

## Zur Tarifnummer 1, Befreiung.

8. Steuerfreie Aktien.

**§ 16.** (1) Inländische Aktiengesellschaften, welche für die von ihnen auszugebenden Wertpapiere oder, sofern solche nicht ausgegeben werden, für den Betrag der Einlagen auf das Grundkapital (vgl. § 20) die Befreiung vom Aktienstempel in Anspruch nehmen wollen, haben einen hierauf gerichteten Antrag bei der Direktivbehörde zu stellen, in deren Bezirke sie ihren Sitz haben, und hierbei den Nachweis, daß die Voraussetzungen der Befreiungsvorschrift zur Tarifnummer 1 vorliegen, zu erbringen.

(2) Soweit die Befreiung von einem Beschlusse des Bundesrats, durch welchen die ausschließliche Gemeinnützigkeit der Zwecke der Gesellschaft anerkannt wird, abhängt, läßt die Direktivbehörde den Antrag mit ihrem Gutachten versehen durch Vermittelung der obersten Landesfinanzbehörde an den Bundesrat gelangen.

(3) Auf Grund des Beschlusses des Bundesrats oder, soweit es eines solchen nicht bedarf, auf Grund der von ihr vorgenommenen Prüfung des Antrags hat die Direktivbehörde das Weitere wegen der Abstempelung der Aktien usw. zu veranlassen. Zur Abstempelung ist ein Stempel zu benutzen, welcher in Größe und Zeichnung dem im § 10 beschriebenen Flachstempel entspricht, jedoch statt der Umschrift „REICHS-STEMPEL-ABGABE VERSTEUERT“ die Bezeichnung „STEMPELFREI“ trägt.

(4) Der Aufdruck des Reichsstempels kann durch die Reichsdruckerei erfolgen. Die Bestimmungen des § 11 finden Anwendung.

## Zum § 3 des Gesetzes.

**9. Vorläufige Anmeldung.**

**§ 17.** Die im § 3 Abs. 1 des Gesetzes vorgeschriebenen Anzeigen (vorläufigen Anmeldungen) sind nach dem anliegenden Muster 3 an diejenige Abstempelungsstelle zu erstatten, in deren Bezirke der Aussteller seinen Sitz hat. Diese hat die Versteuerung zu überwachen. Es ist nicht ausgeschlossen, daß die Wertpapiere demnächst bei einer anderen Steuerstelle versteuert werden; in diesem Falle hat die Steuerstelle, welche die Abstempelung bewirkt, derjenigen Steuerstelle, bei welcher die vorläufige Anmeldung eingereicht ist, von der Versteuerung Nachricht zu geben.

## Zum § 5 Abs. 1 des Gesetzes.

**10. Abgabenerhebung beim Eintritt von Tarifänderungen.**

**§ 18.** (1) Für die vor dem 1. August 1909 ausgegebenen oder mit dem Reichsstempel versehenen inländischen und für die mit dem Reichsstempel versehenen ausländischen Wertpapiere ist, falls die nach den bisherigen Vorschriften dafür fällige Steuer entrichtet ist, ein weiterer Stempel nicht zu erheben. Für die Interimsscheine gilt dies bezüglich der vor dem 1. August 1909 nach bisheriger Vorschrift versteuerten oder steuerfrei gebliebenen Beträge.

(2) Wird beansprucht, daß für nach dem 31. Juli 1909 ausgegebene inländische Aktien usw., auf welche vor dem 1. August 1909 Einzahlungen stattgefunden haben, die Stempelabgabe nach dem Gesetze vom 15. Juli 1909 nur für die vom 1. August 1909 ab geleisteten Einzahlungen erhoben werde, so sind in der Anmeldung der Aktien usw. zur Versteuerung (§ 3) außer dem Nennwert der einzelnen Stücke auch der Betrag und die Zeit der darauf geleisteten Einzahlungen anzugeben und zugleich die Beweise für diese Angaben beizubringen.

(3) Die Direktivbehörde bestimmt die Höhe der zu versteuernden Einzahlungen und der Abgabe.

(4) Wegen der Quittung über die Abgabe, der Abstempelung und der Rückgabe der abgestempelten Aktien finden die Bestimmungen der §§ 4, 10, 11 sinngemäße Anwendung.

(5) Ist der Interimsschein bereits vor dem 1. August 1909 vollgezahlt und ist über einen Abgabebetrag nicht zu quittieren, so ist dies in der zurückzugebenden Ausfertigung der Anmeldung zu bescheinigen.

## Zum § 5 Abs. 2 des Gesetzes.

**11. Steuerfreier Umtausch.**

**§ 19.** (1) Wird für Wertpapiere der in der Tarifnummer 1 bis 3 bezeichneten Art auf Grund des § 5 Abs. 2 des Gesetzes völlige oder teilweise Befreiung von der Stempelabgabe beansprucht, so ist in der Anmeldung (§ 3) der Sachverhalt anzugeben und überdies der Beweis zu führen, daß die Wertpapiere in der Tat nur zum Zwecke des Umtauschs ohne Veränderung des durch die zurückzuziehenden Stücke beurkundeten Rechtsverhältnisses ausgestellt und die zurückzuziehenden Stücke vorschriftsmäßig versteuert oder steuerfrei sind.

(2) Ist der Beweis erbracht, so verfügt die Direktivbehörde Abstempelung der neuen Stücke ohne Abgabenerhebung. In Fällen besonderen Bedürfnisses kann sich die Direktivbehörde auf die Feststellung der Voraussetzungen und Bedingungen, unter denen der steuerfreie Umtausch zulässig ist, beschränken und die Prüfung, ob den Erfordernissen hinsichtlich der vorgelegten einzelnen Stücke genügt ist, sowie die Verfügung der abgabefreien Abstempelung der ihr untergeordneten Behörde übertragen. Die Verfügung wird Beleg zum Anmeldungsbuche. Wegen der Vorlegung der eingezogenen Stücke und der Vernichtung der darauf etwa befindlichen Stempelzeichen finden die Bestimmungen der §§ 14, 15, wegen der Anmeldung und Abstemplung die Bestimmungen der §§ 3 ff. sinngemäße Anwendung. In den Fällen, in denen wegen Überganges eines Kuxes auf einen neuen Inhaber an Stelle des bisherigen, auf Namen lautenden Kuxscheins ein gleichlautender jedoch auf den Namen des neuen Inhabers ausgestellter Kuxschein zur Stempelung vorgelegt wird, hat diejenige Steuerstelle, welcher die Abstempelung obliegt, zugleich darüber zu befinden, ob die Abstempelung ohne Abgabenerhebung zu bewirken ist. Das Gleiche gilt für den Fall, daß an Stelle eines Kuxscheins mehrere neue oder an Stelle mehrerer Kuxscheine ein neuer oder mehrere neue ausgestellt werden.

## Zu den §§ 6, 7 des Gesetzes.

### 12. Versteuerung von Einlagen auf das Aktienkapital.

**§ 20.** (1) Die ohne Ausgabe von Aktienurkunden auf das Grundkapital geleisteten Einlagen sind unter Verwendung von Vordrucken nach dem Muster 4 zur Versteuerung anzumelden. Die Anmeldung ist in doppelter Ausfertigung bei derjenigen zur Abstempelung von Wertpapieren zuständigen Steuerstelle einzureichen, in deren Bezirke die Gesellschaft ihren Sitz hat.

(2) Die Steuerstelle prüft, soweit erforderlich durch Einsicht der Handelsregisterakten, die Angaben der Anmeldung auf ihre Richtigkeit, setzt den Abgabebetrag fest und zieht ihn ein. Über die Einzahlung ist ein Empfangsbekenntnis auszustellen, welches der Bestimmung des § 4 Abs. 3 entsprechen muß und auf eine der beiden Ausfertigungen der Anmeldung zu schreiben ist.

**§ 21.** Der Berechnung der Abgabe ist der Betrag der einzelnen auf das Grundkapital geleisteten Einlagen zugrunde zu legen.

**§ 22.** (1) Erfolgen die Einlagen nicht sofort zum vollen Betrage, so sind die einzelnen Teileinzahlungen spätestens zwei

Wochen nach Ablauf der für die Einzahlung bestimmten Frist nach Maßgabe des § 20 anzumelden. Bei Anmeldung der späteren Einzahlungen sind als Nachweis für die vorausgegangenen Teilversteuerungen die mit Empfangsbekenntnis versehenen Anmeldungen der früheren Teileinzahlungen vorzulegen.

(2) Die rechtzeitige Anmeldung und Versteuerung der späteren Einzahlungen ist von der Steuerstelle zu überwachen.

(3) Der Gesellschaft steht es frei, bei Anmeldung der ersten Teileinzahlung die tarifmäßige Abgabe für die volleingezahlten Einlagen im voraus zu entrichten. In diesem Falle bedarf es der Anmeldung der späteren Einzahlungen nicht.

**§ 23.** Werden nachträglich Aktienurkunden ausgegeben, so ist auf deren Versteuerung § 14 sinngemäß anzuwenden. An Stelle der abgestempelten Interimsscheine sind die mit Empfangsbekenntnis versehenen Versteuerungsanmeldungen vorzulegen.

## Zur Tarifnummer 3 A und zu den §§ 8 bis 10 des Gesetzes.

### 13. Versteuerung von Gewinnanteilschein- und Zinsbogen.

**§ 24.** (1) Die in Tarifnummer 3A bezeichnete Stempelabgabe ist zu entrichten, bevor die Gewinnanteilschein- und Zinsbogen von inländischen Wertpapieren ausgegeben werden, bei ausländischen Wertpapieren, bevor die Ausgabe der Gewinnanteilschein- und Zinsbogen im Inland erfolgt.

(2) Bei der ersten Ausgabe ausländischer Wertpapiere gelten die zugehörigen Gewinnanteilschein- und Zinsbogen als im Ausland ausgegeben, wenn die Papiere an einem Orte des Auslandes ausgestellt sind; liegt der Ausstellungsort im Inland, so gelten die Bogen im Zweifel als im Inland ausgegeben. Werden die Bogen zur Erneuerung abgelaufener Gewinnanteilschein- und Zinsbogen ausgereicht, so gelten sie nur dann als im Inland ausgegeben, wenn sie daselbst von dem Aussteller oder dessen mit der Ausgabe beauftragten Vertreter unmittelbar an den Bezugsberechtigten oder dessen Beauftragten ausgehändigt werden.

**§ 25.** Auf die Nichterfüllung der Steuerpflicht sind die Strafvorschriften des § 2 Abs. 1, 2, auf die gesamtschuldnerische Haftung für die Abgabe im Falle der Nichterfüllung der Steuerpflicht die Vorschrift des § 2 Abs. 3 des Gesetzes entsprechend anzuwenden.

**§ 26.** Die dem Reichsstempel unterworfenen Gewinnanteilschein- und Zinsbogen sowie die zu solchen Bogen gehörigen Gewinnanteilscheine und Zinsscheine unterliegen in den einzelnen Bundesstaaten keiner weiteren Stempelabgabe (Taxe, Sportel usw.). Auch ist von den auf die Gewinnanteilscheine oder Zinsscheine selbst gesetzten Übertragungsvermerken (Indossamenten, Zessionen usw.) eine Abgabe nicht zu entrichten.

**§ 27.** Gewinnanteilschein- und Zinsbogen, welche lediglich zum Zwecke des Umtausches, d. h. zur Erneuerung der Urkunde ohne Veränderung des ursprünglichen Rechtsverhältnisses, ausgestellt worden sind, bleiben steuerfrei, wenn die zum Umtausch gelangenden Bogen ordnungsmäßig versteuert oder steuerfrei sind und den im § 28 Abs. 3 bezeichneten Kontrollvorschriften genügt ist.

**§ 28.** (1) Werden ohne eine Erneuerung der Wertpapierurkunde die neuen Gewinnanteilschein- und Zinsbogen zur Erneuerung von noch nicht abgelaufenen Bogen ausgegeben, so ist die Steuer von den neuen Bogen nur verhältnismäßig für die Zeit zu erheben, für die die neuen Bogen über die Laufzeit der alten Bogen hinaus Geltung haben.

(2) Die Bestimmung des Abs. 1 ist auch anzuwenden, wenn die neuen Bogen im Zusammenhange mit einer Erneuerung der Wertpapierurkunden ausgegeben werden und diese nach § 5 Abs. 2 des Gesetzes steuerfrei sind. Sind die neuen Wertpapierurkunden zum Teil steuerpflichtig, so ermäßigt sich die im Satz 1 bezeichnete Abgabe zu einem entsprechenden Bruchteil.

(3) Wird die völlige oder teilweise Befreiung von der Stempelabgabe in Anspruch genommen, so ist nach § 19 zu verfahren.

**§ 29.** (1) Umfassen die vor dem 1. August 1909 zu einem Wertpapier ausgegebenen Gewinnanteilschein- oder Zinsbogen zusammen einen Zeitraum von weniger als zehn Jahren, so ist die Stempelabgabe von den nächsten nach dem 31. Juli 1909 zur Erneuerung ausgegebenen Bogen entsprechend zu kürzen und die Erhebung des hiernach verbleibenden Steuerbetrags bis nach Ablauf der zehn Jahre auszusetzen.

(2) Für Renten- und Schuldverschreibungen, welche bei ihrer ersten Ausgabe mit Zinsbogen für einen kürzeren als zehnjährigen Zeitraum versehen worden sind, weil sie nach den bestehenden geschäftlichen Einrichtungen des Ausstellers nur nach und nach in Verkehr gesetzt werden können, tritt die in Abs. 1 bezeichnete Kürzung der Stempelabgabe auch dann ein, wenn die erste Ausgabe nach dem 31. Juli 1909 erfolgt ist. Der verbleibende Steuerbetrag ist vor Ausgabe der zur Erneuerung der alten Bogen ausgefertigten neuen Bogen zu entrichten.

(3) Die Entscheidung darüber, ob die Voraussetzung des Abs. 2 beim Aussteller vorliegt, trifft die oberste Landesfinanzbehörde. Die Vergünstigung des Abs. 2 tritt nur ein, wenn sich der Aussteller der Renten- und Schuldverschreibungen den von dieser zu erlassenden Überwachungsvorschriften unterwirft.

**§ 30.** Für Zinsbogen, welche infolge Ablaufs der für die Anleihe vorgesehenen Tilgungsfrist nur mit Zinsscheinen für einen kürzeren als zehnjährigen Zeitraum haben versehen werden können, ist die Stempelabgabe nach dem Verhältnis der wirklichen Geltungsdauer der Bogen zu einem zehnjährigen Geltungszeitraume zu ermäßigen.

**§ 31.** Die zu versteuernden Gewinnanteilschein- und Zinsbogen sind einer zur Abstempelung von inländischen Wertpapieren befugten Steuerstelle (§ 1) mit einer doppelt ausgefertigten Anmeldung nach Muster 5 vorzulegen.

**§ 32.** Auf die Berechnung, Festsetzung und Erhebung der Abgabe sind die Bestimmungen des § 4 anzuwenden. Der der Steuerberechnung zugrunde zu legende Nennwert von Rentenverschreibungen ist nach Maßgabe der Vorschrift in Spalte 4 Abs. 3 der Tarifnummer 2 zu ermitteln.

**§ 33.** Die Urkunden sind mittels Maschine durch Aufdrücken des in § 70 beschriebenen Reichsstempels mit der Umschrift „VERSTEUERT" auf die Vorderseite des Erneuerungsscheins, oder, sofern ein solcher nicht ausgegeben ist, auf die Vorderseite des zuletzt fällig werdenden Gewinnanteilscheins oder Zinsscheins jedes Bogens abzustempeln. Die Vorschrift im § 10 Abs. 4 ist, soweit möglich, entsprechend anzuwenden.

**§ 34.** (1) Auf Antrag und auf Kosten des Anmelders können die Gewinnanteilschein- und Zinsbogen gemäß § 11 durch die Reichsdruckerei abgestempelt werden.

(2) Mit Zustimmung des Reichskanzlers kann ferner von der obersten Landesfinanzbehörde unter den erforderlichen Bedingungen und Sicherheitsmaßregeln auch zuverlässigen Privatdruckereien, welche sich mit dem Drucke von Wertpapieren befassen, gestattet werden, die bei ihnen gedruckten Gewinnanteilschein- und Zinsbogen auf Antrag und auf Kosten des Anmelders mit dem Reichsstempel zu versehen. Die Abstempelung ist in der Anmeldung zur Versteuerung bei der Steuerstelle zu beantragen, in deren Bezirke die Druckerei liegt.

**§ 35.** (1) Wird infolge der Leistung weiterer Einzahlungen auf nicht vollgezahlte Wertpapiere eine weitere Abgabe für die ausgegebenen Gewinnanteilscheinbogen fällig, so ist sie auf Grund einer in doppelter Ausfertigung einzureichenden Anmeldung nach Muster 6 zu entrichten. Die Einreichung hat binnen vierzehn Tagen nach dem Ablauf der für die Einzahlung ausgeschriebenen Frist und für die bis dahin nicht eingegangenen Zahlungen spätestens 14 Tage nach dem Eingang der Einzahlungen zu erfolgen.

(2) Die weiteren Einzahlungen sind bei derselben Steuerstelle zur Versteuerung anzumelden, welche die Abstempelung und Versteuerung der Gewinnanteilscheinbogen bewirkt hat. Der Vorlegung der bereits abgestempelten Urkunden bedarf es nicht.

(3) Es ist zulässig, bei Vorlegung und Abstempelung der Gewinnanteilscheinbogen die volle tarifmäßige Abgabe nach Maßgabe des Nennwerts der vollgezahlten Stücke im voraus zu entrichten. Sofern dies nicht geschieht, hat die Steuerstelle die Erhebung der weiteren Abgabe für den Fall weiterer Einzahlungen auf die Wertpapiere zu überwachen.

**§ 36.** Gewinnanteilschein- und Zinsbogen, die nach den Befreiungsvorschriften unter 2, 3 der Tarifnummer 3 A von der Stempelabgabe befreit sind, sind zur steuerfreien Abstempelung bei der Steuerstelle anzumelden, durch welche die Stücke, für welche die Bogen ausgegeben werden, abzustempeln sind oder abgestempelt worden sind. Die steuerfreie Abstempelung geschieht durch Aufdruck des im § 70 beschriebenen Stempels mit der Umschrift „STEMPELFREI“. Im übrigen sind die Bestimmungen der §§ 33, 34 anzuwenden.

**§ 37.** (1) Wird Stundung der Abgabe gemäß § 9 Abs. 1 des Gesetzes begehrt, so ist dies spätestens mit der Anmeldung bei der Steuerstelle besonders schriftlich zu beantragen. Der Antrag muß die begehrte Stundungsfrist, die Gründe des Stundungsgesuchs und, falls eine Anmeldung nach § 31 noch nicht vorliegt, die zur Berechnung der Steuer nötigen Angaben enthalten. Etwaige Beweismittel für das Vorhandensein der gesetzlichen Voraussetzungen der Stundung sind beizufügen.

(2) Die Steuerstelle reicht den Antrag und, falls die Stundung erst bei Einreichung der Versteuerungsanmeldung beantragt ist, eine Abschrift dieser Anmeldung und der Steuerfestsetzung mit einer gutachtlichen Äußerung insbesondere darüber, ob und welche Sicherheitsleistung im Falle der Gewährung der Stundung zu fordern ist, der Direktivbehörde ein. Diese läßt den Antrag nebst den Verhandlungen mit ihrem Gutachten durch Vermittelung der obersten Landesfinanzbehörde zur Entscheidung an den Bundesrat gelangen.

(3) Die Abstempelung und Wiederaushändigung der eingereichten Bogen kann vor der Entscheidung des Bundesrats erfolgen, wenn volle Sicherheit für die Abgabe geleistet ist. Die Grundsätze, nach denen die Sicherheit zu leisten ist, bestimmt die oberste Landesfinanzbehörde.

(4) Dem Bundesrate bleibt vorbehalten, beim Vorliegen der sonstigen Voraussetzungen, aus Billigkeitsrücksichten auch inländischen Ausstellern von Renten- und Schuldverschreibungen Stundung der Abgabe für in der Zeit bis zum 1. Oktober 1914 ausgegebene neue Zinsscheinbogen in dem gesetzlichen Umfang zu gewähren.

**§ 38.** (1) Wird eine Kürzung der Abgabe auf Grund von § 9 Abs. 2 des Gesetzes beansprucht, so ist das Sachverhältnis in der Anmeldung (§§ 31, 35) anzugeben und nachzuweisen, daß die gesetzlichen Voraussetzungen für die Kürzung gegeben sind.

(2) Ist der Beweis erbracht, so setzt die Direktivbehörde den Betrag, bis auf den die Abgabe gekürzt wird, fest und verfügt die Abstempelung gegen Zahlung dieses Betrags. Die Verfügung wird Beleg zum Anmeldungsbuche.

**§ 39.** (1) Inländische Aktiengesellschaften und Kommanditgesellschaften auf Aktien, die keine Gewinnanteilscheine ausgeben, haben binnen drei Monaten nach der Eintragung der Gesellschaft oder der Eintragung der Erhöhung des Grundkapitals in das Handelsregister bei derjenigen zur Abstempelung von Gewinnanteilschein- und Zinsbogen zuständigen Steuerstelle, in deren Bezirke die Gesellschaft ihren Sitz hat, eine vorläufige Anmeldung einzureichen. Die Anmeldung muß enthalten: den Zeitpunkt der Eintragungen, den Betrag der Einlagen auf das in Aktien zerlegte

Grundkapital, im Falle der Erhöhung des Grundkapitals auch den Betrag der weiteren Einlagen, ferner, soweit die Einlagen nicht voll gezahlt sind, den Betrag und den Zeitpunkt der Einzahlungen. Zu der Anmeldung kann das Muster 7 benutzt werden.

(2) Auf Grund der vorläufigen Anmeldungen hat die Steuerstelle die nach § 10 des Gesetzes vorgeschriebene Anmeldung und Versteuerung zu überwachen, die Gesellschaft nötigenfalls spätestens zwei Wochen vor Ablauf der Anmeldungsfrist an die Pflicht zur Einreichung der Anmeldung zu erinnern und im Falle fruchtlosen Ablaufs der Frist das weiter Erforderliche zu veranlassen.

**§ 40.** (1) Die endgültige Anmeldung und die Versteuerung hat, vorbehaltlich der Vorschrift des Abs. 5, erstmalig binnen drei Monaten nach Ablauf desjenigen zehnjährigen Zeitraums, der sich — gerechnet von dem Zeitpunkt der Eintragung der Gesellschaft oder der Erhöhung des Grundkapitals ins Handelsregister — nach dem 1. August 1909 vollendet, und weiter je in den ersten drei Monaten der folgenden zehnjährigen Abschnitte bei der im § 39 Abs. 1 bezeichneten Steuerstelle zu erfolgen. Die Anmeldung ist nach Muster 7 in doppelter Ausfertigung einzureichen.

(2) Sind die Einlagen nicht voll gezahlt, so sind die Bestimmungen des § 35 Abs. 1, 3 entsprechend anzuwenden. Die weiteren Einzahlungen sind nach Muster 8 zur Versteuerung anzumelden.

(3) Für die Berechnung der Abgabe ist der Betrag der einzelnen auf das Grundkapital geleisteten Einlagen maßgebend.

(4) Auf die weitere Behandlung der Anmeldung, auf die Erhebung und Stundung der Abgabe finden die Bestimmungen der §§ 31 ff. Anwendung.

(5) Werden in der Zeit, für welche die Abgabe entrichtet ist, nachträglich Gewinnanteilscheinbogen ausgegeben, so wird auf die von den Gewinnanteilscheinbogen zu entrichtende Abgabe die früher entrichtete Abgabe verhältnismäßig angerechnet. Geht die Gesellschaft innerhalb des ersten in Abs. 1 bezeichneten zehnjährigen Zeitraums zur Ausgabe von Bogen über, so wird die Abgabe von diesen nur insoweit erhoben, als ihre Geltungsdauer über diesen Zeitraum hinausreicht.

**§ 41.** (1) Die Direktivbehörden sind ermächtigt, auf Antrag Gewinnanteilschein- und Zinsbogen, die zur Erneuerung von vor dem 1. (2.) Januar 1910 abgelaufenen Gewinnanteilscheinbogen oder Zinsbogen bis zum 31. Juli 1909 zur Ausgabe vom Aussteller bereitgestellt, aber nicht abgehoben sind, von der Stempelabgabe freizulassen.

(2) Wegen der Behandlung der Gewinnanteilschein- und Zinsbogen, die vor dem 1. August 1909 zur Erneuerung von nach dem 31. Juli 1909 ablaufenden Bogen ausgegeben worden sind, bewendet es bei den hierfür getroffenen Maßnahmen.

## II. Kauf- und sonstige Anschaffungsgeschäfte.

### Zur Tarifnummer 4a, Ermäßigung.

1. Steuerentrichtung bei Kostgeschäften.

**§ 42.** Bei Kostgeschäften über die in der Tarifnummer 4a Ziffer 1, 3 und 4 bezeichneten Gegenstände ist zu den Schlußnoten nur der nach dem Abs. 4 der Ermäßigungsvorschrift zur Tarifnummer 4 ermäßigte Stempel zu verwenden. Die Schlußnote ist mit dem Vermerke „Kostgeschäft" zu versehen.

2. Arbitragegeschäfte.

**§ 43.** (1) Die im Arbritrierverkehr abgeschlossenen Geschäfte sind zunächst zum vollen Betrage zu versteuern.

(2) Der zuviel verwendete Stempel wird nach Maßgabe der nachfolgenden Bestimmungen dem Arbitrierenden auf Antrag erstattet.

(3) Ist im Arbitrierverkehr ein Geschäft als Kostgeschäft abgeschlossen, für welches die Abgabe nur zur Hälfte der tarifmäßigen Sätze entrichtet ist, so beträgt die Erstattung bei Geschäften über Gegenstände der Tarifnummer 4a Ziffer 1 und 4 $^1/_{40}$ vom Tausend, bei Geschäften über Gegenstände der Tarifnummer 4a Ziffer 3 $^2/_{40}$ vom Tausend.

**§ 44.** (1) Wer von der Steuerermäßigung für Arbitragegeschäfte Gebrauch machen will, hat über die von ihm mit dem Anspruch auf Steuerermäßigung abzuschließenden derartigen Geschäfte nach den nachstehenden Bestimmungen Buch zu führen und auf Erfordern dieses Buch sowie alle darauf bezüglichen Schriftstücke (Schlußnoten, Briefe, Depeschen usw.) der Direktivbehörde einzureichen oder den von ihr abgeordneten Beamten zur Einsicht vorzulegen. Bei Einsichtnahme der bezeichneten Schriftstücke ist das Augenmerk insbesondere auch darauf zu richten, daß die als Kostgeschäfte abgeschlossenen und zum ermäßigten Satze für Kostgeschäfte versteuerten Geschäfte in dem Auszug aus dem Arbitragebuch als solche bezeichnet sind.

(2) In das Arbitragebuch, welches mindestens die in dem Muster 10 vorgesehenen Spalten enthalten muß, sind die einander gegenüberstehenden Geschäfte unter derselben fortlaufenden Nummer einzutragen.

(3) Einmalige halbmonatige Verlängerungen von Arbitragegeschäften, über welche eine Schlußnote nicht ausgestellt wird, d. h. Verlängerungen von der einen bis zu der anderen der mehreren im Laufe eine Monatss an der betreffenden Börse stattfindenden Liquidationen, sind in der Spalte „Bemerkungen" nachrichtlich aufzuführen.

(4) Der Antrag auf Erstattung des zuviel verwendeten Stempels ist nach dem anliegenden Muster 9 in zwei Ausfertigungen bei der Direktivbehörde für je einen Kalendermonat bis zum 10. des auf die Ausstellung der Schlußnote folgenden Monats einzureichen. Die Direktivbehörde kann auch später eingehende Er-

stattungsanträge berücksichtigen, wenn die Verspätung der Einreichung auf entschuldbaren Ursachen beruht.

(5) Der beizufügende Auszug aus dem Arbitragebuch ist nach dem anliegenden Muster 10 in zwei Abteilungen aufzustellen, von denen die erste Abteilung die Geschäfte im Arbitrierverkehre mit dem Ausland, die zweite Abteilung die Geschäfte im Arbitrierverkehre zwischen inländischen Börsenplätzen enthält. Geschäfte, die als Kostgeschäfte abgeschlossen sind, sind in der Spalte für Bemerkungen als solche kenntlich zu machen. Bei Berechnung der zu erstattenden Stempelbeträge (Spalte 12, 12a) sind die Pfennigbeträge nur insoweit, als sie durch fünf teilbar sind, unter Weglassung der überschießenden Pfennige in Ansatz zu bringen.

(6) Auf Verlangen der Direktivbehörde ist ferner der Nachweis zu führen, daß die den Gegenstand der Arbitrage bildenden Wertpapiere an den in Betracht kommenden Plätzen, an welchen sie gekauft oder verkauft sind, börsenmäßig gehandelt und notiert werden. Soweit bei der Direktivbehörde Bedenken gegen die Richtigkeit der Angaben nicht bestehen, ist der beanspruchte Betrag zur Zahlung anzuweisen. Der Stempel für etwaige zu Unrecht unversteuert gebliebene Verlängerungen von Geschäften ist nachzufordern.

(7) In den Fällen, für welche das Vorliegen einer Metaverbindung behauptet wird, hat der Arbitrierende diese Tatsache auf Erfordern durch Vorlegung des Vertrags über den Abschluß der Verbindung und des Schriftwechsels über das betreffende Geschäft nachzuweisen.

## Zur Tarifnummer 4 b.

### 3. Börsenplätze mit Terminhandel in Waren.

**§ 45.** Für welche Waren an den einzelnen inländischen Börsen Terminpreise oder Preise für Zeitgeschäfte notiert werden, wird von den Landesregierungen nach Anhörung der betreffenden Handelsvorstände festgestellt und öffentlich bekannt gemacht sowie dem Reichskanzler zur Veröffentlichung im Zentralblatte für das Deutsche Reich mitgeteilt. Diese Bekanntmachungen haben sich lediglich auf die Gattung oder Unterart der betreffenden Ware, nicht aber auch auf deren Qualität zu erstrecken.

## Zu den §§ 15, 16, 91, 92 des Gesetzes.

### 4. Fassung der Schlußnoten.

**§ 46.** (1) Die Schlußnoten sind in deutscher Sprache und, sofern es sich nicht um Geschäfte über ausländische Werte handelt, in Reichswährung auszustellen. Der Wert des Gegenstandes des Geschäfts ist stets in Reichswährung anzugeben.

(2) In den Schlußnoten dürfen Auskratzungen nicht vorgenommen werden.

### 5. Stempelzeichen.

**§ 47.** (1) Zur Entrichtung der in der Tarifnummer 4 angeordneten Abgabe werden Stempelmarken und gestempelte Vordrucke zu Schlußnoten zum Preise des darauf angegebenen Steuerbetrags zum Verkaufe gestellt.

(2) Die Stempelmarken sind 24 mm hoch und 61 mm breit; sie haben, soweit sie über Pfennigbeträge lauten, einen bläulichen, soweit sie über Markbeträge lauten, einen gelblichen Untergrund, welcher rechts und links den Reichsadler und in der Mitte ein Schild mit der Inschrift „REICHSSTEMPEL-ABGABE" zeigt; eine Lochreihe macht die Marke in zwei gleiche Teile zerlegbar, von denen jeder auf dem oberen Rande die Wertbezeichnung und an den äußeren beiden Ecken die Zahl der Pfennige oder Mark, auf welche die Marke lautet, ferner den Vordruck „den" für das Datum der Verwendung in rotem Aufdruck und außerdem die fortlaufende Nummer der Marke enthält. Die Marken für Warengeschäfte (Tarifnummer 4b) tragen außerdem in schwarzem Aufdruck den Buchstaben „W". Die Marken für Geschäfte nach Tarifnummer 4a lauten auf Steuerbeträge von 5, 10, 20, 30, 40, 50, 60, 80, 90 Pfennig, 1, 2, 3, 4, 5, 6, 7, 8, 9, 10, 15, 20, 30, 50, 100 und 500 Mark; diejenigen für Geschäfte nach Tarifnummer 4b auf Steuerbeträge von 20, 40, 60, 80 Pfennig, 1, 2, 3, 4, 5, 6, 7, 8, 9, 10, 15, 20, 30, 50, 100 und 500 Mark.

(3) Die gestempelten Vordrucke zu Schlußnoten entsprechen dem Muster 11. Sie sind entweder

1. mit einem Stempelaufdrucke versehen, welcher dem Muster der Stempelmarken gleicht, indessen das Wort „den" und die fortlaufende Nummer nicht enthält, oder
2. von der Steuerstelle dadurch herzustellen, daß vorrätig zu haltende ungestempelte Vordrucke des Musters 11 durch Verwendung von Stempelmarken zu dem verlangten Betrage gestempelt werden; die Marken sind hierbei von der Steuerstelle in ungeteiltem Zustand auf der auf dem Vordruck bezeichneten Stelle, soweit diese aber ausreichenden Raum nicht darbietet, auf einer freien Stelle in der Art aufzukleben, daß bei der späteren Trennung der beiden Teile der Schlußnote je eine Hälfte der Marke auf jedem dieser Teile sich befindet, und sodann durch mindestens je einen über die Marke übergreifenden Aufdruck des Amtsstempels in schwarzer Farbe sowie durch Eintragung des Tages der Abstempelung auf jeder Hälfte der Marke zu entwerten.

(4) Die vorstehend zu Ziffer 1 bezeichneten Vordrucke tragen auf jedem ihrer beiden Teile die gleiche fortlaufende Nummer.

(5) Mit Stempelaufdruck versehene Vordrucke werden nur für Geschäfte nach Tarifnummer 4a und zwar zum Steuerbetrage von 20, 30, 40, 60, 80, 90 Pfennig, 1 und 2 Mark zum Verkaufe gestellt; unter Verwendung von Marken gestempelte Vordrucke können zu jedem Steuerbetrage von den Steuerstellen hergestellt und verabfolgt werden.

6. Markenverwendung auf ungestempelten Schlußnotenvordrucken.

**§ 48.** (1) Von den Steuerstellen werden ferner ungestempelte Vordrucke des Muster 11 ausgegeben, für die der Betrag der Herstellungskosten als Preis erhoben werden darf. Die Verwendung von Stempelmarken auf diesen seitens der Steuerpflichtigen ist in folgender Weise zu bewirken.

(2) Die Marken sind, soweit die dafür bestimmte Stelle Raum darbietet, auf dieser, im übrigen an einer beliebigen Stelle in der Art aufzukleben, daß je eine Hälfte jeder Marke auf jedem der beiden Teile des Vordrucks sich befindet; die auf dem einen dieser Teile befindlichen halben Marken müssen also die gleichen fortlaufenden Nummern enthalten, wie die auf dem anderen Teile befindlichen; die Marken dürfen vor der Aufklebung geteilt werden. In jeder Markenhälfte ist der Tag der Verwendung, und zwar der Tag und das Jahr mit arabischen Ziffern, der Monat mit Buchstaben an der durch den Vordruck bezeichneten Stelle niederzuschreiben. Allgemein übliche und verständliche Abkürzungen der Monatsbezeichnung mit Buchstaben sowie die Weglassung der beiden ersten Zahlen der Jahresbezeichnung sind zulässig (z. B. 29. Oktbr. 11, 15. Sept. 13). Auch ist es gestattet, dem Verwendungsvermerke die Firma oder den Namen des Verwendenden ganz oder teilweise hinzuzufügen.

(3) Der Tag der Verwendung ist in deutlichen Schriftzeichen, ohne jede Auskratzung, Durchstreichung oder Überschreibung, und zwar — abgesehen von der im folgenden Absatz nachgelassenen Ausnahme — stets mit Tinte niederzuschreiben.

(4) Es ist zulässig, den vorgeschriebenen Entwertungsvermerk ganz oder teilweise mittels der Schreibmaschine oder durch Stempelaufdruck herzustellen. In diesem Falle braucht der Vermerk nicht an der durch den Vordruck bezeichneten Stelle zu stehen; er muß aber in seinem ganzen Umfang (Monatsbezeichnung, Tages- und Jahreszahl mit den zulässigen Abkürzungen) vollständig auf jede einzelne halbe Marke gesetzt werden.

(5) Falls Stempelzeichen, die für Geschäfte der Tarifnummer 4a bestimmt sind, für Geschäfte der Tarifnummer 4b verwendet werden oder umgekehrt, ist der Stempel nicht nochmals einzuziehen, auch ein Strafverfahren wegen Stempelhinterziehung nicht einzuleiten.

**§ 49.** (1) Es ist zulässig, andere als die von den Steuerstellen zum Verkaufe gestellten Vordrucke zu Schlußnoten für die Entrichtung der Abgabe zu benutzen, vorausgesetzt, daß sie dem Muster 11 entsprechend aus zwei demnächst zu trennenden gleichen Teilen bestehen, und daß jeder dieser Teile einen Vordruck mindestens für die Angabe des Namens und des Wohnorts des Vermittlers und der Vertragschließenden, des Gegenstandes und der Bedingungen des Geschäfts, insbesondere des Preises, sowie der Zeit der Lieferung enthält; insofern die Vordrucke nicht in der nachstehend bezeichneten Weise zur Stempelung durch die Reichsdruckerei gelangen, müssen sie ferner an dem oberen Teile der Vorderseite einen über beide Teile greifenden Aufdruck haben, durch den die für die Aufnahme der Marke bestimmte Stelle bezeichnet wird. Die Vordrucke können amtlich gestempelt oder von dem Aussteller der Schlußnote mit Stempelmarken versehen werden.

(2) Die amtliche Stempelung erfolgt nach dem Antrag der Beteiligten durch Aufdruck des im § 47 Abs. 3 unter 1 bezeichneten Stempels und einer für beide Teile des Vordrucks gleichen fortlaufenden Nummer durch die Reichsdruckerei, und zwar auf Kosten des Antragstellers.

(3) Die Stempelung durch die Reichsdruckerei erfolgt nur, wenn mindestens je hundert Vordrucke zu demselben Steuerbetrage gestempelt werden sollen; die Vordrucke sind in glattem Zustand (nicht aufgerollt) unter Beifügung eines überschüssigen Stückes für je zwanzig Stück (als Ersatz für etwaige Abgänge bei der Abstempelung) und unter Hinterlegung des Steuerbetrags mit einer doppelt aufzustellenden Anmeldung nach dem Muster 12 der Steuerstelle vorzulegen. Die eine Ausfertigung der Anmeldung erhält der Antragsteller, nachdem sie mit der Quittung über den Empfang der Vordrucke und des Steuerbetrags versehen worden ist, zurück. Die Steuerstelle veranlaßt die Stempelung durch die Reichsdruckerei, welche letztere die gestempelten und die nicht verdorbenen überschüssigen Vordrucke unter Bescheinigung der erfolgten Vernichtung der verdorbenen Stücke und unter Mitteilung der entstandenen Kosten an die erstere zurücksendet. Die Steuerstelle erstattet der Reichsdruckerei die Kosten und händigt die gestempelten und die überschüssigen ungestempelten Stücke, nachdem sie sich auch ihrerseits von der richtigen Stempelung der ersteren überzeugt hat, dem Antragsteller unter Einziehung der verauslagten Kosten aus; über den Rückempfang läßt sie sich auf der bei ihr zurückgebliebenen Ausfertigung der Anmeldung Quittung geben. Postsendungen zwischen den Steuerstellen und der Reichsdruckerei, welche die Abstempelung derartiger Vordrucke durch die Reichsdruckerei betreffen, sind mit dem Vermerke „Reichsdienstsache" zu versehen und portofrei.

(4) Die Verwendung von Stempelmarken zu den Vordrucken seitens der Aussteller der Schlußnoten ist nach Maßgabe der im § 48 getroffenen Bestimmungen zu bewirken.

7. Markenverwendung auf gestempelten Vordrucken.

**§ 50.** Die Verwendung von Stempelmarken auf gestempelten Vordrucken zur Ergänzung eines fehlenden Betrags ist zulässig und gleichfalls nach den Bestimmungen im § 48 zu bewirken.

8. Nachbringung des Schlußnotenstempels.

**§ 51.** Wenn im Falle des § 16 Abs. 1 und 2 des Gesetzes auf einer zu niedrig versteuerten Schlußnote der fehlende Stempelbetrag nachträglich zu verwenden ist, so sind die erforderlichen Marken von dem zur Entrichtung dieses Betrags Verpflichteten in ungeteiltem Zustand an einer beliebigen Stelle der Schlußnote aufzukleben und nach Maßgabe der Bestimmung im § 48 zu entwerten; insbesondere ist der Tag der Verwendung der Marken auf jeder Hälfte in der vorgeschriebenen Weise einzutragen.

9. Aus Vordrucken abgetrennte Stempelzeichen.

**§ 52.** Stempelzeichen, die aus gestempelten Vordrucken abgetrennt sind, dürfen zur Entrichtung der Abgabe nicht verwendet werden.

10. Schlußnoten über Auslandsgeschäfte.

**§ 53.** Bei Geschäften, für welche die Abgabe nur im halben Betrage zu entrichten ist (§ 12 Abs. 2 des Gesetzes), bedarf es der Zusendung der Hälfte der Schlußnote an den ausländischen Vertragschließenden nicht. Unterbleibt die Zusendung, so hat der inländische Vertragschließende beide Hälften der Schlußnote in der vorgeschriebenen Weise gestempelt ungeteilt aufzubewahren. Die nicht beschriebene Hälfte der Schlußnote ist zu durchstreichen. Wird die eine Hälfte der Schlußnote dem ausländischen Vertragschließenden zugesandt, so ist die Marke in ungeteiltem Zustand auf der im Inland verbleibenden Schlußnotenhälfte aufzukleben.

## Zum § 16 Abs. 3 des Gesetzes.

11. Erstattung nachgebrachten Stempels.

**§ 54.** Über Anträge auf Erstattung der Abgabe im Falle des § 16 Abs. 3 des Gesetzes entscheidet die Direktivbehörde desjenigen Bezirkes, in welchem der Antragsteller zur Zeit der Entrichtung der Abgabe seinen Wohnort oder seinen Aufenthaltsort gehabt hat. Die Erstattung ist auf beiden Teilen der Schlußnote zu vermerken.

## Zum § 17 Abs. 1 des Gesetzes.

12. Schlußnoten über mehrere Geschäfte.

**§ 55.** Umfaßt eine Schlußnote Geschäfte über mehrere Gegenstände, so ist eine Zusammenfassung der Wertbeträge zum Zwecke der Steuerberechnung nur insoweit zulässig, als die Gegenstände dem gleichen Steuersatz unterliegen.

## Zum § 17 Abs. 3 des Gesetzes.

13. Schlußnoten über Kostgeschäfte.

**§ 56.** Schlußnoten über Kauf- und Rückkaufgeschäfte (Report-, Depot-, Kostgeschäfte), welche Mengen von Waren zum Gegenstande haben, sind, sofern die Vergünstigung des § 17 Abs. 3 des Gesetzes in Anspruch genommen wird, mit dem Vermerke „Kostgeschäft" zu versehen.

## Zum § 18 des Gesetzes.

14. Stempelergänzungsscheine.

**§ 57.** Die im § 18 des Gesetzes angeordnete weitere Abgabe ist durch Verwendung von Stempelmarken auf besonderen Stempelergänzungsscheinen zu entrichten, welche nach Anleitung des Musters 13 für jeden Tag, an welchem Geschäfte der vorbezeichneten Art abgeschlossen sind, auszustellen sind. In die Ergänzungsscheine ist einerseits je eines der zusatzsteuerpflichtigen An- und Verkaufsgeschäfte aufzunehmen, anderseits sind darin die durch dieses gedeckten Ver- und Ankaufsgeschäfte anzugeben, auch ist ferner bei jedem einzelnen Geschäfte der Betrag des Zusatzstempels zu vermerken.

**§ 58.** (1) Die Ausstellung des Ergänzungsscheins und die Verwendung der erforderlichen Marken hat spätestens am dritten Tage nach dem Tage des Geschäftsabschlusses zu geschehen. Die beiden Markenhälften sind ungeteilt aufzukleben und gemäß § 48 zu entwerten.

(2) Die Ergänzungsscheine sind wie die Schlußnoten (§ 20 des Gesetzes) aufzubewahren und mit einer fortlaufenden Nummer zu versehen. In den Geschäftsbüchern des Kommissionärs sind die in vorstehender Weise erledigten Geschäfte besonders zu kennzeichnen.

(3) An Stelle der Ausfüllung des Ergänzungsscheins in der in dem Muster 13 vorgesehenen Weise kann die Verweisung auf eine besonders geführte, die erforderlichen Angaben enthaltende Liste oder ein entsprechend geführtes Buch treten.

(4) Es ist dem Kommissionär ferner gestattet, statt einen Ergänzungsschein auszufertigen, den Zusatzstempel (und zwar beide Markenhälften) auf der von ihm zurückbehaltenen Hälfte des Schlußscheins über das Abwickelungsgeschäft zu verwenden.

## Zum § 21 des Gesetzes.

### 15. Versteuerung von Vertragsurkunden.

**§ 59.** (1) Die Abstempelung der Vertragsurkunde erfolgt seitens der Steuerstelle durch Verwendung von Stempelmarken. Die Stempelmarken sind in ungeteiltem Zustand tunlichst auf der ersten Seite der Urkunde aufzukleben und durch Eintragung des Tags der Verwendung und Aufdruck des Amtsstempels in der im § 47 Abs. 3 unter 2 vorgeschriebenen Weise zu entwerten. Ist die Vertragsurkunde in mehreren Urschriften ausgestellt, so ist von der Steuerstelle auf dem zweiten Stück und auf den etwaigen weiteren Stücken mit Unterschrift und unter Beidrückung des Amtsstempels zu vermerken, welcher Stempelbetrag zu der ersten Urschrift verwendet ist.

(2) Bei gerichtlich oder notariell aufgenommenen Verträgen, deren Urschriften den Vertragschließenden nicht ausgehändigt werden, sind der Steuerstelle die Ausfertigungen vorzulegen.

## Zum § 22 des Gesetzes.

### 16. Aussetzung der Versteuerung.

**§ 60.** (1) Über Geschäfte, für welche eine rechtzeitige Berechnung der Steuer nicht möglich ist, weil der Wert des Gegenstandes

des Geschäfts auch nicht nach seinem höchstmöglichen Betrage (§ 13 Abs. 1 des Gesetzes) berechnet werden kann, ist gleichwohl nach Maßgabe der §§ 15 und 16 des Gesetzes eine Schlußnote auszustellen, auf jedem der beiden Teile aber zu vermerken, daß die Besteuerung so lange ausgesetzt bleibt, bis die Steuerberechnung möglich wird. Abschrift der Schlußnote einschließlich dieses Vermerkes ist gleichzeitig der Direktivbehörde zu übersenden. Sobald die Berechnung der Steuer möglich ist, hat deren Entrichtung nach Maßgabe der §§ 15 und 16 des Gesetzes unter Ausstellung einer neuen Schlußnote, in welcher auf die erstausgestellte Schlußnote Bezug zu nehmen ist, zu erfolgen. Die Direktivbehörde ist berechtigt, sich die rechtzeitige Erfüllung dieser Verpflichtung nachweisen zu lassen.

(2) Handelt es sich in einem solchen Falle um ein Geschäft, das nach § 21 des Gesetzes unter steueramtlicher Abstempelung der beiderseits unterschriebenen Vertragsurkunde zu versteuern ist, so hat gleichwohl die Vorlegung der Vertragsurkunde bei der Steuerstelle nach Maßgabe der bezeichneten Vorschrift zu erfolgen; die Steuerstelle vermerkt auf der Urkunde oder auf den mehreren Stücken mit Unterschrift und unter Beidrückung des Amtsstempels, daß die Erhebung der Stempelabgabe wegen zeitiger Unmöglichkeit der Berechnung ausgesetzt sei, und behält Abschrift der Urkunde oder mindestens der für die Steuerfestsetzung wesentlichen Teile der Urkunde zurück. Sobald die Berechnung der Steuer möglich wird, hat die anderweite Vorlegung der Vertragsurkunde zur Abstempelung bei einer Steuerstelle nach der Vorschrift im § 21 des Gesetzes zu erfolgen; falls mehrere Urschriften bestehen, genügt die Vorlegung einer von ihnen. Die erstbezeichnete Steuerstelle überwacht in geeigneter Weise die rechtzeitige Erfüllung dieser Verpflichtung.

(3) Im Sinne der §§ 15, 16, 21 des Gesetzes gilt der Tag, an welchem die Steuerberechnung ausführbar geworden ist, als Tag des Geschäftsabschlusses.

(4) Die Direktivbehörde oder im Falle des Abs. 2 die Steuerstelle kann, wenn die Berechnung eines Teiles der zu entrichtenden Abgabe möglich ist, die Entrichtung dieses Teiles anordnen.

17. Ausnahmefristen für die Ausstellung der Schlußnoten.

**§ 61.** (1) Ist das Geschäft zwischen Vertragschließenden, welche sich nicht an demselben Orte befinden, durch briefliche oder telegraphische Annahmeerklärung zustande gekommen, so beträgt die Frist zur Ausstellung der Schlußnote

1. für den zur Entrichtung der Abgabe zunächst Verpflichteten (§ 14 Abs. 1 und § 15 des Gesetzes) zehn Tage,
2. für den zur Entrichtung der Abgabe in zweiter Reihe Verpflichteten drei Wochen.

(2) Die Frist beginnt für den die Annahmeerklärung abgebenden Teil am Tage nach der Abgabe der Annahmeerklärung, für den die Annahmeerklärung empfangenden Teil am Tage nach dem

Eingang dieser Erklärung, und zwar auch im Falle einer brieflichen Bestätigung der telegraphischen Annahmeerklärung nach dem Eingang der letzteren.

(3) Bei Geschäften über Wertpapiere, welche zum Liquidationskurse abgeschlossen sind, beträgt die Frist zur Ausstellung der Schlußnote, auch abgesehen von den Fällen des ersten Absatzes, für den zur Entrichtung der Abgabe zunächst Verpflichteten zehn Tage und für den zur Entrichtung der Abgabe in zweiter Reihe Verpflichteten drei Wochen. Die Frist beginnt mit dem Tage nach dem Geschäftsabschlusse.

(4) Hat jemand Geschäfte während eines zeitweiligen Aufenthalts im Ausland dortselbst abgeschlossen (§ 12 Abs. 2 und 3 des Gesetzes) oder vermittelt, so beginnt der Lauf der zur Entrichtung der Abgabe festgesetzten Fristen für ihn erst mit dem Tage nach seiner Rückkehr in das Inland; die Frist für die im Inland befindlichen Steuerpflichtigen wird hierdurch nicht geändert.

**§ 62.** Wenn bei Erledigung einer An- oder Verkaufskommission mehrere an verschiedenen Orten befindliche Niederlassungen derselben Unternehmung in der Weise beteiligt sind, daß die eine Niederlassung den Auftrag der Kommittenten entgegennimmt und die Schlußnote über das Abwickelungsgeschäft mit dem Kommittenten ausstellt, während die Ausführung des An- oder Verkaufs durch die andere Niederlassung erfolgt, so ist die Schlußnote über das Abwickelungsgeschäft spätestens am ersten Werktag nach dem Eintreffen der schriftlichen Mitteilung über die Ausführung des Geschäfts auszustellen.

## III. Spiel und Wette.

### Zur Tarifnummer 5.

1. Berechnung der Abgabe.

**§ 63.** (1) Bei Berechnung der Abgabe von Lotterielosen sind alle für den Erwerb eines Loses an den Unternehmer oder dessen Beauftragte zu leistenden Zahlungen zum Preise des Loses zu rechnen, insbesondere auch die sogenannten Schreibgebühren, Kollektionsgebühren u. a. m. Bei Privatlotterien gehört hierher auch der dem Käufer etwa gesondert in Rechnung gestellte Betrag der Stempelabgabe. Um bei inländischen Privatlotterien die Versteuerung des auf die Stempelabgabe entfallenden Betrags auszuschließen, sind bei Berechnung der Abgabe nur $^5/_6$ des Gesamtpreises zugrunde zu legen. Bei der Versteuerung der beim Totalisator gemachten Spieleinlagen (vgl. § 67) wird diese Art der Berechnung nicht dadurch ausgeschlossen, daß die Abgabe nach Ziffer III der Ausführungsbestimmungen zum Gesetze vom 4. Juli 1905 (Bekanntmachung des Reichskanzlers vom 6. April 1906, Zentralblatt für das Deutsche Reich S. 531) bis auf weiteres zur Hälfte unerhoben zu bleiben hat.

(2) Bei inländischen Losen ist die Stempelabgabe nach Maßgabe des Abs. 1 derart festzustellen, daß ein sich bei Berechnung

der Gesamtabgabe ergebender Betrag von weniger als 5 Pfennig außer Ansatz bleibt, höhere Pfennigbeträge aber nur, soweit sie durch 5 ohne Rest teilbar sind, unter Weglassung der überschießenden Pfennige erhoben werden.

(3) Bei Ausspielungen mit Gewinnziehungen nach Klassen (Klassenlotterien) ist die Stempelabgabe für solche Lose, welche zu einer der folgenden Klassen nicht rechtzeitig erneuert werden und somit verfallen, von dem Gesamtpreise der Lose, einschließlich des für die Vorklassen planmäßig zu zahlenden Preises, zu berechnen und einzuziehen.

## Zu den §§ 28 bis 32 des Gesetzes.

2. Anmeldung und Steuerentrichtung.

**§ 64.** (1) Wer im Bundesgebiete Lotterien oder Ausspielungen veranstalten will, bei welchen der Gesamtpreis der Lose die Summe von 100 Mark übersteigt, hat der zuständigen Steuerstelle spätestens am dreißigsten Tage nach dem Empfange der obrigkeitlichen Erlaubnis —auf Verlangen der Behörde nach Muster 14—schriftlich anzumelden:

Namen, Gewerbe und Wohnung des Unternehmers, die planmäßige Anzahl (die Nummern) und den planmäßigen Preis der Lose,
den Zeitpunkt, von welchem ab mit dem Vertriebe der Lose begonnen werden soll,
die Gegenstände, die Zeit und den Ort der Ausspielung,
die Namen und Wohnungen der unmittelbar von dem Unternehmer mit dem Vertriebe der Lose betrauten Personen.

(2) Der in zwei Ausfertigungen einzureichenden Anmeldung ist als Anlage eine amtlich beglaubigte Ausfertigung des obrigkeitlich genehmigten Planes der Lotterie oder Ausspielung anzuschließen.

(3) Mit der Anmeldung oder spätestens mit der Vorlegung der Lose zur Stempelung ist die Abgabe für die gesamte planmäßige Anzahl der Lose einzuzahlen. Wird Stundung der Abgabe bis nach dem Beginne des Vertriebes der Lose gegen Sicherstellung des Abgabebetrages oder ohne solche beansprucht, so ist der Antrag mit der Anmeldung vorzulegen.

(4) Kann die Abstempelung am Tage der Einzahlung der Abgabe nicht mehr bewirkt oder beendet werden, so ist den Bestimmungen des § 4 Abs. 3 bis 5 entsprechend zu verfahren.

**§ 65.** Bei solchen Lotterien oder Ausspielungen, bei welchen nach der obrigkeitlichen Erlaubnis nicht von vornherein eine bestimmte planmäßige Anzahl von Losen festgesetzt, dem Unternehmer vielmehr nur gestattet ist, Lose bis zu einer gewissen Höchstzahl auszugeben, dürfen die Lose nach Bedarf versteuert werden. Für die Anmeldung des ersten Teiles der auszugebenden Lose gelten die Bestimmungen des § 64 Abs. 1, 2. Weitere Lose sind mit besonderer Anmeldung vorzulegen, in welcher unter Angabe der Zahl und der Nummern der Lose auf die erste Anmeldung Bezug zu nehmen ist.

**§ 66.** Ist in dem Preise für das Los oder den Spielausweis zugleich in ungetrennter Summe die Vergütung für sonstige Leistungen enthalten, so hat der Unternehmer in der Anmeldung anzugeben und auf Erfordern nachzuweisen, welcher Betrag oder Teilbetrag den Preis für die Teilnahme an der Verlosung oder Ausspielung darstellt. Gleiches gilt in den Fällen, in welchen eine Aushändigung besonderer Lose oder Spielausweise nicht stattfindet, sondern die Bescheinigung über die geleistete Vergütung (Eintrittskarte usw.) zugleich als Los oder Spielausweis dient. Der auf die Lose oder Spielausweise zu rechnende Betrag darf nicht geringer sein, als der Wert der Gewinne. Wird die Angabe von dem Unternehmer überhaupt nicht oder nicht in befriedigender Weise gemacht, so steht es der Steuerstelle frei, den auf die Lose oder Spieleinlagen zu rechnenden Betrag nach eigenem Ermessen festzusetzen.

3. Totalisator.

**§ 67.** (1) Im Betriebe der Totalisatoren bei öffentlich veranstalteten Pferderennen wird von der Vorlegung eines bestimmten Lotterieplans (§ 64 Abs. 2) abgesehen und gestattet, daß die Bescheinigungen (Totalisatortickets) über die Einsätze auf die am Rennen beteiligten Pferde nach Bedarf versteuert werden. Die Veranstalter der Ausspielungen dürfen nur versteuerte Ausweise über Einsätze ausgeben und nur solche auf den Rennplätzen in Gewahrsam halten.

(2) Auf Antrag der Totalisatorverwaltung kann die Abgabe bis zum Schlusse des jeweiligen Rennens gestundet werden. In diesem Falle unterbleibt die Abstempelung der Spielausweise, auch kann nach näherer Bestimmung der Direktivbehörde von Erteilung von Ausweisen über auswärtige Wettaufträge abgesehen werden. Die Abgabe ist von dem am Schlusse des Rennens sich ergebenden Gesamtertrage der Einsätze abzüglich des auf die Stempelabgabe entfallenden Betrags (§ 63) zu entrichten. Zu letzterem Zwecke hat die Totalisatorverwaltung an dem auf den Schluß des Rennens folgenden Tage einen den Spielumsatz ergebenden Auszug ihrer Bücher der zuständigen Steuerstelle mitzuteilen und den sich danach ergebenden Stempelbetrag einzuzahlen, auf Erfordern auch die bezüglichen Bücher und Listen der Steuerstelle zur Einsicht vorzulegen.

(3) Von Zeit zu Zeit ist der Betrieb des Totalisators im Stempelinteresse einer Prüfung zu unterziehen.

4. Abgabenbefreiung.

**§ 68.** Wird Befreiung von der Abgabe beansprucht, so ist mit der Anmeldung der Nachweis zu führen, daß der Erlös des Unternehmens zu ausschließlich mildtätigen Zwecken verwendet werden wird. Über die Anwendbarkeit der Befreiung und insbesondere über die Frage, ob ein ausschließlich mildtätiger Zweck vorliegt, entscheidet die Direktivbehörde. Sie ist auch ermächtigt, die Abgabe in solchen Fällen aus Billigkeitsrücksichten zu erlassen, in welchen die Befreiung nicht rechtzeitig mit der Anmeldung in Anspruch genommen ist.

5. Mitteilung der obrigkeitlichen Erlaubnis.

**§ 69.** (1) Die Behörde, welche die obrigkeitliche Erlaubnis zur Veranstaltung einer öffentlichen Lotterie oder Ausspielung erteilt, hat hiervon ohne Verzug der zur Erhebung der Abgabe für die Lose zuständigen Steuerstelle unter Bezeichnung des Unternehmens und seines Zweckes, des Namens und der Wohnung des Unternehmers und des Zeitpunkts, an welchem dem letzteren die obrigkeitliche Erlaubnis behändigt worden ist, schriftlich Mitteilung zu machen.

(2) Auf Grund dieser Mitteilung hat die Steuerstelle sogleich nach Ablauf der im § 64 für die Anmeldung vorgeschriebenen Frist wegen Feststellung und Beitreibung der Abgabe sowie nach Umständen wegen der Verhinderung des Losabsatzes und Einleitung des Strafverfahrens das Erforderliche zu veranlassen.

6. Abstempelung.

**§ 70.** (1) Nachdem der Abgabebetrag festgestellt, gebucht und entweder eingezahlt oder gestundet, oder nachdem die Stempelfreiheit der Lose von der zuständigen Behörde anerkannt worden ist, werden die Lose durch die zuständige Steuerstelle mittels Stempelaufdrucks abgestempelt. Der Stempel ist von runder Form. Er führt den Reichsadler und enthält über diesem die Aufschrift „VERSTEUERT" oder „STEMPELFREI", darunter das Unterscheidungszeichen der Abstempelungsstelle. Die Lose oder Spielausweise sind in einer solchen Form und Beschaffenheit herzustellen, daß sie sich zur Abstempelung eignen.

(2) Die Bestimmung des § 34 Abs. 2 ist auf die Abstempelung von Losen durch zuverlässige Privatdruckereien, die sich mit der Herstellung von Losen befassen, entsprechend anzuwenden.

(3) Ungestempelte Lose dürfen — abgesehen von den Ausspielungen im Betrage von nicht mehr als 100 Mark — nicht ausgegeben werden. Nach näherer Vorschrift der obersten Landesfinanzbehörde kann indessen bei den unter obrigkeitlicher Aufsicht stattfindenden Warenverlosungen von der Abstempelung der Lose abgesehen werden, wenn mit Rücksicht auf die Zahl und den Preis der Lose die Abstempelung unverhältnismäßige Mühewaltung verursachen würde.

(4) Die abgestempelten Lose werden gegen Empfangsbescheinigung auf der einen Ausfertigung der Anmeldung zurückgegeben. Diese wird nebst ihren Anlagen (§ 64) Beleg zum Anmeldungsbuche. Die andere wird mit einer Bescheinigung über Entrichtung und Buchung der Abgabe oder über die Steuerfreiheit versehen und als Ausweis mit den abgestempelten Losen zurückgegeben. Wenn Stundung der Abgabe bewilligt ist, darf die Genehmigung zum Beginne des Losabsatzes vor Entrichtung der Abgabe erst nach Abstempelung der Lose ausgehändigt werden.

7. Ausspielungen auf Jahrmärkten usw.

**§ 71.** (1) Der Abgabe nach der Tarifnummer 5 unterliegen auch diejenigen Spielausweise, welche bei den auf Jahrmärkten und bei Gelegenheit von Volksbelustigungen üblichen öffentlichen Ausspielungen ausgegeben werden, sofern der Gesamtpreis der Spielausweise jeder einzelnen der hintereinanderfolgenden Ausspielungen mehr als 100 Mark beträgt.

(2) In der Quittung über die für derartige Spielausweise entrichtete Stempelabgabe sind die versteuerten Spielausweise nach Reihenbezeichnung und Nummern anzugeben. Wird die Abgabe gestundet, so ist hierüber eine Bescheinigung zu erteilen, in welcher gleichfalls die Nummern und nach Umständen die Reihenbezeichnung der Spielausweise ersichtlich zu machen sind.

8. Tombola.

**§ 72.** Bei öffentlichen Ausspielungen, bei welchen die Spielteilnehmer gegen Entrichtung des Einsatzes Papierröllchen oder dergleichen Gegenstände ausgehändigt erhalten, deren Beschaffenheit unmittelbar über Gewinn oder Verlust entscheidet, sind die Papierröllchen usw. als Ausweise über Spieleinlagen im Sinne der Nummer 5 des Tarifs anzusehen. Von der Abstempelung dieser Ausweise kann Abstand genommen werden, wenn sie unverhältnismäßig Mühewaltung verursachen würde.

9. Ausspielungen ohne Spielausweise.

**§ 73.** Öffentliche Ausspielungen, bei welchen den Spielteilnehmern keinerlei Ausweise ausgehändigt werden, unterliegen der Abgabe bis auf weiteres nur, sofern die Gewinne ganz oder teilweise in barem Gelde bestehen. Der Betrag der Steuer ist bei der Anmeldung einzuzahlen; auf letztere findet die Bestimmung im § 64 sinngemäße Anwendung.

10. Nummerlisten.

**§ 74.** Nummerlisten, welche bei öffentlich veranstalteten Ausspielungen von Gegenständen zur Beifügung der Namen der Spieler unter Erhebung des entsprechenden Beteiligungsbetrags vom Spielunternehmer in Umlauf gesetzt werden, sind als Spielausweise nicht anzusehen.

## Zum § 30 des Gesetzes.

11. Stundung.

**§ 75.** Die oberste Landesfinanzbehörde bestimmt, in welchen Fällen und unter welchen Bedingungen die Genehmigung zum Absatz der Lose vor der Entrichtung der Abgabe gegen Sicherstellung der letzteren oder ohne solche erteilt, oder sonst die Abgabe gestundet werden kann.

## Zu den §§ 31 und 32 des Gesetzes.

12. Ausländische Lose und Spielausweise.

**§ 76.** Ausländische Lose und Ausweise über Spiel- oder Wetteinlagen sind der zuständigen Steuerstelle mit einer nach dem anliegenden Muster 15 doppelt auszustellenden Anmeldung unter Einzahlung des Abgabebetrags innerhalb der im § 31 des Gesetzes bezeichneten Frist zur Abstempelung vorzulegen. Wegen der Buchung der Abgabe, der Belege und wegen der Abstempelung der Lose gelten die Bestimmungen im § 70. Stundung der Steuer findet nicht statt.

### Zum § 34 des Gesetzes.

13. Erstattung des Lotteriestempels.

**§ 77.** (1) Für unabgesetzt gebliebene Lose usw. einer zustande gekommenen Ausspielung wird die Stempelabgabe nicht erstattet. Wird indessen der Lotterieplan geändert und werden hierbei die unabgesetzten Lose oder ein Teil davon von der Verlosung ausgeschlossen und der Gesamtwert der Gewinne dementsprechend ermäßigt, so kann die Steuer für die von der Verlosung ausgeschlossenen Lose erstattet werden. Unterbleibt bei einer Lotterie die Ziehung, so kann die Steuer von den unabgesetzt gebliebenen oder vom Veranstalter zurückerworbenen Losen ganz oder teilweise erstattet werden. In den Fällen der Sätze 2, 3 bedarf die Erstattung der Steuer der Genehmigung der Direktivbehörde.

(2) Das gleiche gilt von der Steuer für Wettausweise, wenn ein Rennen usw., für welches die Wette abgeschlossen ist, nicht zustande kommt. Dies ist beispielsweise auch dann der Fall, wenn das Pferd, auf das die Wette sich bezieht, an dem Rennen nicht teilnimmt.

### Zum § 35 des Gesetzes.

14. Staatslotterien.

**§ 78.** Die Verwaltungen der Staatslotterien haben spätestens am fünfzehnten Tage nach Ablauf der Ziehung jeder Klasse dem Reichskanzler (Reichsschatzamt) unter Benutzung eines von diesem vorzuschreibenden Musters die Zahl der abgesetzten Lose und den Preis der Lose (§ 63) anzuzeigen. Die Anzeigen sind vorbehaltlich anderweiter Vereinbarung doppelt zu erstatten. Der Reichskanzler (Reichsschatzamt) setzt die zu entrichtende Steuer fest.

## IV. Frachturkunden.

### Zur Tarifnummer 6 und zu den §§ 37 bis 45 des Gesetzes.

1. Stempelmarken.

**§ 79.** (1) Zur Entrichtung der in Tarifnummer 6 bezeichneten Abgabe werden Stempelmarken zum Werte von 5, 10, 20, 25, 30, 40, 50, 75 Pfennig, 1, 2, 5 und 10 Mark zum Verkaufe gestellt.

(2) Die Marken haben eine Länge von 38 und eine Breite von 20 Millimeter. Sämtliche Wertarten zeigen in einem von einem Perlenrand umgebenen Kreise einen bei den Markwerten nach links, bei den Pfennigwerten nach rechts sehenden Merkurkopf, die Aufschrift „DEUTSCHES REICH“, „FRACHTSTEMPEL“,

die Wertbezeichnung und auf guillochiertem Grunde am unteren Rande den Vordruck „den" für den Tag der Verwendung. Die Marken zu 5 Pfennig sind schokoladebraun, diejenigen zu 10 Pfennig rot, zu 20 Pfennig blau, zu 25 Pfennig orange, zu 30 Pfennig braun, zu 40 Pfennig schiefergrau, zu 50 Pfennig violett, zu 75 Pfennig grün, zu 1 Mark grün und rot, zu 2 Mark blau und gelb, zu 5 Mark rot und orange, zu 10 Mark violett und grau.

(3) Die Entwertung erfolgt in der Weise, daß auf jeder Marke Tag, Monat und Jahr der Verwendung entsprechend den Bestimmungen im § 48 eingetragen werden. Außerhalb des Eisenbahnfrachtverkehrs darf die Marke außerdem mit einem fünfeckigen Sterne dergestalt durchlocht werden, daß der Stern den Kopf der Marke trifft, die wesentlichen Merkmale der Marke und insbesondere den Entwertungsvermerk aber unverletzt läßt. Bei Frachtbriefen im inländischen Eisenbahnverkehre genügt die Entwertung durch den Tagesstempel der Versand- oder Empfangsstation.

(4) Die Dienststellen der vom Reiche oder den Bundesstaaten betriebenen Eisenbahnunternehmungen haben die Stempelmarken, welche sie auf Grund des § 37 Abs. 2 des Gesetzes zu Frachturkunden zu verwenden haben, bei Verkaufsstellen desjenigen Bundesstaats anzukaufen, in dessen Gebiete sie gelegen sind. Den beteiligten Bundesstaaten bleibt es unbenommen, anderweite Vereinbarung untereinander zu treffen; die Vereinbarung ist dem Reichskanzler (Reichsschatzamt) mitzuteilen.

2. Gestempelte Vordrucke.

**§ 80.** (1) Soweit bisher von den Steuerstellen auf Antrag Vordrucke zu Schiffsfrachturkunden der in Tarifnummer 6a, b bezeichneten Art gegen Einzahlung des Betrags mit einem Stempelaufdruck in Höhe von 10 Pfennig oder 1 Mark versehen worden sind, ist dies auch weiterhin zulässig. Die Anmeldung zur Abstempelung erfolgt unter Benutzung des Musters 12.

(2) Die diesem Zwecke dienenden Druckstempel haben eine ausgezackte Form. In der Mitte befindet sich ein Kreis mit einem Merkurkopf im Umriß. Bei dem Stempel zu 1 Mark blickt der Kopf nach links, bei demjenigen zu 10 Pfennig nach rechts wie bei den gleichwertigen Marken. Über dem Merkurkopfe befindet sich die Kaiserkrone, darunter die Aufschrift „DEUTSCHER FRACHTSTEMPEL" und die Unterscheidungsnummer, zu beiden Seiten die Wertbezeichnung. Die Größe des Stempels zu 1 Mark beträgt 38, diejenige des Stempels zu 10 Pfennig 25 mm in der Höhe.

(3) In weiterem als dem vorbezeichneten Umfang werden gestempelte Vordrucke nicht hergestellt.

3. Nachträgliche Stempelverwendung.

**§ 81.** Werden begleitete, auf Militärfahrschein aufgegebene Militärgut- und Militärtiersendungen von den Fahrkartenausgaben oder Gepäckabfertigungen unter Frachtstundung abgefertigt, so braucht der Stempel erst bei der Frachtberechnung durch die Eisenbahnverkehrskontrollen nach Ablauf des Monats, in dem die Beförderung stattgefunden hat, verwendet zu werden.

#### 4. Ausstellung und Aushändigung von Frachturkunden.

**§ 82.** (1) Von mehreren über denselben Frachtvertrag lautenden Urkunden ist nur eine stempelpflichtig. Im Seefrachtverkehr ist bei im Inland ausgestellten Urkunden diejenige Abschrift oder Ausfertigung stempelpflichtig, welche der Ablader dem Reeder aushändigt, bei im Ausland ausgestellten Urkunden diejenige Ausfertigung, welche der Empfänger bei der Ablieferung der Sendung ausgehändigt erhält (Frachtbrief), oder die von ihm behufs Auslieferung der Sendung vorgelegt wird (Konnossement).

(2) Statt an den Reeder kann die Aushändigung der Urkunde auch an dessen Vertreter erfolgen.

(3) Statt der Abschrift oder Ausfertigung der Frachturkunde kann in den Fällen der Tarifnummer 6a, b auch ein Auszug daraus ausgehändigt werden, sofern dieser mindestens den Namen des Schiffes, des Schiffers, Abladers und Empfängers, den Abladungs- und Löschungshafen, den Ort und Tag der Ausstellung sowie Menge und Merkzeichen der zur Versendung gelangenden Güter und eine allgemeine Bezeichnung des Inhalts enthält.

**§ 83.** Erfolgt die Beförderung von Gütern zum Teil im Landverkehre, zum Teil im Schiffsverkehre, so ist, soweit für letzteren die Ausstellung einer Frachturkunde der im Tarife bezeichneten Art vorgeschrieben ist, eine solche spätestens vor der Abladung der Güter auszuhändigen.

#### 5. Aufbewahrung von Frachturkunden.

**§ 84.** Die Aufbewahrung der abgabepflichtigen Schriftstücke (§ 40 des Gesetzes) liegt bei inländischen Seefrachturkunden dem Reeder oder dessen Vertreter, bei ausländischen Urkunden dieser Art demjenigen ob, welchem sie bei Ablieferung oder Empfangnahme der Sendung ausgehändigt werden. Nach näherer Bestimmung der Direktivbehörde kann auch bei ausländischen Seefrachturkunden die Aufbewahrung durch den Reeder oder dessen Vertreter zugelassen werden.

**§ 85.** (1) Im Schiffsverkehre der in Tarifnummer 6c bezeichneten Art ist bei im Inland ausgestellten Ladescheinen der Frachturkundenstempel zu einer Ausfertigung oder Abschrift des Ladescheins zu verwenden, die von dem zur Aufbewahrung der Urkunde Verpflichteten zurückzubehalten und, falls er nicht selbst der Aussteller ist, ihm auszuhändigen ist.

(2) Zur Aufbewahrung der zu versteuernden Ausfertigung oder Abschrift des Ladescheins ist verpflichtet,

1. wenn der Frachtführer eine ständige Geschäftsniederlassung im Inland hat, dieser;
   andernfalls
2. wenn der Frachtvertrag durch einen gewerbsmäßigen Vermittler (Prokureur, genossenschaftliche Vereinigung von Schiffern usw.) abgeschlossen ist, der Vermittler;
3. in den übrigen Fällen der Absender der Sendung.

(3) Sind bei Vermittlung eines Frachtvertrags ein Prokureur und eine Genossenschaft der zu 2 genannten Art beteiligt, so liegt die Pflicht zur Aufbewahrung der Urkunde der Genossenschaft ob.

**§ 86.** (1) Bei im Ausland ausgestellten Ladescheinen liegt die Verpflichtung zur Aufbewahrung, wenn der Frachtführer eine ständige Geschäftsniederlassung im Inland hat und der Ladeschein bei Ablieferung der Sendung dem Frachtführer auszuhändigen ist, diesem, andernfalls dem Empfänger der Sendung ob.

(2) Ist hiernach der Empfänger zur Aufbewahrung verpflichtet und ist der Ladeschein von ihm bei Empfangnahme der Sendung dem Frachtführer auszuhändigen, so hat er die Stempelabgabe zu einer zurückzubehaltenden Abschrift des Ladescheins zu verwenden.

**§ 87.** (1) Die Aufbewahrung der Ausfertigung oder Abschrift des Ladescheins, zu welchem die Stempelabgabe zu entrichten ist, hat, sofern die Urkunde im Inland ausgestellt ist, an dem Orte zu erfolgen, an welchem die Beförderung beginnt, sofern sie im Ausland ausgestellt ist, an dem Orte, an welchem die Beförderung endigt.

(2) Hat der Aufbewahrungspflichtige an dem Orte, an dem hiernach die Urkunde aufzubewahren ist, weder einen Wohnsitz noch eine Geschäftsniederlassung, so ist die Aufbewahrung bei der diesem Orte nächstgelegenen Geschäftsniederlassung und in Ermangelung einer solchen am Wohnsitz des Aufbewahrungspfichtigen zu bewirken.

**§ 88.** Die obersten Landesfinanzbehörden sind ermächtigt, Abweichungen von den Bestimmungen der §§ 85, 86 anzuordnen, sofern andere Einrichtungen bestehen, nach denen die Prüfung der Stempelentrichtung an dem im § 87 bestimmten Orte zuverlässig erfolgen kann.

**§ 89.** Die Schriftstücke, von welchen die Abgabe nach Tarifnummer 6a, b, c zu entrichten ist, sind der Zeitfolge nach geordnet während der Dauer eines Jahres aufzubewahren.

**§ 90.** Ist der Stempel zu einer von mehreren Ausfertigungen des Ladescheins oder zu einer Abschrift des Ladescheins verwendet, so soll zu den übrigen Ausfertigungen oder zur Urschrift ein vom Stempelpflichtigen mit seinem Namen zu versehender Vermerk über die erfolgte Stempelverwendung gebracht werden.

#### 6. Stempelerlaß aus Billigkeitsrücksichten

**§ 91.** (1) Die Direktivbehörden sind ermächtigt, auf Antrag Erlaß des Frachturkundenstempels zu gewähren, wenn infolge von Betriebsunfällen oder infolge von Versehen des Frachtführers oder seiner Angestellten die Beförderung auf die ursprüngliche Frachturkunde nachweislich überhaupt nicht oder nicht nach Maßgabe der Frachturkunde ausgeführt, und wenn infolge hiervon auf die Frachturkunde eine Fracht nicht erhoben oder die erhobene Fracht erstattet worden ist.

(2) Im Falle der Ausstellung einer neuen oder einer weiteren Frachturkunde ist die Stempelabgabe für diejenige Frachturkunde zu erlassen, welche frachtfrei gestellt worden ist.

(3) Ist die Freistellung von der Fracht nur zum Teil erfolgt, so ist die Stempelabgabe bis auf den der ermäßigten Fracht entsprechenden Betrag zu erlassen.

## V. Personenfahrkarten.

### Zur Tarifnummer 7.

1. Zusatzkarten.

**§ 92.** (1) Soweit der in eine Zusatzkarte, die zur Fahrt in einer höheren Fahrklasse berechtigt, eingerechnete Stempelbetrag hinter dem für die Zusatzkarte gesetzlich zu entrichtenden Stempelbetrage zurückbleibt und mithin der volle Betrag der tarifmäßigen Stempelabgabe von dem Reisenden mit dem Preise der von ihm gelösten Karte nicht voll eingezogen wird, ist der fehlende Betrag von der Eisenbahnverwaltung der Reichskasse zu vergüten.

(2) Die Abrechnung über die hiernach erforderlichen Ergänzungsstempelbeträge erfolgt durch diejenige Abrechnungsstelle (§ 94 Abs. 2), in deren Verwaltungsbezirke die Zusatzkarten ausgegeben worden sind. Die Eisenbahnverwaltungen haben Vorkehrungen dahin zu treffen, daß die Fahrkartenausgabestellen die für die Stempelberechnung erforderlichen Unterlagen den Abrechnungsstellen mitteilen.

2. Unzulässige Ausgabe von Fahrkarten.

**§ 93.** Es ist unzulässig, an Reisende bei der Abfertigung an Stelle einer Fahrkarte höherer Klasse zwei Fahrkarten niedrigerer Fahrklassen oder an Stelle einer Fahrkarte für die ganze zu durchfahrende Strecke zwei oder mehrere steuerfreie Fahrkarten für aufeinanderfolgende Teilstrecken auszugeben, sofern letzterenfalls diese Teilstrecken zusammen einen steuerpflichtigen Betrag ergeben.

### Zum § 47 des Gesetzes.

3. Abrechnung der staatlichen Verkehrsanstalten.

**§ 94.** (1) Die Verwaltungen der Eisenbahnen und Dampfschiffslinien, welche vom Reiche oder einem Bundesstaate betrieben werden, haben auf die von ihnen zu entrichtende Stempelabgabe für jeden Kalendermonat bis zum 10. des folgenden Monats an die zuständige Steuerstelle eine Abschlagszahlung zu leisten, deren Höhe der im gleichen Monate des Vorjahrs tatsächlich aufgekommenen Stempeleinnahme zu entsprechen hat. Bei neuen Eisenbahnen und Dampfschiffslinien ist für die einzelnen Monate des ersten Jahres eine Abschlagszahlung nach Maßgabe des mutmaßlichen Verkehrs zu leisten.

(2) Von den Abrechnungsstellen (Verkehrskontrollen) der bezeichneten Verwaltungen sind zur Entrichtung der Stempelabgabe Nachweisungen nach Muster 16 aufzustellen. Die Nachweisungen haben den für die Abrechnung über die Fahrgeldeinnahme vorgeschriebenen Zeitraum zu umfassen und sind binnen einer von der obersten Landesfinanzbehörde festzusetzenden Frist der von ihr

zu bestimmenden Steuerstelle in zwei Ausfertigungen einzureichen. Sofern zu dem Verwaltungsbereich einer Abrechnungsstelle Fahrkarten-Ausgabestellen gehören, die in einem anderen Bundesstaate sich befinden, ist hinsichtlich der bei letzteren verkauften Fahrkarten für jeden der in Betracht kommenden Bundesstaaten eine besondere Nachweisung aufzustellen und der von der obersten Landesfinanzbehörde des betreffenden Staates zu bestimmenden Steuerstelle zur Festsetzung und Einziehung des Steuerbetrags einzureichen. Den beteiligten Bundesstaaten bleibt es unbenommen, zur Vereinfachung des Abrechnungsverfahrens anderweite Vereinbarung untereinander zu treffen; von der Vereinbarung ist dem Reichskanzler (Reichsschatzamt) Mitteilung zu machen.

(3) Bei zusammenstellbaren Fahrscheinheften und bei Streckenfahrscheinen der Unternehmer (Reisebureaus usw.) ist für die Steuerberechnung von den Ausgabestellen ein besonderer Auszug zu fertigen und der Abrechnungsstelle einzureichen, für dessen Richtigkeit die ausgebende Verwaltung der Steuerverwaltung gegenüber verantwortlich ist. Wegen der im Ausland ausgegebenen Fahrtausweise dieser Art findet die Bestimmung des § 101 Anwendung.

(4) Die Stempelbeträge für zusammenstellbare Fahrscheinhefte usw. sowie die Ergänzungssteuerbeträge für Zusatzkarten sind in der Nachweisung besonders aufzuführen und zu belegen.

**§ 95.** Die im § 94 Abs. 2 bezeichnete Steuerstelle prüft die Nachweisung, stellt in beiden Ausfertigungen die Stempelabgabe fest und trifft wegen ihrer Erhebung die nötige Anordnung. Bleibt die Abschlagszahlung hinter dem festgestellten Betrage zurück, so ist der fehlende Betrag nachzuerheben, im umgekehrten Falle der sich ergebende Mehrbetrag bei der nächsten Abschlagszahlung anzurechnen. Die eine Ausfertigung der Nachweisung wird Beleg zum Anmeldungsbuche, die andere wird mit Empfangsbekenntnis zurückgegeben.

## Zum § 48 des Gesetzes.

### 4. Private Verkehrsanstalten.

#### a. Vorausbesteuerung der Fahrtausweise.

**§ 96.** Die abzustempelnden Fahrkarten sind einer zur Abstempelung von Lotterielosen zuständigen Steuerstelle mit einer Anmeldung nach Muster 12 in doppelter Ausfertigung einzureichen. Die Fahrkarten sind in den Spalten 4 bis 6 der Anmeldung nach den verschiedenen Fahrstrecken oder Fahrpreisen und unter Angabe der Reihenbezeichnung und der fortlaufenden Nummern, nach Stückzahl, nach Wagenklasse und dem Fahrpreis — abzüglich des in diesem einbegriffenen Stempelbetrags — anzumelden. Nachdem die Steuerstelle die Anmeldung geprüft, insbesondere sich von der Richtigkeit der Eintragung überzeugt hat, trägt sie in Spalte 7 den Steuersatz und in Spalte 8 den Abgabebetrag ein, berechnet und erhebt sodann den Gesamtbetrag der Stempelsteuer. Die Bestimmung des § 64 Abs. 4 findet entsprechende Anwendung. Hierauf werden die Fahrkarten auf der Vorderseite mittels des zur Versteuerung von Lotterielosen dienenden Stempels mit der Umschrift „VERSTEUERT" (vgl. § 70 Abs. 1) abgestempelt und dem Anmelder nebst einer mit Empfangsbekenntnis zu versehenden Ausfertigung der Anmeldung zurückgegeben. Der Rückempfang der Fahrkarten ist von dem Anmelder in Spalte 9 der bei der Steuerstelle verbleibenden Ausfertigung der Anmeldung anzuerkennen.

**§ 97.** Den gestempelten Fahrkarten ist durch die Ausgabestelle beim Verkaufe der Tag der Ausgabe deutlich und dauerhaft aufzudrucken, wozu Farbedruckstempel oder auch Abstempelungsvorrichtungen zulässig sind, welche den Ausgabetag einschneiden oder ausstanzen. Außerdem sind die Karten mit Ausnahme der Zeitkarten durch Lochung, Abtrennen einer Ecke oder dergleichen zu entwerten, so daß eine wiederholte Verwendung derselben Fahrkarten ausgeschlossen ist.

b. Verwendung von Stempelmarken.

**§ 98.** (1) Auf Antrag kann statt der Abstempelung die Verwendung von Stempelmarken zugelassen werden. Zur Entscheidung ist die oberste Landesfinanzbehörde desjenigen Bundesstaates zuständig, in dessen Gebiete der Betrieb des Unternehmens stattfindet.

(2) Die Fahrkartenstempelmarken sind einschließlich der vorspringenden Ecken 18 mm hoch und 22 mm breit, sie tragen am oberen Rande die Worte „DEUTSCHES REICH", am unteren Rande die Bezeichnung „FAHRKARTENSTEMPEL". Das Mittelfeld enthält links den Reichsadler und rechts auf guillochiertem Untergrunde die Wertangabe in schwarzem Aufdruck. Die Marken lauten auf Steuerbeträge von 5, 10, 20, 40, 60, 80, 90 Pfennig, 1,20 — 1,40 — 1,60 — 1,80 — 2,00 — 2,40 — 2,70 — 3,60 — 4,00 — 5,40 uud 8,00 Mark. Das Papier ist bei den Werten zu 5, 10, 20, 40, 60 und 80 Pfennig bläulich, bei den Werten zu 90 Pfennig, 1,20 — 1,40 — 1,60 — 1,80 und 2,00 Mark rötlich, bei den Werten zu 2,40 — 2,70 — 3,60 — 4,00 — 5,40 und 8,00 Mark weiß; der Aufdruck ist bei den Werten zu 5 und 90 Pfennig und 2,40 Mark rot, bei den Werten zu 10 Pfennig, 1,20 und 2,70 Mark blau, bei den Werten zu 20 Pfennig 1,40 und 3,60 Mark grün, bei den Werten zu 40 Pfennig, 1,60 und 4,00 Mark gelbbraun, bei den Werten zu 60 Pfennig, 1,80 und 5,40 Mark violett, bei den Werten zu 80 Pfennig und 2,00 und 8,00 Mark orange. Die Fahrkartenstempelmarken gelangen bei den mit dem Absatz der Stempelmarken nach § 1 beauftragten Amtsstellen zum Verkaufe.

(3) Die Stempelmarken sind auf der Rückseite der Fahrkarten aufzukleben und durch Aufdruck des Ausgabetags und durch Lochung usw. nach der Vorschrift des § 97 zu entwerten.

c. Steuerentrichtung für Sonderfahrten.

**§ 99.** (1) Bei Sonderfahrten, für deren Benutzung Fahrkarten an die einzelnen Teilnehmer von der Eisenbahn- oder Dampfschiffahrtsverwaltung nicht ausgegeben werden, ist die Stempelabgabe vorbehaltlich der Bestimmung des § 100 vor Ausführung der Fahrt bar zu entrichten. Die Direktivbehörde kann unter den erforderlichen Sicherheitsmaßregeln genehmigen, daß die Abgabe binnen drei Tagen nach Ausführung der einzelnen Fahrt oder daß für die in einem Monat ausgeführten Fahrten die Abgabe nach Ablauf des Monats, spätestens bis zum fünften des folgenden Monats entrichtet wird.

(2) Die Verkehrsanstalt hat der zuständigen Steuerstelle eine Anmeldung in doppelter Ausfertigung einzureichen, die den Tag und das Ziel der Fahrt, den Besteller, den Gesamtbeförderungspreis und den Steuerbetrag zu bezeichnen hat.

(3) Die Steuerstelle prüft die Anmeldung, stellt in beiden Ausfertigungen den Steuerbetrag fest und vereinnahmt ihn. Die eine Ausfertigung wird Beleg zum Anmeldungsbuche, die andere wird mit Empfangsbekenntnis zurückgegeben.

## Zum § 49 des Gesetzes.

d. Abrechnungsverfahren.

**§ 100.** (1) Auf Antrag kann den im § 48 des Gesetzes bezeichneten Verkehrsanstalten von der obersten Landesfinanzbehörde gestattet werden, vorbehaltlich der sich aus den nachstehenden Bestimmungen ergebenden Änderungen, den Fahrkartenstempel im Wege des für Reichs- und Staatsanstalten vorgeschriebenen Verfahrens (§§ 94,95) zu entrichten. Zur Entscheidung ist die oberste Landesfinanzbehörde desjenigen Bundesstaates zuständig, in dessen Gebiete der Betrieb des Unternehmens stattfindet. Erstreckt sich der Vertrieb über die Gebiete mehrerer Bundesstaaten, so sind die obersten Landesfinanzbehörden für diejenigen Fahrkartenausgabestellen zuständig, welche in ihrem Gebiet liegen. Die Erlaubnis ist vorbehaltlich jederzeitigen Widerrufs und unter folgenden besonderen Maßgaben zu erteilen:

1. Auf die monatlich zu entrichtende Steuersumme ist bis zum 10. des folgenden Monats unter Einreichung einer Anmeldung nach Muster 17 in doppelter Ausfertigung eine Abschlagszahlung zu leisten, die der Festsetzung durch die von der obersten Landesfinanzbehörde bestimmte Steuerstelle unterliegt und bei der Abrechnung für diesen Monat angerechnet wird. Die Abschlagssumme ist in annähernder Höhe der zur Ablieferung kommenden Stempelabgabe zu bemessen. In der Regel wird sie nach dem Verkehr im gleichen Monate des Vorjahrs, bei erheblichen Verkehrsschwankungen nach dem durchschnittlichen Verkehre des Monats während der drei vorhergehenden Jahre veranschlagt. Es ist jedoch zulässig, zur Abrundung und zur tunlichsten Vermeidung von Überhebungen die Abschlagssumme bis zu 10 vom Hundert

des nach vorstehenden Gesichtspunkten ermittelten Betrags niedriger festzusetzen.

2. Den Nachweisungen (§ 94) sind die Zusammenstellungen der Fahrkartenausgabestellen über den Fahrkartenverkauf zur Einsicht beizufügen. Diese werden nach Vergleichung mit der Nachweisung gegen Empfangsbescheinigung zurückgegeben.

3. Der Antragsteller hat seine Buchführung und diejenige der Fahrkartenausgabestellen, insbesondere deren monatliche Aufstellungen über den Fahrkartenverkauf nach Anordnung der zuständigen Direktivbehörde derart einzurichten, daß daraus die Prüfung der Versteuerungsnachweisungen ohne Schwierigkeiten möglich ist.

4. Der Antragsteller hat sich schriftlich zu verpflichten, für jede Personenbeförderung gegen Entgelt eine Fahrkarte auszugeben, die über die ganze Strecke lautet, für welche die Beförderung übernommen wird. Die Fahrkarten sind für jede Sorte mit einer Reihenbezeichnung und innerhalb jeder Reihe mit fortlaufender Nummer zu bedrucken.

5. Der Antragsteller hat sich ferner schriftlich zu verpflichten, für jeden Fall, in welchem
   a) über einen Fahrpreis in stempelpflichtiger Höhe entweder gar keine oder keine der Bestimmung unter 4 entsprechende Fahrkarte ausgegeben,
   b) eine bereits einmal verwendete Fahrkarte von neuem ausgegeben oder als Fahrtausweis zugelassen,
   c) eine stempelpflichtige Fahrkarte in der Versteuerungsnachweisung des Ausgabemonats nicht verrechnet, oder
   d) der Vorschrift im § 97 Satz 2 zuwider gehandelt wird,

   eine von der Direktivbehörde unter Ausschluß des Rechtswegs festzusetzende Vertragsstrafe bis zu einhundert Mark, unabhängig von der daneben etwa verwirkten gesetzlichen Strafe zu zahlen.

(2) Die obersten Landesfinanzbehörden sind ermächtigt, im Falle des Bedürfnisses unter Anordnung von Überwachungsmaßnahmen Ausnahmen von den Bedingungen im Abs. 1 Nr. 1 bis 4 zuzulassen, unbeschadet der Einziehung der nach den Grundsätzen in Nr. 1 zu bemessenden Abschlagszahlungen.

(3) Die im § 48 des Gesetzes genannten Eisenbahnverwaltungen sind gehalten, der zuständigen Direktivbehörde auf Verlangen alle Vorschriften über die Höhe und Anwendung der Personenfahrpreise und über die Verrechnung der Einnahmen aus der Personenbeförderung in der nötigen Zahl von Abdrucken mitzuteilen; im Falle etwaiger Änderungen hat dies zu geschehen, ehe sie in Kraft gesetzt werden.

## Zum § 50 des Gesetzes.

### 5. Im Ausland ausgegebene Fahrtausweise.

#### a. Eisenbahnfahrkarten.

**§ 101.** (1) Die Abführung der Abgabe von Eisenbahnfahrkarten, die im Ausland nach deutschen oder über deutsche Strecken ausgegeben werden, erfolgt, falls die Verkehrsabrechnung von einer deutschen Eisenbahnverwaltung gefertigt wird, durch diese, andernfalls durch die geschäftsführende oder berichterstattende inländische Eisenbahnverwaltung des Tarifverbandes, im Vereinsreiseverkehre durch die Königliche Eisenbahndirektion Berlin als geschäftsführende Verwaltung des Vereins deutscher Eisenbahnverwaltungen. Für die Entrichtung der Abgabe sind bei Fahrkarten nach deutschen Bestimmungsstationen die Endverwaltungen, sonst die im ersten Satze bezeichneten Eisenbahnverwaltungen verantwortlich.

(2) Die Erhebung der Abgabe findet in dem für den Inlandsverkehr geordneten Verfahren statt.

(3) Der Reichskanzler (Reichsschatzamt) ist ermächtigt, Abweichungen zuzulassen.

#### b. Dampfschiffsfahrkarten.

**§ 102.** Im Ausland ausgegebene Dampfschiffsfahrkarten, welche zu Fahrten im Inland berechtigen, unterliegen der Abstempelung und Vorausbesteuerung. Statt im Wege der Abstempelung kann die Entrichtung der Stempelabgabe auch durch Entwertung von Stempelmarken (§ 98) erfolgen.

**§ 103.** (1) Inländischen Dampfschiffahrtsgesellschaften, welche für den Inlandsverkehr zur Steuerentrichtung nach § 100 zugelassen sind, ist diese Form der Versteuerung auch hinsichtlich der im Ausland ausgegebenen stempelpflichtigen Fahrkarten zu gestatten.

(2) Die im Ausland ausgegebenen Dampfschiffahrtsscheine des Vereinsreiseverkehrs für deutsche Strecken sind bei Erhebung und Abführung der Abgabe wie die Eisenbahnfahrscheine des Vereinsreiseverkehrs zu behandeln.

(3) Größere ausländische Dampfschiffahrtsgesellschaften, welche regelmäßige Fahrten nach dem Inland unterhalten, können auf Antrag von der Direktivbehörde des von ihren Schiffen zunächst berührten inländischen Gebiets zur Steuerentrichtung nach § 100 zugelassen werden, sofern sie einen im Inland ansässigen Vertreter bestellen und bei einer inländischen Steuerstelle eine Sicherheit für Stempelabgabe und etwa gegen sie oder ihre Angestellten zu verhängende Strafen in Höhe von mindestens der Hälfte des durchschnittlich jährlich zu entrichtenden Stempelbetrags hinterlegen.

### 6. Bezeichnung des inländischen Fahrpreisanteils auf Dampfschiffsfahrkarten.

**§ 104.** Jeder Dampfschiffsfahrkarte, welche zur Zurücklegung einer teilweise im Inland, teilweise im Ausland belegenen Strecke berechtigt, ist der Fahrpreisanteil für die Inlandsstrecke zugleich mit der Stempelabgabe in einer Summe in deutscher Währung aufzudrucken.

## Zum § 53 des Gesetzes.

7. Erstattung des Fahrkartenstempels.

**§ 105.** (1) Die Erstattung der Stempelabgabe im Falle des § 53 des Gesetzes erfolgt an die Eisenbahnverwaltungen und Dampfschiffahrtsunternehmungen gegen den Nachweis, daß dem Reisenden der volle Betrag des Fahrpreises einschließlich des ihm etwa in Rechnung gestellten Stempels zurückgewährt worden ist.

(2) Fahrkarten, für welche die Erstattung in dem vorbezeichneten Umfang stattgefunden hat, sind von den die Stempelabgabe im Abrechnungsweg entrichtenden Verkehrsanstalten in der Nachweisung Muster 16 in Abgang zu stellen.

(3) Auf Verlangen der Steuerstelle sind die Fahrkarten, für welche der Fahrpreis zurückgewährt ist, und die Belege, auf Grund deren die Erstattung des Fahrpreises einschließlich des Stempels genehmigt worden ist, beizufügen.

**§ 106.** (1) Andere als die im § 105 Abs. 2 bezeichneten Anstalten haben für die von ihnen im voraus versteuerten Fahrkarten, für welche sie den gesamten Fahrpreis nebst Stempel zurückgewährt haben, die Erstattung des Stempels durch Einreichung einer Nachweisung nach Muster 18 zu beantragen, in welcher die in Betracht kommenden Fahrscheine, nach Fahrklassen und Preisstaffeln geordnet, aufzuführen sind. Die Erstattung kann von der Direktivbehörde auch dann genehmigt werden, wenn im voraus versteuerte Fahrtausweise, welche sich zu einer späteren Verwendung nicht eignen, unabgesetzt geblieben sind.

(2) Gleichzeitig mit dem Antrag sind die Fahrkarten und die über die Erstattung des Fahrpreises sowie über die sonstigen in Betracht kommenden Umstände lautenden Belege der Steuerstelle ohne besondere Aufforderung vorzulegen. Die Fahrkarten, für welche die Erstattungsfähigkeit anerkannt worden ist, sind zu vernichten. Die Erstattung findet soweit möglich durch Anrechnung auf die Stempelabgabe für abzustempelnde Fahrkarten statt.

8. Umschreibung und Ersatz von Fahrtausweisen.

**§ 107.** Wenn Fahrtausweise auf andere Personen oder Strecken unentgeltlich umgeschrieben oder an Stelle bereits gelöster Zeitkarten neue Ausweise ausgestellt werden, die entweder als Ersatz für verloren gegangene Karten dienen oder auf einen anderen als den bisherigen Inhaber lauten oder für eine andere Strecke gültig sind, so ist eine nochmalige Entrichtung der Fahrkartensteuer nicht erforderlich. Auf den neu ausgefertigten Karten ist handschriftlich oder durch Stempelaufdruck zu vermerken, daß es sich um Ersatzkarten oder Umschreibungskarten handelt und daß die Fahrkartensteuer zu den ersten Ausfertigungen erhoben worden ist.

## VI. Erlaubniskarten für Kraftfahrzeuge.

Zur Tarifnummer 8 und zu den §§ 56 bis 65 des Gesetzes sowie zum Gesetze vom 18. Mai 1908 (Reichs-Gesetzbl. S. 210).

### Allgemeine Bestimmungen.

1. Amtsstellen.

**§ 108.** (1) Die zur Erteilung von Erlaubniskarten der in Tarifnummer 8a bezeichneten Art zuständigen Steuerstellen werden durch die Landesregierungen bestimmt und unter Angabe ihrer Geschäftsbezirke öffentlich bekanntgemacht.

(2) Zur Erteilung von Erlaubniskarten für ausländische Kraftfahrzeuge sind sämtliche Grenzzollämter sowie diejenigen im Innern des Reichsgebiets belegenen Steuerstellen zuständig, welche von den Landesregierungen dazu ermächtigt sind. Für Grenzstrecken, auf denen die Reichsgrenze mit der Zollgrenze nicht zusammenfällt, werden die zuständigen Steuerstellen von den Landesregierungen bestimmt.

(3) Ein Verzeichnis der im Innern des Reichsgebiets belegenen Steuerstellen und etwa später eintretende Änderungen sind dem Reichskanzler zur Veröffentlichung im Zentralblatt für das Deutsche Reich mitzuteilen.

2. Begriffsmerkmale für Kraftfahrzeuge.

**§ 109.** (1) Als Kraftfahrzeuge im Sinne des § 56 des Gesetzes gelten Wagen oder Fahrräder, die durch Maschinenkraft bewegt werden, ohne an Bahngleise gebunden zu sein; als Krafträder gelten Fahrzeuge, die vom Sattel aus gefahren werden und auf nicht mehr als drei Rädern laufen, wenn ihr Eigengewicht ohne Betriebsstoffe (bei elektrischem Antrieb ohne Akkumulatoren) 150 kg nicht übersteigt.

(2) Bei der Nachprüfung des Eigengewichts des Fahrzeugs sind Abweichungen von den Angaben auf dem Schilde des Fahrzeugs insoweit zulässig, als sie durch die Mitführung der Vorräte an Betriebsstoffen (Benzin, Öl, Karbid, Kühlwasser usw.) bedingt werden. Die Nachprüfung hat durch Wägung des ganzen Fahrzeugs zu erfolgen.

3. Berechnung der Steuer.

**§ 110.** (1) Bei Kraftwagen der in Tarifnummer 8a bezeichneten Art hat die Steuerstelle in der Regel die aus der Zulassungsbescheinigung der höheren Verwaltungsbehörde (§ 112) ersichtliche Nutzleistung*) des Fahrzeugs (Zahl der Pferdekräfte) der Steuerberechnung zugrunde zu legen.

---

*) Anweisung über die Prüfung von Kraftfahrzeugen, Ziffer VIII (Anlage A zur Verordnung über den Verkehr mit Kraftfahrzeugen vom 3. Febr. 1910 — Reichsgesetzbl. S. 389): Bei Angabe der Steuerleistung ist die Nutzleistung des Fahrzeugs maßgebend. Die Berechnung erfolgt bei Viertakt-Verbrennungsmaschinen normaler Bauart nach der Formel $N = 0{,}3 \,.\, i \,.\, d^2 \,.\, s$, worin N die Leistung in Pferdestärken, i die Zahl der Zylinder, d den Durchmesser der Zylinder in Zentimeter, s den Kolbenhub in Meter bedeutet.

Für Elektromobile ist die Nutzleistung neuer Fahrzeuge durch eine zweistündige Dauerbelastung des Motors im Versuchsraume zu ermitteln, wobei die

(2) Wird für Kraftwagen ausländischer Besitzer die Lösung einer Inlandskarte beantragt (§ 132 Abs. 3, 4), so sind für die Steuerberechnung die Angaben des Heimatsstaates maßgebend. (§§ 5, 10 der Verordnung über den internationalen Verkehr mit Kraftfahrzeugen vom 21. April 1910 — Reichsgesetzbl. S. 640).

## Inländische Kraftfahrzeuge.

### 4. Lösung der Erlaubniskarte bei der erstmaligen Einstellung des Kraftfahrzeugs.

**§ 111.** (1) Wenn ein Kraftfahrzeug, für welches eine versteuerte Erlaubniskarte nach Tarifnummer 8a zu lösen ist, zur Personenbeförderung auf öffentlichen Wegen und Plätzen in Gebrauch genommen werden soll, ist dies mit dem Antrag auf Ausstellung der Erlaubniskarte der zuständigen Steuerstelle schriftlich anzumelden.

(2) Zuständig ist die Steuerstelle, in deren Geschäftsbezirke der Steuerpflichtige wohnt oder in Ermangelung eines Wohnorts sich aufhält.

(3) Zur Anmeldung des Kraftfahrzeugs und zur Lösung der Erlaubniskarte ist der Eigenbesitzer des Kraftfahrzeugs verpflichtet.

(4) Die Anmeldung ist innerhalb der von der obersten Landesfinanzbehörde vorgeschriebenen Frist oder, sofern eine solche Frist nicht vorgeschrieben ist, spätestens am dritten Tage vor der beabsichtigten Ingebrauchnahme zu bewirken.

(5) Die Anmeldung hat nach anliegendem Muster 19 zu erfolgen. Vordrucke hierfür sind von der Steuerstelle unentgeltlich zu beziehen.

(6) Die Anmeldung kann mit dem Antrag auf Zulassung des Kraftfahrzeugs zum Verkehr bei der nach § 5 der Verordnung über den Verkehr mit Kraftfahrzeugen vom 3. Februar 1910 (Reichsgesetzbl. S. 389) zuständigen höheren Verwaltungsbehörde eingereicht werden.

---

nach den „Normalien für die Verwertung und Prüfung von elektrischen Maschinen und Transformatoren" des Verbandes deutscher Elektrotechniker ermittelte Temperaturzunahme der Wickelungen die im § 19 daselbst angegebenen Grenzen weder überschreiten noch um mehr als $^1/_3$ unterschreiten darf. Von der hiernach ermittelten, dem Motor in Watt zugeführten Leistung sind bei Radnabenmotoren 10%, bei Motoren mit Vorgelege 30% in Abzug zu bringen, so daß sich die anzugebende Nutzleistung des Wagens berechnet: zu $N$ in PS $= n \cdot \eta \frac{\text{Leistung in Watt}}{736}$, worin $n$ die Zahl der Motoren, $\eta$ den den obigen Abzügen entsprechenden Wirkungsgrad bedeuten, also 0,9 bzw. 0,7.

Bei bereits im Gebrauche befindlichen Elektromobilen sind in der Regel die bisherigen Angaben, bei ausländischen Fahrzeugen die des Heimatszertifikats maßgebend. Im Zweifelsfalle ist die Nutzleistung jedes Motors zu 2,5 PS anzunehmen.

Für Dampfmaschinen wird mit Rücksicht auf die große Verschiedenheit der Konstruktionen und Dampfspannungen davon Abstand genommen, eine Formel anzugeben, desgleichen für Zweitakt-Verbrennungsmaschinen und für Viertakt-Verbrennungsmaschinen anormaler Bauart, z. B. solche mit gegenläufigen Kolben (System Gobron-Brillié). Der Prüfer hat bei solchen Fahrzeugen nach sachverständigem Ermessen die Leistung zu bestimmen. Falls ein Bremszeugnis über die Normalleistung des Motors vorliegt, sind für Getriebeverluste 25% in Abzug zu bringen; der so berechnete Wert ist als Nutzleistung des Fahrzeugs zu bezeichnen.

**§ 112.** (1) Der Ausstellung einer Erlaubniskarte hat in jedem Falle die Zulassung des Kraftfahrzeugs zum Verkehr auf öffentlichen Wegen und Plätzen vorauszugehen.

(2) Die höhere Verwaltungsbehörde teilt die Zulassungsbescheinigung alsbald nach der Ausfertigung zusammen mit der bei ihr nach § 111 Abs. 6 eingegangenen Anmeldung der Steuerstelle mit, diese prüft die Anmeldung durch Vergleichung mit der Zulassungsbescheinigung auf ihre Richtigkeit und Vollständigkeit. Ergeben sich hierbei Beanstandungen oder hat die Steuerstelle Anlaß zu Zweifeln an der Richtigkeit oder Vollständigkeit der der Zulassungsbescheinigung zugrunde liegenden Angaben des Steuerpflichtigen, so sind die Bedenken durch Benehmen mit der höheren Verwaltungsbehörde aufzuklären; auch ist die Steuerstelle berechtigt, sich das Kraftfahrzeug vorführen zu lassen.

(3) Demnächst trägt die Steuerstelle die Anmeldung in das Anmeldungsbuch (Muster 32) ein.

**§ 113.** 1(1) Die Steuerstelle setzt die Stempelabgabe auf der Anmeldung fest und fertigt eine Erlaubniskarte (Steuerkarte) für das Fahrzeug nach Muster 20 aus, ohne den Vordruck für die Gültigkeitsdauer auszufüllen.

(2) Die Steuerkarte ist aus grauem Schreibleinenersatz in der Größe von 10,5: 15,5 cm hergestellt. Sie besitzt einen über die ganze Fläche gehenden Untergrund, der in einem wagerecht schraffierten Oval einen Reichsadler zeigt. Das Oval hat eine Höhe von 6 cm und eine Breite von 4,8 cm.

(3) Die Vordrucke zu den Erlaubniskarten werden in der Reichsdruckerei hergestellt und sind durch die Landesregierungen gegen Erstattung der Herstellungskosten von dort zu beziehen. Die Preise werden vom Reichsschatzamt festgestellt. Die Reichsdruckerei verabfolgt Vordrucke zu den Erlaubniskarten nur denjenigen Steuerstellen, welche ihr von den Regierungen als berechtigt zum unmittelbaren Bezuge bezeichnet sind.

(4) Eine Verwendung von Stempelmarken zu der Erlaubniskarte findet nicht statt.

(5) Die Steuerkarte ist auf ein Jahr auszustellen, falls nicht die Ausstellung einer Viermonatskarte ausdrücklich beantragt wird. Diesem Antrag ist auch bei verspäteter oder unterlassener Anmeldung zu entsprechen.

**§ 114.** (1) Die Steuerstelle fordert den Antragsteller auf, den festgestellten Steuerbetrag binnen einer kurz zu bemessenden Frist an sie einzuzahlen.

(2) Gleichzeitig übersendet sie unter Zurückbehaltung der Anmeldung den Zulassungsantrag nebst den verbleibenden Anlagen, die Zulassungsbescheinigung sowie die ausgefertigte Steuerkarte an die Polizeibehörde des Ortes, an welchem das Kraftfahrzeug in Betrieb gesetzt werden soll. Sie ersucht zugleich, die Steuerkarte nach Ausfüllung des Vordrucks für die Gültigkeitsdauer dem Antragsteller auszuhändigen, nachdem der Nachweis der Zahlung der

Stempelabgabe erbracht ist. Als Beginn der Gültigkeitsdauer ist der Tag der Aushändigung der Karte einzutragen, soweit im § 115 nicht etwas anderes bestimmt ist. Die Dauer ist je nach dem Ersuchen der Steuerstelle auf einen einjährigen oder viermonatigen Zeitraum zu bemessen und im Vordruck zu vermerken.

(3) Über die Abgabenentrichtung hat die Steuerstelle dem Antragsteller Quittung zu erteilen; diese hat zu enthalten Namen und Wohnort des Einzahlers, Ausstellungstag und Nummer der Steuerkarte, die Nummer des polizeilichen Kennzeichens, den gezahlten Betrag und die Buchungsnummern. Der Abgabenbetrag ist im Einnahmebuche (Muster 31) zu vereinnahmen.

(4) Von der Ausfüllung und Aushändigung der Steuerkarte gibt die Polizeibehörde der Steuerstelle unter Angabe des Tages der Aushändigung Nachricht. Letztere wird Beleg zur Bezirksliste (§ 116), nachdem die Steuerstelle die Eintragungen in diese vervollständigt und die Gültigkeitsdauer der Karte auf der Anmeldung (Spalte 23) vermerkt hat.

**§ 115.** (1) Bei verspäteter oder unterlassener Lösung einer Steuerkarte ist der Geltungsbeginn der Karte durch die Steuerstelle auf den Zeitpunkt der unbefugten ersten Ingebrauchnahme des Fahrzeugs anzusetzen.

(2) Ist zur Zeit der Nachholung der Abgabe das Fahrzeug nicht mehr in Gebrauch, so ist die Steuer ohne Ausstellung einer Steuerkarte nachzuerheben.

(3) Ist das Fahrzeug zwar noch im Gebrauche, liegt aber der Zeitpunkt der unbefugten ersten Ingebrauchnahme über ein Jahr zurück, so ist für das abgeschlossene Jahr der Steuerbetrag nur zu vereinbaren und für das laufende Jahr eine Steuerkarte auszustellen, als deren Geltungsbeginn der erste Tag dieses Jahres anzusetzen ist.

(4) Befindet sich der Steuerpflichtige im Besitz einer Steuerkarte und wird ihm nachgewiesen, daß er bereits vor deren Geltungsbeginn das Fahrzeug unbefugt in Gebrauch gehabt hat, so ist ihm eine Steuerkarte mit Geltungsbeginn vom Tage der ersten Ingebrauchnahme zu erteilen. Auf den für diese Karte nachgeforderten Jahresbetrag ist gegen Rückgabe der bereits gelösten Steuerkarte der auf diese entrichtete Steuerbetrag anzurechnen.

5. Bezirksliste.

**§ 116.**[v] Über die erteilten Erlaubniskarten wird von jeder Steuerstelle eine Bezirksliste nach dem Muster 21 geführt.

6. Änderungen bei im Gebrauche befindlichen Kraftfahrzeugen.

**§ 117.** (1) Treten bei einem zum Verkehr auf öffentlichen Wegen und Plätzen zugelassenen Kraftfahrzeug Änderungen in der Person oder dem Wohnort des Eigenbesitzers, in der Betriebsart oder der Zweckbestimmung, in der Anzahl der Pferdekräfte sowie in der polizeilichen Kennzeichnung ein, so haben die höheren Verwaltungsbehörden hiervon der nach § 111 zuständigen Steuerstelle schriftlich Mitteilung zu machen. Der Mitteilung ist die berichtigte Zulassungsbescheinigung oder, falls eine erneute Zulassung des Kraftfahrzeugs erforderlich war, die neue Zulassungsbescheinigung beizufügen. Der Beifügung der Zulassungsbescheinigung bedarf es nicht, wenn lediglich eine Änderung im Wohnorte des Eigenbesitzers vorliegt.

(2) Die gleiche Mitteilung hat zu erfolgen, wenn ein Kraftfahrzeug zum Verkehr auf öffentlichen Wegen und Plätzen nicht mehr verwendet wird. Der Beifügung der Zulassungsbescheinigung bedarf es hier nicht.

(3) Die Steuerstelle trägt die Änderungen in die Bezirksliste (§ 116) ein und übersendet die Zulassungsbescheinigung entsprechend dem Ersuchen der höheren Verwaltungsbehörde an den Eigenbesitzer oder die zuständige Polizeibehörde.

(4) Betrifft die Änderung Umstände, welche zwar die Steuerpflicht nicht berühren, aber für die Feststellung der Nämlichkeit des Fahrzeugs von Bedeutung sind, so ist der Steuerpflichtige zur Vorlegung der Erlaubniskarte zu veranlassen, und es ist die Änderung in dieser zu vermerken.

(5) Soweit durch die Änderung eine weitere Steuerpflicht für das Kraftfahrzeug entfällt (Erwerb durch einen Fuhrwerksbesitzer zur gewerbsmäßigen Personenbeförderung, Verwandlung in ein Lastkraftfahrzeug, Untergang oder Außerbetriebsetzung des Fahrzeugs), ist, sofern nicht eine Umschreibung der Erlaubniskarte infolge Einstellung eines anderen Kraftfahrzeugs für den bisherigen Besitzer erfolgt (§ 119), der Eintrag in der Bezirksliste nach Ablauf der Gültigkeitsdauer der Karte zu löschen.

(6) Verlegt der Eigenbesitzer eines Kraftfahrzeugs seinen Wohnort

a) in den Bezirk einer anderen Steuerstelle, aber innerhalb des Bereichs der höheren Verwaltungsbehörde oder
b) in den Bezirk einer anderen höheren Verwaltungsbehörde,

so hat die für den neuen Wohnort zuständige Steuerstelle den Steuerpflichtigen zur Vorlegung der Erlaubniskarte zu veranlassen und im Falle zu a die Änderung auf der Steuerkarte zu vermerken, im Falle zu b die Steuerkarte umzuschreiben. Sie hat ferner von der Verlegung des Wohnorts und der Eintragung in ihre Bezirksliste der ursprünglichen Steuerstelle Kenntnis zu geben, worauf diese die Eintragung in ihre eigene Bezirksliste löscht.

**§ 118.** Wird ein Lastkraftfahrzeug in ein Personenkraftfahrzeug umgewandelt oder entfällt bei einem der gewerbsmäßigen Personenbeförderung dienenden Kraftfahrzeuge die Voraussetzung für die Steuerfreiheit, so finden die Vorschriften für die erstmalige Einstellung eines Personenkraftfahrzeugs (§§ 111 bis 115) entsprechende Anwendung.

**§ 119.** (1) Stellt der Steuerpflichtige während der Gültigkeitsdauer der Erlaubniskarte an Stelle des bisherigen ein anderes Kraftfahrzeug ein (§ 59 Abs. 2 des Gesetzes), so ist er zu dessen Anmeldung gemäß § 111 auch dann verpflichtet, wenn eine weitere Stempelentrichtung nicht einzutreten hat. Die Umschreibung der Karte hat unter Bezugnahme auf die frühere Karte durch die Erteilung einer neuen Erlaubniskarte für den Rest der Gültigkeitsdauer zu erfolgen. Die frühere Karte ist einzuziehen und der Anmeldung anzuschließen.

(2) Wird bei Lösung einer Jahreskarte sofort erklärt, daß für die ersten 4 Monate des Steuerjahres ein höher zu versteuerndes Fahrzeug benutzt wird, so ist für jedes Fahrzeug eine besondere Steuerkarte auszustellen und auf der Jahreskarte die gleichzeitige Ausstellung der Viermonatskarte für das höher zu versteuernde Fahrzeug unter Angabe der Nummer der Bezirksliste zu vermerken.

**§ 120.** (1) Im Falle der Veräußerung (Verkauf, Tausch, Schenkung) des Kraftfahrzeugs während der Gültigkeitsdauer der Erlaubniskarte ist auf Antrag an Stelle der bisherigen Karte für den Rest ihrer Gültigkeitsdauer eine neue Karte auf den Namen des Erwerbers ohne Einziehung einer Angabe auszustellen. Dem Erwerb infolge Veräußerung ist im Sinne dieser Bestimmung der Erwerb von Todes wegen gleichzustellen.

(2) Der Antrag ist schriftlich mit einer Anmeldung nach Muster 19 unter Vorlegung der Erlaubniskarte, deren Umschreibung begehrt wird, bei der für den Wohn- oder Aufenthaltsort des Erwerbers zuständigen Steuerstelle einzureichen. Die letztere hat, wenn die ursprüngliche Erlaubniskarte von einer anderen Steuerstelle ausgestellt war, diese von der Umschreibung zu benachrichtigen.

**§ 121.** (1) In den Fällen der §§ 119, 120 kann die Anmeldung mit dem Antrag auf Zulassung des Kraftfahrzeugs an die höhere Verwaltungsbehörde verbunden werden. Die Vorschriften der §§ 111 bis 115 finden entsprechende Anwendung. Ist eine Abgabe nicht zu entrichten, so ist die neue Erlaubniskarte nebst dem Zulassungsantrag und Anlagen der zuständigen Polizeibehörde zur weiteren Veranlassung und mit dem Ersuchen um Aushändigung der Karte zu übersenden.

(2) Wird an Stelle der bisherigen Karte für den Rest ihrer Gültigkeitsdauer eine neue Karte ausgestellt, so ist die bisherige Karte einzuziehen und als Beleg zum Anmeldungsbuche zu nehmen.

(3) Soweit nach der Mitteilung der höheren Verwaltungsbehörde die Neuausstellung oder die Umschreibung einer Erlaubniskarte zu erfolgen hat und ein entsprechender Antrag vom Steuerpflichtigen nicht inzwischen gestellt worden ist, hat die Steuerstelle das weiter Erforderliche, gegebenenfalls auch wegen Einleitung des Strafverfahrens, zu veranlassen.

### 7. Erneuerung der Erlaubniskarten bei Ablauf der Gültigkeitsdauer.

**§ 122.** (1) Für im Gebrauche befindliche Kraftfahrzeuge ist, soweit durch die Landesregierung nicht eine andere Frist vorgeschrieben ist, spätestens am dritten Tage vor Ablauf der Gültigkeitsdauer der alten die Ausstellung einer neuen Erlaubniskarte bei der

Steuerstelle durch Einreichung einer Anmeldung nach Muster 19 zu beantragen. Beizufügen sind die bisherige Erlaubniskarte und die Zulassungsbescheinigung, aus der inzwischen etwa eingetretene Änderungen des Kraftfahrzeugs zu entnehmen sind.

(2) Besteht kein Zweifel, daß die in den vorgelegten Urkunden enthaltenen Angaben auf das Kraftfahrzeug noch zutreffen, so sind diese der Steuerberechnung und der Ausstellung der neuen Karte zugrunde zu legen. Andernfalls ist eine Prüfung der Anmeldung durch Benehmen mit der höheren Verwaltungsbehörde vorzunehmen; auch ist die Steuerstelle berechtigt, sich das Kraftfahrzeug vorführen zu lassen.

(3) Nach Prüfung der Anmeldung setzt die Steuerstelle die Stempelabgabe fest und erteilt nach deren Einzahlung eine Erlaubniskarte (Steuerkarte) nach Muster 20. Die Bestimmung im § 113 Abs. 5 findet entsprechende Anwendung. Die Geltungsdauer der neuen Karte ist von dem Ablauf der bisherigen Karte zu berechnen, wenn in diesem Zeitpunkt eine Unterbrechung des Gebrauchs des Fahrzeugs nicht erfolgt ist.

(4) In Fällen, in denen zwischen dem Antrag auf Erneuerung der alten und Verabfolgung der neuen Steuerkarte das Fahrzeug benutzt werden soll, kann von der vorherigen Einrichtung der alten Karte und der Zulassungsbescheinigung zunächst abgesehen werden; der Antragsteller ist jedoch anzuhalten, alsbald die alte Karte abzuliefern und die Zulassungsbescheinigung vorzulegen.

**§ 123.** (1) Die Steuerstelle hat die Erneuerung der Erlaubniskarten durch die Bezirksliste (§ 116) zu überwachen.

(2) Hat bis zum Ablauf der Gültigkeitsdauer einer Erlaubniskarte der Steuerpflichtige die Erneuerung nicht beantragt, so ist er, soweit nicht die Bestimmung des § 117 Abs. 5 Platz greift, mit kurzer Frist hieran zu erinnern, nötigenfalls unter der Androhung, daß, vorbehaltlich der Einleitung des Strafverfahrens, bei Nichterneuerung der Erlaubniskarte die Einziehung der Zulassungsbescheinigung und des Kennzeichens bei der zuständigen höheren Verwaltungsbehörde beantragt werde. Die Erinnerung ist mit der Aufforderung zu verbinden, der Steuerstelle Mitteilung zu machen, falls das Fahrzeug von dem Steuerpflichtigen nicht mehr gebraucht wird oder der Steuerpflicht nicht mehr unterliegt.

(3) Erledigt sich hiernach innerhalb der gesetzten Frist die Ausstellung einer neuen Karte nicht und wird auch nicht der Antrag auf Erneuerung der Erlaubniskarte gestellt, so ersucht die Steuerstelle die zuständige höhere Verwaltungsbehörde, die Zulassungsbescheinigung und das Kennzeichen einzuziehen oder, sofern die Einziehung des Kennzeichens nicht zulässig ist, den Dienststempel auf diesem augenfällig zu vernichten. Nach Eingang einer Mitteilung über die Ausführung des Ersuchens wird die Eintragung in der Bezirksliste gelöscht.

(4) Auf die verspätete oder unterlassene Erneuerung der Steuerkarten finden die Bestimmungen im § 115 entsprechende Anwendung.

8. Lösung einer besonderen Erlaubniskarte durch den Mieter usw. des Kraftfahrzeugs.

**§ 124.** (1) Ist dem Eigenbesitzer gegenüber ein anderer zum Besitze des Kraftfahrzeugs infolge Ermietung oder aus einem anderen Rechtsgrunde zum Gebrauch auf Zeit berechtigt, so ist für diese Zeit der andere zur Anmeldung und Lösung der Erlaubniskarte für seine Person verpflichtet, ohne Rücksicht darauf, ob für den Eigenbesitzer für den gleichen Zeitraum bereits eine Erlaubniskarte ausgestellt ist oder nicht. Die Verpflichtung des anderen fällt weg, wenn ihm das Kraftfahrzeug nur zum vorübergehenden Gebrauch unentgeltlich überlassen worden und die Abgabe für die Ingebrauchnahme des Fahrzeugs bereits anderweit entrichtet ist.

(2) Auf die Anmeldung sowie die Entrichtung der Abgabe und die Ausstellung der Erlaubniskarte finden die Bestimmungen im § 122 entsprechende Anwendung. Der Anmeldung ist die dem Eigenbesitzer erteilte Zulassungsbescheinigung beizufügen.

9. Ersatzkarten.

**§ 125.** An Stelle verlorener oder unbrauchbar gewordener Steuerkarten können ohne nochmalige Erhebung einer Abgabe Ersatzkarten für die Gültigkeitsdauer der alten Karte ausgestellt werden. Die neu ausgefertigte Karte ist als Ersatzkarte zu bezeichnen. Der Antrag ist bei der zuständigen Steuerstelle schriftlich anzubringen, welche die Erteilung der Ersatzkarte in der Bezirksliste bei der ursprünglichen Eintragung vermerkt.

## Ausländische Kraftfahrzeuge.

10. Steuersatz.

**§ 126.** (1) Die Stempelabgabe von Erlaubniskarten für Kraftfahrzeuge, welche zur Personenbeförderung auf öffentlichen Wegen und Plätzen bestimmt sind, beträgt, sofern der Besitzer weder im Inland wohnt noch sich daselbst dauernd aufhält, bei vorübergehender Benutzung des Kraftfahrzeugs im Inland:

1. für Krafträder während eines Aufenthalts von nicht mehr als 30 Tagen im Jahre ........... 3 Mark,
2. für Kraftwagen während eines Aufenthalts
   - von einem Tage ........... 3 „
   - von 2 bis zu höchstens 5 Tagen im Jahre 8 „
   - von mehr als 5 bis zu höchstens 15 Tagen im Jahre ........... 15 „
   - von mehr als 15 bis zu höchstens 30 Tagen im Jahre ........... 25 „
   - von mehr als 30 bis zu höchstens 60 Tagen im Jahre ........... 40 „
   - von mehr als 60 bis zu höchstens 90 Tagen im Jahre ........... 50 „ .

(2) Die Tage des inländischen Aufenthalts brauchen nicht unmittelbar aufeinander zu folgen.

(3) Bei mehr als neunzigtägigem Aufenthalt und für Krafträder bei mehr als dreißigtägigem Aufenthalt ist eine Karte der in Tarifnummer 8a bezeichneten Art zu lösen.

(4) Für jedes Fahrzeug ist eine besondere Erlaubniskarte zu lösen.

### 11. Steuerermäßigung für Grenzbewohner benachbarter Staaten.

**§ 127.** (1) Wird in einem benachbarten fremden Staate eine Kraftfahrzeugsteuer für Rechnung des Staates erhoben, so ist von den Grenzbewohnern dieses Staates, welche dort nachweislich bereits eine Jahresabgabe für dasselbe Kraftfahrzeug gezahlt haben, die Stempelabgabe für eine Jahreskarte nur im halben Betrage zu entrichten.

(2) Soweit auch in dem anderen Staate von ausländischen Kraftfahrzeugbesitzern eine Steuer erhoben wird, findet die vorbezeichnete Erleichterung nur im Falle der Gegenseitigkeit Anwendung.

(3) Für den Begriff der Grenzbewohner sind die Bestimmungen des mit dem Nachbarstaat abgeschlossenen Zoll- und Handelsvertrags maßgebend. Sind solche nicht vorhanden, so gelten als Grenzbewohner diejenigen, welche nicht weiter als 10 km von der Grenze entfernt wohnen.

(4) Auf der Steuerkarte ist neben der Angabe des gezahlten Stempelbetrags der Grund der Steuerermäßigung durch den Vermerk „Grenzbewohner" ersichtlich zu machen.

(5) Ist die Ansässigkeit des Antragstellers im Grenzbezirke des Nachbarstaats nicht amtskundig, so darf die Anwendung der ermäßigten Sätze nur erfolgen, wenn der Antragsteller durch eine ortspolizeiliche Bescheinigung nachweist, daß er im Grenzbezirke wohnt.

### 12. Steuerbefreiung im Durchgangsverkehr auf kurzen Strecken des inländischen Grenzgebiets.

**§ 128.** (1) Bei Benutzung von öffentlichen Wegen, welche die einzige oder die gegebene Verbindung zwischen verschiedenen Orten des Auslandes bilden und das Reichsgebiet auf kurzen Strecken durchschneiden, kann nach Maßgabe der Bestimmungen der obersten Landesfinanzbehörde im Falle des örtlichen Bedürfnisses und unter Anordnung der erforderlichen Sicherungsmaßnahmen von der Erhebung der Stempelabgabe für ausländische Kraftfahrzeuge abgesehen werden, sofern die im Inland gelegene Strecke ohne Abweichung und willkürlichen Aufenthalt zurückgelegt wird.

(2) Die Befreiung von der Abgabe darf nur zugelassen werden, falls nach den örtlichen Verhältnissen oder nach den getroffenen Sicherungsmaßnahmen ein Mißbrauch nicht zu besorgen ist.

### 13. Lösung der Erlaubniskarte.

**§ 129.** Die Verpflichtung zur Lösung der Erlaubniskarte und zur Entrichtung der Abgabe liegt demjenigen ob, der das Fahrzeug im Inland in Gebrauch nimmt.

**§ 130.** (1) Die Anmeldung zur Versteuerung ist bei Kraftfahrzeugen, die aus dem Ausland mit eigener Triebkraft eingehen, alsbald nach dem Grenzübertritt, im übrigen vor der Ingebrauchnahme des Fahrzeugs im Inland bei der nächstgelegenen zuständigen Steuerstelle (§ 108 Abs. 2) zu bewirken.

(2) Die Anmeldung kann mündlich erfolgen und hat zu enthalten:

a) den Namen, Stand und Wohnort des Steuerpflichtigen,
b) die Bezeichnung des Kraftfahrzeugs nach den für die Erhebung der Abgabe und für die Festhaltung der Nämlichkeit wesentlichen Merkmalen,
c) den Zeitraum, für welchen die Ausstellung der Erlaubniskarte gewünscht wird.

Die Angaben sind nach Prüfung im Anmeldungsbuche — soweit für sie eine besondere Spalte nicht vorgesehen ist, in der Bemerkungsspalte — einzutragen. Die Prüfung der Anmeldung hat sich auf den Augenschein des Fahrzeugs und auf die Einsicht derjenigen Urkunden zu beschränken, auf Grund deren die polizeiliche Zulassung des Fahrzeugs erfolgt (§§ 5, 10 der Verordnung über den internationalen Verkehr mit Kraftfahrzeugen vom 21. April 1910, Reichs-Gesetzbl. S. 640).

(3) Die Erteilung der Erlaubniskarte hat in Verbindung mit der gleichzeitig durch die Steuerstelle erfolgenden polizeilichen Zulassung und — soweit es erforderlich ist — Kennzeichnung des Fahrzeugs vor sich zu gehen. Daß und für welchen Zeitraum eine Erlaubniskarte ausgestellt worden ist, ist auf den im Abs. 2 bezeichneten Urkunden zu vermerken. Ein gleiches hat bei der wiederholten Ausstellung oder Verlängerung einer Erlaubniskarte (§ 132) zu geschehen.

**§ 131.** (1) Die Steuerstelle setzt die Stempelabgabe fest und erteilt über ihre Zahlung eine mit Quittung versehene Erlaubniskarte nach dem Muster 22. Die Karte ist von grüner Farbe, in Buchform hergestellt und enthält 6 mit schwarz-weiß-roter Seide geheftete Blätter. Stoff, Blattgröße und Untergrund sind die gleichen wie bei den Steuerkarten für das Inland. Die Enden des Heftfadens sind so lang, daß sie an einer geeigneten Stelle der Außenseiten durch Siegelmarken oder in anderer geeigneter Weise befestigt werden können. Im Bedürfnisfalle sind weitere Blätter mit dem Vordruck für Ein- und Ausgangsbescheinigungen der Erlaubniskarte anzuheften. Daß und in welchem Umfang dies geschehen, ist auf der Karte zu vermerken.

(2) Erlaubniskarten, bei denen einzelne der für die Ein- und Ausgangsbescheinigungen bestimmten Blätter fehlen, verlieren ihre Gültigkeit zur Weiterbenutzung, sofern sich nicht zweifelsfrei ergibt, daß die fehlenden Blätter keine amtlichen Einträge enthalten haben.

(3) Wird für einen Kraftwagen eine Erlaubniskarte mit eintägiger Gültigkeit beantragt, so ist die Karte nach dem Muster 23 auszustellen. Die Karte ist von roter Farbe, besteht aus einem

Blatt und entspricht in dem Stoffe, der Blattgröße und dem Untergrunde den Steuerkarten für das Inland.

#### 14. Wiederholte Ausstellung und Verlängerung von Erlaubniskarten.

**§ 132.** (1) Die wiederholte Ausstellung einer Erlaubniskarte für Kraftwagen ist zulässig, es sei denn, daß durch die Benutzung der Karte die Zahl von insgesamt 90 Aufenthaltstagen im Jahre überschritten werden würde.

(2) Der Steuerpflichtige ist unter der im Abs. 1 bezeichneten Voraussetzung berechtigt, an Stelle der bisherigen Erlaubniskarte die Ausstellung einer Erlaubniskarte von längerer Gültigkeitsdauer mit der Maßgabe zu beantragen, daß die nach der bisherigen Karte im Inland zugebrachten Tage abzuschreiben sind und der durch Zahlung oder Anrechnung entrichtete Abgabebetrag anzurechnen ist. Der Antrag ist bei einer nach § 108 Abs. 2 zuständigen Steuerstelle zu stellen und nur innerhalb des in der ursprünglichen Karte bezeichneten Jahreszeitraums zulässig. Für die Anmeldung, die mündlich erfolgen kann, gelten die Vorschriften im § 130 Abs. 2.

(3) Soll der Aufenthalt innerhalb des in der bisherigen Erlaubniskarte festgesetzten Jahreszeitraums bei Krafträdern auf mehr als dreißig Tage, bei Kraftwagen auf mehr als neunzig Tage verlängert werden, so ist auf die Abgabe für die nach Tarifnummer 8a zu lösende Erlaubniskarte der auf die bisherige Karte entrichtete Stempelbetrag anzurechnen; in diesem Falle ist die Gültigkeitsdauer von dem ersten Tage an zu berechnen, der auf Grund der ursprünglichen Karte im Inland verbracht ist. Bei Aushändigung der neuen Karte ist die bisherige Karte einzuziehen und als Beleg zum Anmeldungsbuche zu nehmen.

(4) Dem Steuerpflichtigen steht frei, an Stelle einer Erlaubniskarte der im § 131 bezeichneten Art sogleich eine Inlandskarte nach Tarifnummer 8a zu lösen.

**§ 133.** Bei Umschreibung einer Erlaubniskarte in den Fällen der §§ 119, 120 sind die nach der früheren Karte im Inland zugebrachten Aufenthaltstage in der neuen Karte abzuschreiben.

#### 15. Ausstellung von Inlandskarten.

**§ 134.** (1) Der Antrag auf Ausstellung einer Inlandskarte in den Fällen des § 132 Abs. 3, 4 ist bei der nächsten zur Erteilung von Inlandskarten zuständigen Steuerstelle (§ 108 Abs. 1) anzubringen. Soll oder kann die Inlandskarte erst nach Eintritt des Kraftfahrzeugs in das Reichsgebiet gelöst werden und ist die zuständige Steuerstelle nicht zugleich die Grenzzollstelle, so hat die Anmeldung auch bei der Grenzzollstelle zu erfolgen. Die Grenzzollstelle ist befugt, die Hinterlegung einer der Stempelabgabe für eine Karte mit neunzigtägiger Gültigkeit entsprechenden Sicherheit zu fordern. Sie hat über die Anmeldung und die Sicherheitsleistung eine Bescheinigung zu erteilen, welche innerhalb der darin bezeichneten Frist bis zur Lösung der Inlandskarte als Ausweis gilt. Die

Sicherheitsleistung ist gegen Vorweis der gelösten Inlandskarte zurückzugeben.

(2) Auf die Anmeldung, die Prüfung und die Kennzeichnung des Fahrzeugs sowie die Ausstellung der Erlaubniskarte finden die Bestimmungen in § 122 Abs. 1, 3, § 130 Abs. 2 letzter Satz, Abs. 3 sinngemäße Anwendung.

16. Vorlegung der Erlaubniskarte bei jedem Grenzübertritte.

**§ 135.** (1) Wird die Grenze während der Gültigkeitsdauer der Erlaubniskarte mehrfach überschritten, so ist die Karte bei jedem Grenzübertritte zur Bescheinigung des Einganges oder Ausganges dem Grenzzollamte vorzulegen. Die Eingangsbescheinigung hat gleichzeitig bei Kraftfahrzeugen mit einem internationalen Fahrausweise das Nationalitätszeichen und das im Fahrausweis angegebene heimatliche Kennzeichen und bei Kraftfahrzeugen ohne einen internationalen Fahrausweis das von der Steuerstelle zugeteilte polizeiliche Kennzeichen zu enthalten (§§ 5, 10 der Verordnung über den internationalen Verkehr mit Kraftfahrzeugen vom 21. April 1910). In die Ausgangsbescheinigung ist außerdem in der dafür vorgesehenen Spalte die Anzahl der in den inländischen Aufenthalt einzurechnenden Tage aufzunehmen. Jeder Kalendertag, auch wenn er nur teilweis im Inland zugebracht ist, ist als ein Tag des Aufenthalts im Inland zu rechnen. Der Grenzübertritt braucht nicht immer bei demselben Amte zu geschehen.

(2) Unterbleibt die Vorlegung der Erlaubniskarte beim Ausgang, so ist als im Inland zugebracht der ganze Zeitraum anzusehen, der seit dem Tage des zuletzt bescheinigten Einganges bis zur freiwilligen Meldung dieser Unterlassung oder bis zur anderweiten Entdeckung verflossen ist. Weist der Inhaber der Erlaubniskarte durch Eingangsbescheinigung der gegenüberliegenden fremdstaatlichen Zollstelle oder auf andere Weise einwandfrei nach, daß der Wiederausgang zu einem früheren Zeitpunkt erfolgt ist, so ist für die Berechnung des im Inland zugebrachten Zeitraums dieser Zeitpunkt maßgebend.

**§ 136.** (1) In die Zeit des inländischen Aufenthalts sind bei Beobachtung der vorgeschriebenen Sicherungsmaßregeln die Tage nicht einzurechnen, während deren ein ausländisches Kraftfahrzeug nachweislich sich zum Zwecke der Ausbesserung in einer inländischen Gewerbeanstalt befunden hat oder auf einer öffentlichen Ausstellung im Inland zur Schau gestellt worden ist. Der Tag der Aufnahme in die Gewerbeanstalt oder in die Ausstellung und der Tag des Rückempfanges sind als Tage inländischen Aufenthalts anzusehen, wenn an diesem Tage eine steuerpflichtige Benutzung des Fahrzeugs stattgefunden hat.

(2) Als eine solche ist die Fahrt von der Grenze zur Gewerbeanstalt oder Ausstellung und die Rückfahrt nicht anzusehen, wenn sie vom Führer allein unternommen wird und lediglich dem Zwecke dient, das Fahrzeug der Gewerbeanstalt oder Ausstellung zuzuführen oder von dort aus über die Grenze zurückzufahren.

(3) Falls sich das Fahrzeug nachweislich nur zu den in Abs. 1, 2 bezeichneten Zwecken im Inland befindet, tritt eine Steuerpflicht nicht ein.

(4) Über die vorzuschreibenden Sicherungsmaßnahmen trifft die für die Grenzeingangsstelle zuständige oberste Landesfinanzbehörde und, wenn das Kraftfahrzeug sich bereits im Inland befunden hat, die oberste Landesfinanzbehörde Bestimmung, in deren Verwaltungsbereiche die Gewerbeanstalt oder der Ausstellungsort liegt. Es kann insbesondere angeordnet werden, daß für den Fall des Einganges unter Benutzung der Triebkraft des Fahrzeugs der Eintritt in das Reichsgebiet von der Hinterlegung des Abgabebetrags abhängig gemacht wird.

### Besondere Fälle.

**§ 137.** Soll ein im Inland erworbenes, zum Verkehr noch nicht zugelassenes Kraftfahrzeug mit eigener Triebkraft in das Ausland zum dauernden Verbleib verbracht werden, so ist die Anmeldung schriftlich nach Muster 19 bei der nächsten zur Erteilung von Erlaubniskarten für Kraftfahrzeuge ausländischer Besitzer zuständigen Steuerstelle im Innern anzubringen. Die Anmeldung kann mit dem nach § 14 der Verordnung vom 21. April 1910 erforderlichen Antrag bei der zuständigen höheren Verwaltungsbehörde eingereicht werden. Die Erlaubniskarte (§ 131) wird gleichzeitig mit der durch die Steuerstelle erfolgenden polizeilichen Kennzeichnung des Fahrzeugs erteilt.

**§ 138.** (1) Werden Kraftfahrzeuge solcher Personen, die ihren Wohnsitz oder dauernden Aufenthalt im Reichsgebiete haben, mit eigener Triebkraft aus dem Ausland zum dauernden Verbleib in das Inland eingeführt, so hat zunächst eine vorläufige Anmeldung des Fahrzeugs bei der Grenzzollstelle zu erfolgen. Die Bestimmungen im § 134 Abs. 1, Satz 3 und 4 finden Anwendung.

(2) Die endgültige Anmeldung des Kraftfahrzeugs und die Lösung der Inlandskarte findet bei der für den Wohnort des Eigenbesitzers zuständigen Steuerstelle im Innern statt. Die Ausstellung einer Erlaubniskarte kann nur in der Art erfolgen, daß der Anfang der Gültigkeitsdauer von dem Tage des Grenzübertritts an gerechnet wird. Das Verfahren richtet sich nach den Bestimmungen in den §§ 111 bis 114. Von der Aushändigung der Inlandskarte ist die Grenzzollstelle in Kenntnis zu setzen, worauf diese die Sicherheit zurückgibt.

## VII. Vergütungen.

Zur Tarifnummer 9 und zu den §§ 66 bis 69 des Gesetzes.

1. Form der Abgabenerhebung.

**§ 139.** Die Verpflichtung zur Entrichtung der in der Tarifnummer 9 bezeichneten Abgabe wird erfüllt durch Zahlung des Abgabebetrags an die zuständige Steuerstelle bei Einreichung der im § 140 bezeichneten Aufstellung. Zuständig ist die Steuerstelle, in deren Bezirke die Gesellschaft ihren Sitz hat.

2. Aufstellung über gewährte Vergütungen.

**§ 140.** (1) Über die von Aktiengesellschaften, Kommanditgesellschaften auf Aktien und Gesellschaften mit beschränkter Haftung gewährten Vergütungen der in Tarifnummer 9 bezeichneten Art ist bei Aufstellung der Jahresbilanz eine besondere Aufstellung nach dem Muster 24 anzufertigen und spätestens am 10. Tage nach der Genehmigung der Jahresbilanz durch die Generalversammlung, bei Gesellschaften mit beschränkter Haftung spätestens am 10. Tage nach der Feststellung der Jahresbilanz durch die Gesellschafter der zuständigen Steuerstelle in doppelter Ausfertigung einzureichen. Sind Vergütungen irgend welcher Art nicht gewährt worden, so ist eine Fehlanzeige zu erstatten.

(2) Die Einreichung hat bei Aktiengesellschaften durch den Vorstand, bei Kommanditgesellschaften auf Aktien durch die persönlich haftenden Gesellschafter, bei Gesellschaften mit beschränkter Haftung durch die Geschäftsführer zu erfolgen.

(3) Die Aufstellung ist am Schlusse von den zu ihrer Einreichung verpflichteten Personen unter der Versicherung der Richtigkeit und Vollständigkeit der darin gemachten Angaben zu unterschreiben.

**§ 141.** Die Aufstellung hat den Zeitraum des Geschäftsjahrs zu umfassen, für welches die Jahresbilanz aufgestellt ist. Sie hat mithin, soweit die Vergütungen in einem Anteil am Jahresgewinne bestehen, die aus der Verteilung des Jahresgewinns dieses Geschäftsjahrs fließenden Vergütungen und die übrigen Vergütungen insoweit zu umfassen, als sie im Laufe dieses Geschäftsjahrs gezahlt worden sind.

3. Wertangabe.

**§ 142.** Vergütungen, welche nicht in barem Gelde oder in kurshabenden Wertpapieren bestehen, sind in Geld zu veranschlagen und zu dem veranschlagten Betrag unter Erläuterung des Sachverhalts, insbesondere unter Angabe der Schätzungsgrundlagen, in die Aufstellung einzusetzen.

4. Festsetzung und Vereinnahmung der Abgabe.

**§ 143.** (1) Die Steuerstelle prüft die Aufstellung und stellt, wenn eine Stempelabgabe zu erheben ist, den Stempelbetrag fest und vereinnahmt ihn. Ist die Aufstellung steuerfrei, weil die Summe der sämtlichen an die Mitglieder des Aufsichtsrats geleisteten Vergütungen nicht mehr als 5 000 Mark ausmacht, so ist dies in der Aufstellung zu bestätigen.

(2) Der Steuerstelle sind die zur Prüfung der Aufstellung erforderlichen Unterlagen (Statuten, Jahresbilanz, Geschäftsberichte, Generalversammlungsprotokolle usw.) auf Verlangen vorzulegen.

(3) Eine mit Feststellungs- und Empfangsbekenntnis oder Befreiungsvermerk versehene Ausfertigung der Aufstellung ist zurück-

zugeben. Die zweite Ausfertigung wird Beleg zum Anmeldungsbuche.

5. Überwachungsliste.

**§ 144.** (1) Der rechtzeitige Eingang der Aufstellungen ist von der Steuerstelle durch eine Liste nach dem Muster 25 zu überwachen. In diese Liste sind sämtliche Aktiengesellschaften, Kommanditgesellschaften auf Aktien und Gesellschaften mit beschränkter Haftung aufzunehmen, die im Bezirke der Steuerstelle ihren Sitz haben. Zweigniederlassungen sind nicht einzutragen.

(2) In welcher Weise die Steuerstelle von den in ihrem Bezirke bestehenden Gesellschaften Kenntnis erhält, ist von der Landesregierung zu bestimmen.

(3) Ist binnen sechs Monaten nach Abschluß des Geschäftsjahrs einer der im Verzeichnis eingetragenen Gesellschaften bei der Steuerstelle eine Aufstellung nicht eingegangen, so hat diese die Gesellschaft zur Einreichung der Aufstellung aufzufordern.

## VIII. Schecks.

Zur Tarifnummer 10 und zu den §§ 70 bis 77 des Gesetzes.

1. Abstempelung von Vordrucken.

**§ 145.** Ein Verkauf amtlich gestempelter Vordrucke zu Schecks oder den ihnen gleichgestellten Quittungen findet nicht statt.

**§ 146.** (1) Auf Antrag werden Vordrucke der im § 145 bezeichneten Art gegen Entrichtung der Abgabe amtlich mit dem Reichsstempel versehen.

(2) Die Vordrucke sind lose und nicht gerollt unter Einzahlung des Steuerbetrags einer zur Abstempelung von inländischen Wertpapieren befugten Steuerstelle (§ 1) mit einer doppelt ausgefertigten Anmeldung nach Muster 12 zur Abstempelung vorzulegen.

(3) Zu Büchern (Blöcken) vereinigte Vordrucke sind zur amtlichen Abstempelung auch ohne Lösung der Verbindung zuzulassen, wenn die Abstempelung nach dem Ermessen der Steuerstelle mit deren Gerätschaften ohne besondere Schwierigkeiten oder unverhältnismäßigen Zeitaufwand ausführbar ist.

(4) Nach Prüfung der Anmeldung setzt die Steuerstelle den Abgabebetrag fest, zieht ihn ein, stempelt die Vordrucke auf der Vorderseite durch Aufdrücken des im § 70 Abs. 1 beschriebenen Reichsstempels mit der Umschrift „VERSTEUERT“ ab und gibt sie dem Anmelder nebst einer mit Empfangsbekenntnis zu versehenden Ausfertigung der Anmeldung zurück. Den Rückempfang der abgestempelten Vordrucke hat der Anmelder in Spalte 9 der bei der Steuerstelle verbleibenden Ausfertigung der Anmeldung anzuerkennen.

(5) Kann die Abstempelung am Tage der Einzahlung der Abgabe nicht mehr bewirkt oder beendet werden, so ist den Bestimmungen des § 4 Abs. 3 bis 5 entsprechend zu verfahren.

**§ 147.** (1) Auf Antrag und auf Kosten des Steuerpflichtigen wird der Aufdruck des im § 70 bezeichneten Reichsstempels auf die

Vordrucke durch die Reichsdruckerei bewirkt. Hierbei finden die Vorschriften des § 49 mit folgender Maßgabe entsprechende Anwendung. Die Vordrucke sind einzeln, streifen- oder bogenweise in einer Stückzahl von mindestens tausend Vordrucken einzureichen. Es ist erwünscht, daß die Vorlegung der Vordrucke zur Abstempelung vor Aufdruck der Nummerbezeichnung der Stücke erfolgt. Werden die Vordrucke numeriert vorgelegt, so dürfen wenigstens die überschüssigen Stücke für Abgänge bei der Abstempelung eine Nummerbezeichnung nicht tragen. Die zum Ersatze der bei der Abstempelung verdorbenen Vordrucke abgestempelten Vordrucke mit den ausgefallenen Nummern bedrucken zu lassen, ist Sache des Antragstellers. Die verdorbenen Vordrucke werden nach Auslochung des Reichsstempels mit zurückgegeben.

(2) Die Bestimmung des § 34 Abs. 2 ist auf die Abstempelung von Vordrucken zu Schecks und den ihnen gleichgestellten Quittungen durch zuverlässige Privatdruckereien, welche sich mit der Herstellung derartiger Vordrucke befassen, entsprechend anzuwenden.

2. Markenverwendung.

**§ 148.** Für die Entrichtung der Abgabe zu nicht gestempelten Schecks und Quittungen werden Stempelmarken zum Preise des Steuerbetrags von 10 Pf. zum Verkaufe gestellt.

3. Beschreibung der Scheckstempelmarke.

**§ 149.** Die Scheckstempelmarke ist $25^1/_2$ mm hoch und 22 mm breit. Sie ist in grüner Farbe auf Wasserzeichenpapier gedruckt. Innerhalb eines mit weißen Verzierungen auf farbigem Grunde versehenen Rändchens trägt die Marke im oberen Teile auf einem nach unten zu ausgeschweiften farbigen Schilde in weißer Schrift die Worte DEUTSCHES REICH. In der Mitte der Marke ist die Wertbezeichnung 10 PF. in kräftiger farbiger Schrift auf einem länglichrunden, querliegenden und mit zarten, hellen Linien bedeckten Felde angebracht. Dieses Feld wird oben und unten bogenförmig von weißen Bändern umfaßt. Auf dem oberen Bande steht in farbiger Schrift SCHECK-, auf dem unteren STEMPEL. Darunter ist der Fuß des Schildes sichtbar. Der übrige Raum der Marke ist durch zartes Rankenwerk ausgefüllt.

**§ 150.** (1) Die Stempelmarke ist bei Schecks auf der Vorder- oder Rückseite, bei Quittungen auf der das Empfangsbekenntnis enthaltenden Seite an einer beliebigen Stelle aufzukleben und durch Überschreiben mit Tinte zu entwerten.

(2) Die Entwertung muß entweder in der Weise geschehen, daß die Schrift oder Unterschrift der Urkunde über die Marke von einem Rande zum entgegengesetzten Rande hinweggeführt wird, oder dadurch, daß Tag, Monat und Jahr der Verwendung der Marke auf dieser niedergeschrieben werden. In letzterem Falle ist es gestattet, dem Entwertungsvermerk die Firma oder den Namen des Verwendenen ganz oder teilweise hinzuzufügen. Die auf die Marke gesetzten Schriftzeichen müssen leserlich sein und dürfen keinerlei

Auskratzung, Durchstreichung oder Überschreibung aufweisen. Allgemein übliche und verständliche Abkürzungen sind zulässig.

(3) Die Entwertung durch Eintragung des Tages der Entwertung kann ganz oder teilweise mit der Schreibmaschine oder durch Stempelaufdruck hergestellt werden; der Entwertungsvermerk muß alsdann in seinem ganzen Umfang (Monatsbezeichnung, Tages- und Jahreszahl) auf die Stempelmarke selbst gesetzt werden.

**§ 151.** Ist statt der Scheckstempelmarke (§ 148) eine ungebrauchte gültige deutsche Wechselstempelmarke verwendet worden, so ist der Stempel nicht nochmals einzuziehen, auch ein Strafverfahren nicht einzuleiten.

## IX. Grundstücksübertragungen.

Zur Tarifnummer 11 und zu den §§ 80 bis 85 des Gesetzes.

1. Form der Abgabenentrichtung.

**§ 152.** (1) Die Verpflichtung zur Entrichtung der in der Tarifnummer 11 bezeichneten Abgabe wird erfüllt durch Verwendung von Stempelzeichen, deren Entwertung

a) bei den von Behörden oder Beamten aufgenommenen Verhandlungen und Beurkundungen durch diese,

b) in den übrigen Fällen (bei privatschriftlichen und im Ausland errichteten Urkunden) durch eine zuständige Steuerstelle

zu erfolgen hat.

(2) Die Landesregierung kann im Einverständnisse mit dem Reichskanzler (Reichsschatzamt) anordnen, daß die Abgabe nicht durch Verwendung von Stempelzeichen, sondern im Wege der Barzahlung erhoben wird.

(3) Die Landesregierung kann im Einverständnisse mit dem Reichskanzler (Reichsschatzamt) anordnen, daß die Abgabe, welche von gerichtlichen Urkunden sowie von den den Gerichten vorgelegten außergerichtlichen Urkunden zu erheben ist, nach den für Gerichtsgebühren geltenden Vorschriften eingezogen wird.

(4) Zu den Beamten im Sinne des Abschnitts IX gehören auch die Notare.

2. Stempelzeichen.

**§ 153.** Zur Entrichtung der Abgabe werden Stempelmarken (Grundstücksstempelmarken) und Stempelbogen zum Preise des darauf angegebenen Steuerbetrags durch die Steuerstellen ausgegeben.

a. Stempelmarken.

**§ 154.** (1) Die Grundstücksstempelmarken dürfen nur bei Abgabebeträgen bis zu 1000 Mark einschließlich verwendet werden.

(2) Sie lauten über Wertbeträge von 10, 20, 40, 50 Pfennig 1, $1^1/_2$, 2, $2^1/_2$, 3, 4, 5, 10, 15, 20, 25, 50, 100, 200, 300, 400 und 500 Mark.

(3) Die Grundstücksstempelmarken bestehen aus drei in Bild und Druckausführung voneinander verschiedenen Gruppen.

(4) Die Marken der ersten Gruppe umfassen die Werte von 10 bis 50 Pfennig, sind in einfarbigem Buchdruck ausgeführt und haben folgende Farbentönungen: 10 Pfennig rot, 20 Pfennig blau, 40 Pfennig olive, 50 Pfennig braun. Sie sind einschließlich der gezähnten weißen Ränder 38,6 mm hoch und 30 mm breit. Das Mittelfeld zeigt auf getöntem Grunde einen nach rechts blickenden weiblichen Idealkopf in Seitenansicht mit einem Eichenkranz im Haar. In dem oberen Rande befindet sich die Inschrift „DEUTSCHES REICH" hell auf dunklem Grunde. Zu beiden Seiten wird das Mittelfeld durch leicht geschweifte Leisten begrenzt, die im oberen Teile dunkle Ornamente auf weißem Grunde, im unteren Teile die Wertziffer auf punktiertem Grunde tragen. Darunter folgt in der ganzen Breite der Marke ein leicht guillochiertes Feld, an das sich als untere Begrenzung das Wort „GRUNDSTÜCKS-STEMPEL", dunkel auf hellem Grunde, anschließt.

(5) Die Marken der zweiten Gruppe umfassen die Werte von 1 bis 5 Mark, sind in zweifarbigem Buchdruck ausgeführt und unterscheiden sich durch folgende Farbentönungen: 1 Mark braun, $1^1/_2$ Mark grün, 2 Mark violett, $2^1/_2$ Mark rot, 3 Mark blau, 4 Mark graugrün, 5 Mark silbergrau. Sie sind ebenfalls 38,6 mm hoch und 30 mm breit. Das Mittelfeld zeigt das Brustbild einer mit Kaiserkrone und Eichenkranz geschmückten Germania in Vollansicht auf dunklem Grunde. Hinter dem Kopfe wird ein fliegender Adler sichtbar. Der obere Rand trägt die Inschrift „DEUTSCHES REICH" hell auf dunklem Grunde. In den unteren beiden Ecken des Mittelfeldes befinden sich zwei quadratische Felder mit der Wertziffer, welche dunkel auf hell punktiertem Grunde steht. Zwischen diesen beiden Feldern ist das Wort „MARK" in heller Schrift auf dunklem Grunde als schmales Band angebracht. Darunter folgt in der ganzen Breite der Marke ein leicht guillochiertes Feld, an das sich als untere Begrenzung das Wort „GRUNDSTÜCKSSTEMPEL", dunkel auf hellem Grunde, anschließt. Die Marken sind auf den beiden Längsseiten mit einer feinen Einfassung versehen.

(6) Die Marken der dritten Gruppe umfassen die Werte von 10 bis 500 Mark, sind im Kupferdruck ausgeführt und haben folgende Farbentönungen: 10 Mark rot, 15 Mark blau, 20 Mark braun, 25 Mark gelbbraun, 50 Mark grün, 100 Mark rotviolett, 200 Mark rot, 300 Mark blau, 400 Mark braun, 500 Mark blauviolett. Sie sind einschließlich der gezähnten weißen Ränder etwa 50 mm hoch und 30 mm breit. Das Mittelfeld zeigt in ovalem Rahmen auf dunklem Grunde das Brustbild einer nach links blickenden, mit Kaiserkrone und Eichenkranz geschmückten Germania in Seitenansicht. Der Raum neben dem ovalen Rahmen ist mit Eichenlaub gefüllt. Der obere Rand trägt die Inschrift „DEUTSCHES REICH" hell auf dunklem Grunde. Zu beiden Seiten unterhalb des Rahmens, zum Teil in das Oval hineinragend, befinden sich zwei rechteckige Felder mit der dunklen Wertziffer auf hellem Grunde. Dazwischen ist das Wort „MARK", hell auf dunklem Grunde, an-

gebracht. Darunter folgt in der ganzen Breite der Marke ein leicht guillochiertes Feld, an das sich als untere Begrenzung das Wort „GRUNDSTÜCKSSTEMPEL“, dunkel auf hellem Grunde, anschließt.

b. Stempelbogen.

**§ 155.** (1) Über Abgabebeträge von mehr als 1000 Mark werden Stempelbogen ausgefertigt. Die Ausfertigung ist schriftlich bei einer zuständigen Steuerstelle zu beantragen. Der Antrag hat den Wertbetrag in Buchstaben zu enthalten.

(2) Die Stempelbogen tragen den Vordruck:

Nr. ........

Gültig über *M* ........ *Pf* .... Stempel

buchstäblich:

..............................................................................

..............................................................................

(Ort, Tag, Monat, Jahr in Buchstaben) ..............................................................................

(Ausgabestelle) ..............................................................................

(Unterschriften) ..............................................................................

(3) Die Bogengröße des Stempelpapiers beträgt 21 : 33 cm (Reichsformat). Auf der ersten Seite des Bogens befindet sich links oben ein runder Stempel von 32 mm Durchmesser mit einem nach links blickenden, mit Kaiserkrone und Eichenlaub geschmückten Germaniakopf in Seitenansicht auf dunklem Grunde. Darüber stehen die Worte „DEUTSCHES REICH“ und darunter das Wort „GRUNDSTÜCKSSTEMPEL“. Stempel und Schrift sind in Buchdruck in schwarzer Farbe auf bräunlich guillochiertem Untergrunde gedruckt. Unter diesem ist ein Trockenstempel in runder Form mit 35 mm Durchmesser angebracht, den Reichsadler mit Perlrand auf weißem Grunde darstellend. Rechts von beiden Stempeln befindet sich der Vordruck auf bräunlich guillochiertem Grunde.

(4) Nach Einzahlung des Wertbetrags ist der Vordruck vom ersten Kassenbeamten auszufüllen und gegenzuzeichnen und, nach Eintragung der Nummer des Kontrollbuchs gemäß § 204, vom Amtsvorstand unter Beidrückung des Amtssiegels zu unterzeichnen.

(5) Die Übersendung des Stempelbogens geschieht auf Kosten des Antragstellers. Wird die Ausfertigung bei einer unzuständigen Steuerstelle beantragt, so hat diese den Antrag an die nächste zuständige Steuerstelle zur Erledigung weiterzugeben.

3. Allgemeine Vorschriften für die Verwendung von Stempelzeichen.

**§ 156.** (1) Die Stempelzeichen sind zur Urschrift zu verwenden. Auf jeder Ausfertigung oder Abschrift der Urkunde ist von der zur Entwertung der Stempelzeichen verpflichteten Stelle durch eigenhändige Unterschrift zu bescheinigen, welcher Stempelbetrag zur Urschrift verwendet ist.

(2) Läßt sich der erforderliche Stempelbetrag nicht ohne weiteres aus der Urkunde berechnen, so ist mit der Kostenberechnung eine kurze Stempelberechnung zu verbinden.

4. Verwendung und Entwertung von Stempelmarken.

a. Durch Behörden, oder Beamte.

**§ 157.** (1) Die Marken sind tunlichst auf der ersten Seite aufzukleben. Sie müssen mit der ganzen Rückseite auf der Unterlage haften und dürfen die Schrift nicht verdecken. Zwischen mehreren Marken muß ein so großer Zwischenraum gelassen werden, daß der Name des entwertenden Beamten seitwärts auf das Papier übergreifen kann; bei untereinander aufgeklebten Marken muß der Zwischenraum so groß sein, daß der Stempelabdruck auf der unteren Marke die obere Marke nicht berührt

(2) In jeder einzelnen Marke muß der Tag der Verwendung und zwar der Tag und das Jahr mit arabischen Ziffern, die Monate mit Buchstaben und ferner die Geschäftsnummer oder die Nummer des Notariatsregisters ohne jede Auskratzung, Durchstreichung oder Überschreibung in dem hierzu bestimmten hellen Felde im unteren Teile der Marke niedergeschrieben werden. Darüber sind der Ort der Verwendung der Name des entwertenden Beamten dergestalt eigenhändig niederzuschreiben, daß der Vermerk auf das die Marke umgebende Papier nach beiden Seiten übergreift. Allgemein übliche und verständliche Abkürzungen der Monatsbezeichnung, sowie die Weglassung der beiden ersten Zahlen der Jahresbezeichnung sind zulässig (z. B. statt 10. Januar 1912: 10. Jan. 12).

(3) Außerdem haben die ein Amtssiegel führenden Behörden und Beamten jede einzelne Marke mit einem mit schwarzer Stempelfarbe herzustellenden Abdruck des Amtsstempels dergestalt zu versehen, daß der Abdruck den oberen mit dem Entwertungsvermerke nicht versehenen Teil der Marke bedeckt und auf das umgebende Papier übergreift. Zur Veranschaulichung dient nebenstehendes Beispiel:

b. Durch die Steuerstellen.

(4) Die Steuerstellen haben die Stempelmarken ohne Zwischenräume neben- oder untereinander aufzukleben. Auf jeder einzelnen Marke ist der amtliche Schwarzstempel mehrmals so abzudrucken, daß die Abdrucke den größeren Teil der einzelnen Marke bedecken und auf das umgebende Papier oben und seitwärts übergreifen. Die Stempelabdrucke müssen deutlich und erkennbar sein und besonders die Bezeichnung und den Ort der Amtsstelle klar ersehen lassen.

(5) Außerdem haben die Steuerstellen auf jeder Urkunde mit Amtsstempel, Datum (der Monat in Buchstaben) und Unterschrift zu vermerken, welcher Stempelbetrag in Marken entwertet worden ist.

c. Ergänzende Bestimmungen der Landesregierungen.

(6) Im Einverständnisse mit dem Reichskanzler (Reichsschatzamt) können die Landesregierungen zur Sicherung der ordnungsmäßigen Verwendung der Stempelzeichen ergänzende Bestimmungen erlassen.

5. Verwendung und Entwertung von Stempelbogen.

**§ 158.** Die Stempelbogen sind mit den zu versteuernden Urkunden durch Zusammenheften und Einsiegeln der Fadenenden in der Weise zu verbinden, wie dies bei der Besiegelung gerichtlicher Urkunden geschieht. Ferner sind die Stempelbogen mit einem Entwertungsvermerke zu versehen, der die Bezeichnung des beurkundeten Geschäfts, den Tag der Urkunde, sowie die Namen der Urkundenaussteller enthält, z. B.:

Entwertet zu dem am 1. Oktober 1912 zwischen dem

.................................................. zu ..................................

und dem ...................................... zu ..................................

geschlossenen Kaufvertrag über das Grundstück ..............

..........................................................................................

Berlin, den 8. Oktober eintausendneunhundertzwölf.

Amtsstelle.

Amtsstempel. Unterschrift.

6. Erhebung der Abgabe ohne Verwendung von Stempelzeichen.

a. Stempelverwendungsvermerk.

**159.** (1) Sofern eine Verwendung von Stempelzeichen nicht stattfindet, ist der Betrag der Abgabe und deren Entrichtung von den zur Festsetzung und Entgegennahme der Steuer zuständigen Behörden und Beamten auf der Urschrift und auf einer etwaigen Abschrift oder Ausfertigung der Urkunde zu bescheinigen. Die Bescheinigung ist mit Orts- und Zeitangabe zu versehen und unterschriftlich zu vollziehen.

(2) Im Falle der Einziehung der Abgabe mit den Gerichtskosten kann durch die Landesregierung nachgelassen werden, daß der angesetzte Betrag auf der Urschrift, Abschrift oder Ausfertigung der Urkunde nur vermerkt wird.

(3) Läßt sich der erforderliche Abgabebetrag nicht ohne weiteres aus der Urkunde berechnen, so ist mit der Bescheinigung oder mit der Kostenberechnung eine kurze Stempelberechnung zu verbinden.

b. Einziehung der Abgabe bei öffentlichen Urkunden.

**§ 160.** (1) Im Falle des § 159 Abs. 1 haben die Behörden und Beamten die bei ihnen innerhalb eines Monats eingegangenen Stempelbeträge bis zum 10. des folgenden Monats an eine von der Landesregierung zu bestimmende Steuerstelle abzuführen und durch besondere Nachweisung von denjenigen Verhandlungen und Beurkundungen Mitteilung zu machen, auf die sich die abzuführenden Beträge beziehen. Sind in einem Monat keine Abgabebeträge abzuführen, so haben die Gerichte und Notare die Steuerstelle hiervon zu benachrichtigen.

(2) Die Nachweisungen sind in doppelter Ausfertigung einzureichen und mit der Bescheinigung der Vollständigkeit und Richtigkeit zu versehen. Für sie dienen die Muster 26, 27.

(3) Die Steuerstelle prüft die Nachweisung, vereinnahmt den Steuerbetrag, nimmt die eine Ausfertigung oder die Fehlanzeige als Beleg zum Anmeldungsbuch und sendet die andere — mit Empfangsbestätigung und Angabe der Buchungsnummer versehen — zurück.

(4) Die Landesregierung kann im Einverständnis mit dem Reichskanzler (Reichsschatzamt) für die Nachweisung und Ablieferung des Stempels abweichende Vorschriften treffen, insbesondere anordnen, daß die für die Landesabgabe von Grundstücksübertragungen geltenden Bestimmungen zur Anwendung gelangen.

c. Einziehung mit den Gerichtskosten.

(5) Im Falle der Einziehung der Abgabe mit den Gerichtskosten kann nach Anordnung der Landesregierung die Abführung der bis zum Monatsschluß eingegangenen Stempelbeträge mittels einer von der Landesregierung vorzuschreibenden Benachrichtigung erfolgen, die Steuerstelle vereinnahmt alsdann den Monatsgesamtbetrag (einschließlich des Betrags, für den Belege über Erstattungen statt baren Geldes abgeliefert werden) nach Eintragung in das Anmeldungsbuch und nach Bestätigung des Empfangs und nimmt den Lieferzettel oder die Fehlanzeige als Beleg zum Anmeldungsbuch.

**7. Versteuerung privatschriftlicher im Ausland errichteter Urkunden.**

**§ 161.** (1) Auf die Versteuerung privatschriftlicher Urkunden finden die §§ 152 bis 160 entsprechende Anwendung. Sind Stempelzeichen nicht zu verwenden und hat die Entrichtung der Steuer unmittelbar an eine zuständige Steuerstelle zu erfolgen, so ist dieser die steuerpflichtige Urkunde in Urschrift und Abschrift vorzulegen. Die Abschrift kann sich auf den für die Besteuerung wesentlichen Teil der Urkunde beschränken. Nach Festsetzung und Einzahlung des Abgabebetrags wird die Urschrift — mit dem im § 159 Abs. 1 vorgeschriebenen Stempelverwendungsvermerke versehen — zurückgegeben und die Abschrift als Beleg zum Anmeldungsbuche genommen.

(2) Ist der steuerpflichtige Rechtsvorgang im Ausland beurkundet, so ist die Versteuerung binnen zweier Wochen nach dem Zeitpunkt zu bewirken, in welchem die Urkunde in das Inland gelangt ist.

8. Feststellung der Steuerfreiheit.

**§ 162.** (1) Ist die Grundstücksübertragung von der Abgabe befreit, so ist dies unter Hinweis auf die gesetzlichen Vorschriften, durch welche die Steuerfreiheit bedingt ist, auf der Urschrift, Abschrift, Ausfertigung usw. der Urkunde ersichtlich zu machen. Der Vermerk ist mit Orts- und Zeitangabe sowie mit dem Amtsstempel zu versehen und unterschriftlich zu vollziehen.

(2) Außerdem sind die für die Steuerfreiheit maßgebenden Tatumstände und, sofern die Befreiungsvorschriften am Schlusse der Tarifnummer 11 in Frage kommen, der Antrag auf Befreiung von der Abgabe in die Verhandlung aufzunehmen. Von der Erhebung der Abgabe ist nur abzusehen, wenn die Voraussetzungen der Steuerfreiheit überzeugend dargetan sind.

(3) Der Antrag auf Befreiung und die Bescheinigung der ihm zugrunde liegenden Tatsachen können bis zur Entrichtung der Abgabe nachgeholt werden. Diese Schriftstücke sind tunlichst bei den Akten aufzubewahren. Nach diesem Zeitpunkt ist der Steuerpflichtige auf den Erstattungsweg zu verweisen.

9. Sicherstellung und Nachversteuerung.

**§ 163.** (1) Wird die Entgegennahme der Auflassung oder die Eintragung des neuen Eigentümers im Grundbuch von einer vorgängigen Sicherheitsleistung für den Abgabebetrag abhängig gemacht (§ 85 Abs. 3 des Gesetzes), so bestimmt das Grundbuchamt die Höhe der Sicherheit und veranlaßt das Weitere wegen der Sicherstellung. Ist eine stempelflichtige, nicht oder nicht hinreichend versteuerte Urkunde vorgelegt, so ist sie unter Angabe der etwa geforderten und geleisteten Sicherheit der Steuerstelle des Bezirkes zu übersenden, die den Abgabebetrag einzieht, die Stempelzeichen entwertet oder die Barentrichtung der Abgabe auf der Urkunde vermerkt und die Urkunde sodann dem Grundbuchamte wieder zugehen läßt, das wegen Rückgabe der zur Deckung des Abgabebetrags nicht erforderlich oder nicht verwendbar gewesenen Sicherheit das Weitere veranlaßt.

(2) Die Bestimmung des § 152 Abs. 3, wonach bei gerichtlichen oder den Gerichten vorgelegten außergerichtlichen Urkunden

die Abgabe mit den Gerichtskosten eingezogen werden kann, bleibt unberührt.

10. Zwangsweise Einziehung der Steuer.

**§ 164.** (1) Wird die Abgabe nicht innerhalb der gesetzlichen Frist entrichtet, so ist die zwangsweise Einziehung der Steuer gemäß § 85 Abs. 2 des Gesetzes zu veranlassen. Soweit die Abgabe durch Verwendung von Stempelzeichen zu entrichten ist, haben Behörden und Beamte, die zur zwangsweisen Einziehung von Geldern nicht befugt sind, den Antrag auf zwangsweise Einziehung des Stempels für jeden steuerpflichtigen Rechtsvorgang besonders der Steuerstelle ihres Bezirks einzureichen. In dem Antrag sind, falls nicht eine Abschrift der Urkunde beigefügt wird, außer dem Hauptschuldner sämtliche Personen zu benennen, denen nach dem Gesetze die Zahlung der Abgabe obliegt. Beigetriebene Stempelbeträge hat die Steuerstelle der ersuchenden Amtsstelle oder dem Notar in entwerteten Stempelzeichen zu übersenden, die der zu versteuernden Urkunde anzuheften sind.

(2) Bei Barentrichtung der Abgabe ist der Antrag auf zwangsweise Einziehung, für jeden steuerpflichtigen Rechtsvorgang besonders, unter Benutzung der Muster 26, 27 in doppelter Ausfertigung der Steuerstelle einzureichen, die alsdann das Weitere veranlaßt und die eine Ausfertigung als Beleg zum Anmeldungsbuche nimmt, die andere — mit Empfangsbestätigung oder Niederschlagungsbescheinigung versehen — zurückgibt. Die Landesregierung kann im Einverständnisse mit dem Reichskanzler (Reichsschatzamt) für die Überweisung zur zwangsweisen Einziehung abweichende Vorschriften treffen, insbesondere anordnen, daß die für die Landesabgabe von Grundstücksübertragungen geltenden Bestimmungen anzuwenden sind.

(3) Wird die Uneinziehbarkeit der Abgabe durch fruchtlose Zwangsvollstreckung festgestellt, und erscheint ein vertretbares Verschulden eines Beamten ausgeschlossen, so sind die Direktivbehörden befugt, die Abgabe niederzuschlagen. Die Niederschlagung ist von der nach § 152 zur Versteuerung zuständigen Stelle unter Vorlegung der erforderlichen Nachweise zu beantragen.

## Zum § 87 des Gesetzes.

11. Ermittelung des steuerpflichtigen Betrags (Preis und Wert).

**§ 165.** (1) Die Behörden und Beamten sind verpflichtet, in allen Fällen, in denen sich der Preis oder Wert des Gegenstandes nicht aus den mit den Parteien aufgenommenen Verhandlungen von selbst ergibt, die Parteien darüber zu vernehmen und die Erklärungen in die Verhandlung aufzunehmen sowie die sonst zur Beurteilung der Höhe des Stempels erforderlichen Angaben zu beschaffen.

(2) Haben die Behörden oder Beamten Bedenken gegen die Richtigkeit der für die Preis- oder Wertbemessung gemachten Angaben, bleibt insbesondere der als Kaufpreis beurkundete Betrag

erheblich hinter dem Werte des Gegenstandes zurück, so haben sie der in § 167 Abs. 1 bezeichneten Stelle unter Übersendung einer Ausfertigung der Verhandlung zur Veranlassung des Weiteren Mitteilung zu machen.

(3) Ist in einer Urkunde die Übertragung von unbeweglichen und anderen Gegenständen ohne Angabe der Einzelpreise oder -werte verabredet, so sind diese auf der Urkunde zu vermerken, sofern dies von einem der Aussteller verlangt wird und die Frist zur Entrichtung der Abgabe (§ 83 des Gesetzes) noch nicht abgelaufen ist. Andernfalls wird der Gesamtpreis oder -wert der Berechnung der Abgabe zugrunde gelegt, unbeschadet des Rechts des Steuerpflichtigen auf Erstattung des überhobenen Betrags.

**§ 166.** Die Landesregierungen können im Einverständnisse mit dem Reichskanzler (Reichsschatzamt) bestimmen, ob und inwieweit in denjenigen Fällen, in denen die Versteuerung nach dem Werte des Gegenstandes zu erfolgen hat, für die Ermittelung des Wertes die landesgesetzlichen Vorschriften auch hinsichtlich der Reichsabgabe Anwendung finden sollen. Ebenso bleibt ihnen vorbehalten, wegen einer allgemeinen Nachprüfung des Wertes der veräußerten Gegenstände Bestimmung zu treffen.

### 12. Aussetzung der Versteuerung.

**§ 167.** (1) Bestimmt sich der Preis oder Wert des Gegenstandes nach dem Eintritt späterer Ereignisse oder läßt er sich zur Beurkundung aus einem anderen Grunde auch nur annähernd nicht bemessen, so haben die Behörden und Beamten, falls sie nicht vorziehen, die nachträgliche Versteuerung selbständig ohne Mitwirkung der Steuerstellen vorzunehmen, innerhalb der Frist zur Entrichtung der Abgabe (§ 83 des Gesetzes) der Steuerstelle des Bezirks oder nach Bestimmung der obersten Landesfinanzbehörde einer anderen Amtsstelle unter Mitteilung einer Ausfertigung der Verhandlung von dem Sachverhalte Kenntnis zu geben. Die Überweisung des Überwachungsfalls ist von der überweisenden Stelle auf der Urschrift zu vermerken.

(2) Die überwachende Stelle trägt den Fall nach Prüfung des Sachverhalts in eine Überwachungsliste nach Muster 28 ein. Sie bescheinigt der überweisenden Stelle den Eingang der Überweisung unter Mitteilung der Nummer in der Überwachungsliste und veranlaßt das Weitere wegen der Überwachung und der späteren Einziehung des Abgabebetrags. Soweit die Entrichtung der Abgabe durch Verwendung von Stempelzeichen geschieht, ist der eingezahlte Betrag in Stempelzeichen zu entwerten; die entwerteten Stempelzeichen sind zu den Akten der Steuerstelle zu nehmen. Die Zahlung ist der überweisenden Stelle mitzuteilen; die Mitteilung ist als Beleg zur Urschrift zu nehmen.

(3) Wird nach Abs. 1 die Aussetzung der Versteuerung privatschriftlicher oder im Ausland errichteter Urkunden erforderlich, so haben die Steuerstellen ihre Überwachung einzuleiten.

**13. Der Genehmigung oder des Beitritts eines Dritten bedürfende Rechtsgeschäfte.**

**§ 168.** Ist die Rechtswirksamkeit eines Rechtsgeschäfts von der Genehmigung oder von dem Beitritt einer Behörde oder eines Dritten abhängig, so bestimmt die Landesregierung diejenigen Amtsstellen, die den Stempel zu verwenden oder die Abgabe zu vereinnahmen haben.

## Zum § 79 des Gesetzes.

**14. Erstattung.**

a. Aus Rechtsgründen.

**§ 169.** Die Abgabe ist auf Antrag zu erstatten:

a) wenn ein beurkundeter Rechtsvorgang nichtig oder infolge einer Anfechtung als von Anfang an nichtig anzusehen ist,

b) wenn ein Zuschlagsbeschluß aufgehoben ist,

c) wenn nach Zahlung der Abgabe zu d der Tarifnummer 11 eine Urkunde über das der Veräußerung zugrunde liegende Rechtsgeschäft vorgelegt wird (Tarifnummer 11d Abs. 3). Ist die Urkunde nicht ordnungsmäßig versteuert, so ist der zu erstattende Betrag auf den zu der Urkunde erforderlichen Stempel zu verrechnen,

d) im Falle des § 173 Abs. 2 Satz 2.

b. Aus Billigkeitsrücksichten.

**§ 170.** Erstattung kann ferner auf Antrag angeordnet werden, wenn die Ausführung des Rechtsgeschäfts unterblieben oder ein Geschäft auf Grund der Wandlung rückgängig gemacht ist und Billigkeitsgründe vorliegen.

**§ 171.** Im Falle des § 169 zu a und im Falle des § 170 erfolgt die Erstattung unter Vorbehalt der Wiedereinziehung des Stempels von demjenigen Vertragschließenden, der bei der Beurkundung des Geschäfts von den die Nichtigkeit bedingenden Umständen Kenntnis gehabt oder die unterbliebene Ausführung des Geschäfts oder die Wandlung verschuldet hat. Liegen beim Antragsteller diese Voraussetzungen vor, so ist das Erstattungsgesuch abzulehnen.

c. Verfahren.

**§ 172.** (1) Über Anträge auf Erstattung nach §§ 169, 170 entscheidet die Direktivbehörde und, sofern die Abgabe vom Grundbuchamt erhoben ist, vorbehaltlich anderweiter Bestimmung der Landesregierung, die diesem übergeordnete Behörde. Dem Erstattungsantrag ist nur stattzugeben, wenn er innerhalb zweier Jahre nach der Entrichtung der Abgabe angebracht worden ist. Wird der Antrag auf Tatsachen gestützt, die erst nach der Zahlung oder Beitreibung der Abgabe eingetreten sind, so beginnt die zweijährige Frist mit dem Tage, an dem der Antragsteller von diesen Tatsachen Kenntnis erhalten hat.

(2) Die Erstattung ist auf der Urkunde und den im Erstattungsverfahren vorgelegten Ausfertigungen und Abschriften zu vermerken.

(3) Die näheren Bestimmungen über das Verfahren trifft die oberste Landesfinanzbehörde.

15. Abgabenanrechnung.

**§ 173.** (1) Wird die Anrechnung des für eine Auflassung oder Umschreibung entrichteten Stempels auf denjenigen Abgabebetrag verlangt, welcher zu einer später errichteten Urkunde über das der Auflassung zugrunde liegende Veräußerungsgeschäft erforderlich ist, so ist die Erfüllung der Stempelpflicht hinsichtlich der Auflassung oder Umschreibung der zur Versteuerung der später errichteten Veräußerungsurkunde zuständigen Stelle nachzuweisen.

(2) Ergibt die Prüfung, daß das beurkundete Rechtsgeschäft mit dem der Auflassung oder Umschreibung zugrunde liegenden übereinstimmt, so ist der für die Auflassung oder Umschreibung gezahlte Stempel auf den Stempel der später errichteten Urkunde anzurechnen. Ist der Auflassungs- oder Umschreibungsstempel geringer als der Urkundenstempel, so ist der Mehrbetrag nachzuerheben, ist er höher, so ist der Unterschied auf Antrag zu erstatten (§ 169 zu d).

(3) Der angerechnete Betrag ist auf der Urschrift und jeder Ausfertigung oder Abschrift der später errichteten Veräußerungsurkunde von der nach § 152 zuständigen Stelle zu bescheinigen.

## Zum § 89 des Gesetzes.

16. Besteuerung des gebundenen Grundbesitzes.

a. Form der Abgabenentrichtung.

**§ 174.** Die im § 89 des Gesetzes bezeichnete Abgabe ist jährlich im voraus an die zuständige Steuerstelle zu entrichten. Zuständig ist diejenige Steuerstelle, in deren Bezirke die im § 175 Abs. 1 bezeichnete Behörde gelegen ist. Für diejenigen Grundstücke, die am 1. Oktober 1909 bereits gebunden waren, ist die Abgabe am 1. Oktober jeden Jahres zu zahlen. Wird ein Grundstück der Bindung nach dem 1. Oktober 1909 unterworfen, so ist zunächst der Teilbetrag der Steuer, der auf die Zeit von der rechtswirksamen Bindung des Grundstücks bis zum nächstfolgenden 1. Oktober entfällt, festzustellen und zu erheben. Die weitere Erhebung geschieht jährlich am 1. Oktober.

b. Festsetzung der Abgabe.

**§ 175.** (1) Die zur Festsetzung der Abgabe zuständigen Behörden werden von der Landesregierung bestimmt.

(2) Die Behörden haben den Wert der beim Inkrafttreten des Gesetzes gebundenen steuerpflichtigen Grundstücke gemäß dem Stande vom 1. Oktober 1909, den Wert der übrigen alsbald nach ihrer Bindung — und in beiden Fällen späterhin fortlaufend von 30 zu 30 Jahren — nach den für die Reichserbschaftsteuer geltenden Vorschriften zu ermitteln, und danach die jährliche Abgabe zu berechnen.

**§ 176.** (1) Nach Berechnung der Abgabe ist ein Steuerbescheid zu erteilen und dem Zahlungspflichtigen zuzustellen.

(2) Der Steuerbescheid hat zu enthalten:

die Bezeichnung aller gebundenen Grundstücke,

die Feststellung des Wertes der steuerpflichtigen Grundstücke,

die Berechnung und den Betrag der jährlich zu zahlenden Abgabe,

die Anweisung zu ihrer Entrichtung an die zu bezeichnende Steuerstelle innerhalb einer zu bestimmenden Frist nach Maßgabe des § 174.

Statt der Aufführung der einzelnen Grundstücke genügt die Verweisung auf die Angabe der Grundstücke in einem Grundbuchhefte, sofern ein solches für die gebundenen Grundstücke eines Inhabers besonders geführt ist.

(3) Auf Erstattungsanträge finden die Vorschriften des § 172 Abs. 1 Anwendung.

c. Erhebung der Abgabe.

**§ 177.** Gleichzeitig mit der Zustellung des Steuerbescheids an den Zahlungspflichtigen hat die Behörde, welche die Abgabe festgesetzt hat, Abschrift des Steuerbescheids in doppelter Ausfertigung der für ihren Sitz zuständigen Steuerstelle zu übersenden, die alsdann wegen Einziehung der jährlichen Abgabebeträge das Weitere veranlaßt.

d. Überwachung der Zahlung.

**§ 178.** (1) Der rechtzeitige Eingang der jährlichen Abgabe ist von der Steuerstelle durch eine Überwachungsliste nach dem Muster 29 zu überwachen.

(2) Nach Vereinnahmung der ersten Zahlung wird die eine Ausfertigung des Steuerbescheids Beleg zum Anmeldungsbuche, die andere Beleg für die Überwachungsliste.

(3) Bei der Vereinnahmung der weiteren Jahresbeträge ist eine Eintragung in das Anmeldungsbuch nicht erforderlich. Im Einnahmebuch ist jedoch in der Bemerkungsspalte das Jahr der Fälligkeit der Abgabe z. B. „Abgabe für 1912 (4. Zahlung)“ anzugeben.

(4) Von dem Eingang der letzten Jahresabgabe innerhalb eines dreißigjährigen Veranlagungsabschnitts ist derjenigen Behörde, von der der Steuerbescheid erlassen ist, Mitteilung zu machen.

e. Bestandsveränderungen.

**§ 179.** (1) Die Besitzer von Grundstücken, von denen die im § 89 des Gesetzes vorgesehene Abgabe zu entrichten ist, haben der zuständigen Behörde (§ 175, Abs. 1) die Übernahme des Besitzes und jede Änderung in dem Bestande der der Bindung unterworfenen Grundstücke binnen 3 Monaten von der Besitzübernahme oder vom Eintritt der Änderung ab gerechnet anzuzeigen. Soweit eine Beaufsichtigung des gebundenen Grundbesitzes erfolgt, liegen auch den Aufsichtsbehörden die gleichen Pflichten zur Mitteilung ob.

(2) Die zur Festsetzung der Abgabe zuständige Behörde hat die Steuerstelle von jeder Änderung in der Person des Besitzers zu benachrichtigen.

### Zu § 90 des Gesetzes und Anmerkung zu Tarifnummer 11.

17. Zuschlag von einhundert vom Hundert.

**§ 180.** Der Zuschlag von einhundert vom Hundert wird in der Weise erhoben, daß die Abgabe gleich von vornherein mit $^2/_3$ vom Hundert berechnet wird.

## X. Allgemeine Bestimmungen.

### Zum § 91 des Gesetzes.

1. Umtausch von Stempelzeichen.

**§ 181.** Stempelmarken und amtlich gestempelte Vordrucke des Musters 11 können, wenn sie unbeschädigt sind, bei den von den Landesregierungen bestimmten Amtsstellen gegen Marken oder Vordrucke zu anderen Wertbeträgen oder für andere Geschäfte umgetauscht werden. In der Regel werden für Marken nur Marken, für Vordrucke nur Vordrucke in Umtausch abgegeben. Statt der Verabfolgung gestempelter Vordrucke können eigene Vordrucke des Antragstellers unentgeltlich abgestempelt werden. Eine bare Herauszahlung findet nur in besonderen Ausnahmefällen mit Genehmigung der Direktivbehörde statt.

2. Ersatz unbrauchbar gewordener Stempelzeichen.

**§ 182.** (1) Verdorbene Stempelzeichen sowie Stempelmarken, mit denen demnächst verdorbene Schriftstücke versehen sind, werden von den Amtsstellen unentgeltlich ersetzt, wenn von den Stempelzeichen oder Schriftstücken noch kein oder doch kein solcher Gebrauch gemacht worden ist, daß demgegenüber durch den Ersatz das Stempelinteresse gefährdet ist. Eine bare Herauszahlung findet nicht statt.

(2) Der Ersatz ist bei der Amtsstelle des Bezirkes schriftlich oder mündlich zu beantragen. Die verdorbenen Stempelzeichen und Schriftstücke sind mit vorzulegen.

(3) Der Ersatz kann abgelehnt werden, wenn verdorbene gestempelte Scheckvordrucke im Werte von zusammen weniger als einer Mark, sonstige verdorbene Stempelzeichen im Werte von zusammen weniger als drei Mark vorgelegt werden, oder wenn seit dem Zeitpunkt, zu welchem der Schaden dem Berechtigten bekannt geworden ist, mehr als drei Monate verflossen sind. Für verdorbene gestempelte Scheckvordrucke, die von den Scheckkunden an den Ausgeber der Vordrucke zurückgeliefert werden, kann der Antrag auf Ersatz auch von diesem gestellt werden.

(4) In der Regel werden für verdorbene Marken nur Marken, für verdorbene Stempelbogen nur Stempelbogen, für verdorbene

Vordrucke nur Vordrucke unentgeltlich verabfolgt. Statt der Verabfolgung gestempelter Vordrucke können Vordrucke auch unentgeltlich abgestempelt werden. Die einzelnen Stücke sind möglichst in den vom Antragsteller gewünschten Wertbeträgen zu gewähren. Für gestempelte Schlußnotenvordrucke in größeren Mengen kann nach der Bestimmung der obersten Landesfinanzbehörde Ersatz der Herstellungskosten gefordert werden.

(5) Ein Ersatz des Stempels auf verdorbenen Wertpapieren und verdorbenen Gewinnanteilschein- und Zinsbogen erfolgt im Wege des steuerfreien Umtausches nach § 19.

(6) Etwaige Portokosten trägt der Antragsteller.

(7) Die Stempelzeichen, für die Ersatz gewährt ist, werden bei einer von der Direktivbehörde zu bestimmenden Amtsstelle in Gegenwart zweier Beamten vernichtet.

**§ 183.** (1) Für vor dem Gebrauch unverwendbar gewordene amtlich abgestempelte Vordrucke zu Schecks oder Quittungen kann gegen deren Einlieferung die Ausgabe von Scheckstempelmarken zu dem entsprechenden Steuerbetrag oder die Abstempelung von anderen gleichartigen Vordrucken und, wenn die weitere Verwendung gleichartiger Vordrucke nachweislich ausgeschlossen ist, Barerstattung beansprucht werden. Über Anträge auf Barerstattung entscheidet die Direktivbehörde. Der Steuerwert der gleichzeitig eingelieferten Vordrucke muß mindestens eine Mark betragen.

(2) Dem Antragsteller steht es frei, vor der Einlieferung die Vordrucke mittels Durchlochung für den Gebrauch untauglich zu machen. Die eingelieferten Vordrucke sind gemäß § 182 Abs. 7 amtlich zu vernichten.

**§ 184.** Für vernichtete und abhanden gekommene gestempelte Scheckvordrucke kann auf Antrag von der Direktivbehörde unentgeltlicher Ersatz (§ 182) angeordnet werden, wenn die Vernichtung einwandfrei nachgewiesen und gegen eine Verwendung der abhanden gekommenen Vordrucke Sicherheit gegeben ist.

3. Erstattung überhobener Stempelabgaben.

**§ 185.** (1) Über Anträge auf Erstattung zu Unrecht entrichteter Stempelabgaben entscheidet die Direktivbehörde.

(2) Die Erstattung ist nicht deshalb zu versagen, weil der Antrag bei einer nicht zuständigen Steuerbehörde oder, soweit für die vorläufige Erstattung etwa eine Eisenbahnbehörde für zuständig erklärt ist, bei dieser oder im Falle der Tarifnummer 11 bei den mit der Aufnahme der Verhandlung oder Beurkundung befaßt gewesenen Behörden oder Beamten gestellt wird.

4. Erstattung aus Billigkeitsrücksichten.

**§ 186.** Die Direktivbehörden sind ermächtigt, auf Antrag die Stempelabgabe von Wertpapieren sowie von Gewinnanteilschein- und Zinsbogen ohne Rücksicht auf den Zeitpunkt der Versteuerung zu erstatten, wenn die Wertpapiere, Gewinnanteilscheinbogen oder Zinsbogen nachweislich nicht zur Ausgabe gelangt sind und die Papiere oder Bogen entweder unter amtlicher Aufsicht vernichtet werden oder ihre früher erfolgte Vernichtung einwandfrei nachgewiesen wird.

### Zum § 92 des Gesetzes.

**§ 187.** Die Bestimmung des § 92 des Gesetzes, wonach nicht in der vorgeschriebenen Weise verwendete Stempelmarken als nicht verwendet anzusehen sind, soll nicht eine Doppelversteuerung zur Folge haben, sondern es soll dadurch nur der Tatbestand einer nach dem Gesetze mit Strafe bedrohten Zuwiderhandlung festgestellt werden. Abgesehen von der etwa erforderlich werdenden Einleitung des Strafverfahrens bedarf es daher nur einer nachträglichen Entwertung der Stempelmarke durch Aufdruck des Amtsstempels der Steuerbehörde, falls die Urkunde vorliegt oder ohne weiteres zu erlangen ist. Die Beibringung neuer Stempelmarken ist nur dann zu fordern, wenn eine Entwertung überhaupt unterblieben und die Urkunde nicht ohne weiteres zu erlangen ist, oder wenn aus der unrichtigen Art der Entwertung der Stempelmarken, z. B. aus der unrichtigen Zeitangabe, die Möglichkeit sich ergibt, daß die Marken schon früher zu einer anderen Urkunde gebraucht worden sind. Doch steht es in jedem Falle der unrichtigen Entwertung einer Marke dem späteren Inhaber der Urkunde frei, um sich und seine Nachmänner vor den Folgen dieser Entwertung zu schützen, eine neue Marke vorschriftsmäßig zu verwenden.

### Zu den §§ 99, 100 des Gesetzes.

5. Stempelprüfung.

a. Prüfungsbeamte.

**§ 188.** (1) Die Beamten zur Prüfung des Reichsstempelwesens werden von den Landesregierungen bestimmt. Ihre Ernennung und die ihnen zugewiesenen Geschäftsbezirke sind öffentlich bekannt zu machen, soweit dies nicht schon früher geschehen ist.

(2) Zu Prüfungsbeamten sind tunlichst höhere Beamte zu bestellen (ordentliche Prüfungsbeamte). Die Prüfung der Abgabenentrichtung bei Rennwettbetrieben (Tarif-Nr. 4) sowie nach den Tarifnummern 6, 7, 10 kann den Bezirksoberkontrolleuren oder Beamten gleichen oder höheren Ranges der Zoll- und Steuerverwaltung übertragen werden (besondere Prüfungsbeamte). Den Prüfungsbeamten können nach näherer Anordnung der obersten Landesfinanzbehörde andere geeignete Beamte zur Unterstützung beigegeben werden.

b. Besondere Vorschriften für einzelne prüfungspflichtige Stellen.

**§ 189.** (1) Die Reichsbank und ihre Stellen unterliegen der Prüfung durch die Landesbeamten nicht. Die Beachtung des Stempelgesetzes wird durch Bankbeamte nach näherer Anordnung des Reichsbankdirektoriums überwacht.

(2) Die Entrichtung des Personenfahrkartenstempels und des Frachturkundenstempels im Eisenbahn- und Dampfschiffahrts-

betriebe des Reichs und der Bundesstaaten wird durch Beamte dieser Betriebe nachgeprüft. Wegen der im Ausland ausgegebenen Fahrkarten hat die in § 101 Abs. 1 bezeichnete inländische Eisenbahnverwaltung die Prüfung zu übernehmen. Die allgemeinen Anordnungen über das Prüfungsverfahren werden nach Zustimmung des Reichskanzlers (Reichsschatzamts) von den Landesregierungen, im Bereiche der Reichs-Eisenbahnen vom Reichsamte für die Verwaltung der Reichseisenbahnen erlassen. Über die Behandlung grundsätzlicher Fragen des Stempelrechts, die noch nicht allgemein entschieden sind, haben die Verkehrsverwaltungen vor weiterer dienstlicher Anweisung der zuständigen Landesfinanzverwaltung einzuholen. In den hiernach erlassenen Anweisungen ist auf das Einverständnis der Steuerverwaltung Bezug zu nehmen.

(3) Die ordentlichen Prüfungsbeamten haben sich mindestens einmal im Laufe von drei Jahren bei den in ihrem Bezirke befindlichen Direktionen der in Abs. 2 bezeichneten Verwaltungen und bei deren Abrechnungsstellen von der Handhabung der den Personenfahrkarten- und Frachturkundenstempel betreffenden Vorschriften, insbesondere von der Berechnungsweise und den etwa dabei eingetretenen Änderungen zu überzeugen. Zu diesem Zwecke sind ihnen die ergangenen Tarife und sonstigen Vorschriften sowie die Akten, Bücher (Register) und Schriftstücke der bezeichneten Stellen, soweit erforderlich, zugänglich zu machen. Hat eine Prüfung stattgefunden, so ist in dem Jahresberichte deren Ergebnis mitzuteilen.

**§ 190.** (1) Bei privaten Verkehrsanstalten ist die Entrichtung des Fahrkartenstempels, sofern die Anstalten zu dem für staatliche Betriebe vorgeschriebenen Abrechnungsverfahren zugelassen sind, durch die Prüfungsbeamten ausschließlich bei den Abrechnungsstellen (Verkehrskontrollen) nachzuprüfen. Der Prüfungsbeamte ist befugt, die Prüfung am Sitze der Abrechnungsstelle auch dann vorzunehmen, wenn die Abrechnungsstelle außerhalb des Bundesstaats liegt, in dem das Unternehmen betrieben wird. Die Bundesstaaten können vereinbaren, daß die Abrechnungsstelle ausschließlich durch den Prüfungsbeamten desjenigen Bundesstaats geprüft wird, in welchem sie ihren Sitz hat.

(2) Sind die Fahrkarten abzustempeln oder Stempelmarken zu verwenden, so geschieht die Prüfung bei den Fahrkartenausgabestellen, nötigenfalls auch im Anschluß an die von den Betriebsüberwachungsbeamten beim Zu- und Abgang der Reisenden ausgeübte Fahrkartenkontrolle; an Stelle dieser Prüfung kann mit Genehmigung der Direktivbehörde eine fortlaufende Überwachung durch die Behörden treten, denen die Betriebsüberwachung obliegt.

(3) Die Entrichtung des Frachturkundenstempels ist bei den Güterabfertigungsstellen der privaten Verkehrsanstalten, im Schiffsverkehr erforderlichenfalls auf dem Schiffe selbst nachzuprüfen.

c. Ermittelung der prüfenden Stellen.

**§ 191.** (1) Die prüfungspflichtigen Stellen hat die Direktivbehörde ermitteln zu lassen und dem Prüfungsbeamten mitzuteilen. Sie kann die Ermittelung diesem selbst auftragen.

(2) Über die im Geschäftsbezirke vorhandenen Stellen, die einer regelmäßigen Prüfung unterliegen, hat der Prüfungsbeamte ein Verzeichnis zu führen. Bei jeder Stelle ist darin vorzutragen, binnen welcher Frist die Stempelprüfungen stattzufinden haben, und in einer für jedes Jahr anzulegenden besonderen Längsspalte fortlaufend zu vermerken, ob und wann eine Stempelprüfung stattgefunden hat. Von Zu- und Abgängen im Stande der zu prüfenden Stellen ist in der Bemerkungsspalte der Zeitpunkt ihres Eintritts, bei weggefallenen Stellen außerdem kurz der Grund des Wegfalls anzugeben. In einem Anhang sind diejenigen Aktiengesellschaften des Bezirkes aufzuführen, welche Befreiung vom Aktienstempel genießen.

d. Fristen für die Stempelprüfung.

**§ 192.** (1) Die der Prüfung in bezug auf die Abgabenentrichtung nach Tarifnummer 4 und 10 unterliegenden Stellen sind regelmäßig mindestens einmal im Laufe von drei Jahren der Prüfung zu unterwerfen. Die Direktivbehörde kann die Frist auf fünf Jahre ausdehnen, wenn im Geschäftsbetriebe der Stelle abgabepflichtige Schriftstücke oder Geschäfte nur in geringem Umfang oder nur solche von einfacher Natur vorkommen.

(2) Rennwettbetriebe sind mindestens einmal jährlich, bei Rennvereinen, die nicht mehr als einen Renntag mit Rennwettbetrieb jährlich veranstalten, mindestens einmal binnen drei Jahren zu prüfen.

(3) Stellen, welche hinsichtlich der Abgabenentrichtung nach Tarifnummer 6 oder 7 der Stempelprüfung durch Prüfungsbeamte unterliegen (§ 188 Abs. 2, § 190), sind mindestens einmal jährlich, private Verkehrsanstalten, die zum Abrechnungsverfahren zugelassen sind, mindestens alle zwei Jahre einer Prüfung zu unterziehen. Für die Prüfung des Frachturkundenstempels im Schiffsverkehre kann die Direktivbehörde auf Antrag die Prüfungsfrist bis auf fünf Jahre verlängern. In diesem Falle muß sich der Antragsteller schriftlich verpflichten, die Frachturkunden während eines der verlängerten Prüfungsfrist entsprechenden Zeitraums aufzubewahren und zur Prüfung vorzulegen. Der Antrag ist abzulehnen, wenn durch die Fristverlängerung das Prüfungsgeschäft ungebührlich erschwert werden würde.

e. Grundsätze für die Stempelprüfung.

**§ 193.** (1) Die Prüfungsbeamten haben die prüfungspflichtigen Stellen innerhalb des dafür festgesetzten Zeitraums der Prüfung zu unterziehen. Etwaige Überschreitungen der Fristen sind im Jahresberichte (§ 196 Abs. 1) kurz zu begründen.

(2) Dem Ermessen des Prüfungsbeamten bleibt überlassen, ob er die Prüfung vorher anmelden will. Dies hat insbesondere

zu geschehen, wenn zu befürchten ist, daß ohne vorgängige Anmeldung die beabsichtigte Prüfung nicht vorgenommen werden kann.

(3) Der Prüfungsbeamte hat sich der zu prüfenden Stelle gegenüber auf Verlangen als Stempelprüfungsbeamter durch eine mit Amtsstempel- oder Siegelabdruck versehene Ausfertigung des ihm erteilten allgemeinen oder besonderen Prüfungsauftrags auszuweisen. Beamte des äußeren Dienstes in Dienstkleidung bedürfen des Ausweises nicht.

(4) Dem Prüfungsbeamten ist ein angemessener Raum oder Arbeitsplatz zur Erledigung seiner Obliegenheiten zur Verfügung zu stellen.

(5) Die prüfungspflichtige Stelle hat dem Prüfungsbeamten die von ihm zum Zwecke der Prüfung gewünschten Urkunden, Belege und sonstigen Schriftstücke sowie die Geschäftsbücher zur Einsicht vorzulegen und ihm die erforderliche Auskunft zu erteilen. Durch die Prüfungstätigkeit darf im Eisenbahn- und Dampfschiffahrtsbetriebe die Wahrnehmung des Stationsdienstes, der Personen- und Güterabfertigung nicht gehindert, auch die Abfahrt eines Zuges oder Schiffes nicht verzögert werden.

(6) Totalisatorverwaltungen haben bei Verlust der im § 67 Abs. 2 vorgesehenen Vergünstigungen den Prüfungsbeamten jederzeit kostenfreien und ungehinderten Zutritt zu allen Rennen, und zwar sowohl zum Totalisator als auch zu den Plätzen der Zuschauer zu gewähren.

**§ 194.** (1) Zweck der Prüfung ist, den Eingang der gesetzlich geschuldeten Abgabe durch planmäßige Nachprüfung der Stempelentrichtung und in geeigneten Fällen durch Aufklärung der Beteiligten über vorgekommene Irrtümer bei Anwendung des Gesetzes zu sichern.

(2) Die Prüfungsbeamten haben sich bei den Prüfungen selbständig davon zu überzeugen, ob die geschuldeten Stempelbeträge entrichtet, die vorgefundenen Stempelzeichen echt, vorschriftsmäßig entwertet und nicht mißbräuchlich wiederholt verwendet sind, sowie ob auch im übrigen den Vorschriften des Gesetzes und der Ausführungsbestimmungen gemäß verfahren wird. Zu diesem Zwecke haben sie sich über die für die Abgabenentrichtung in Betracht kommenden Verhältnisse der ihrer Aufsicht unterstellten Betriebe tunlichst zuverlässig und eingehend zu unterrichten, u. a. auch den Veröffentlichungen der Tagesblätter, den Jahresbilanzen, Geschäftsberichten sowie den Satzungen von Aktiengesellschaften usw., den Eintragungen ins Handelsregister (z. B. über Gründung von Aktiengesellschaften oder Erhöhungen des Grundkapitals, über Veränderungen des Gegenstandes des Unternehmens oder anderer Voraussetzungen der Stempelfreiheit von Aktien) Beachtung zu schenken,

(3) Bei Prüfung der Abgabenentrichtung nach den Tarifnummern 4 und 6 ist insbesondere das Augenmerk auch darauf zu

richten, daß in allen Fällen, in denen im Gesetze die Ausstellung von Schlußnoten und Frachturkunden vorgeschrieben ist, gehörig verstempelte Schlußnoten und Frachturkunden ausgestellt sind, daß im Falle des § 18 des Gesetzes den Vorschriften wegen Entrichtung des zusätzlichen Stempels entsprochen ist und daß die Vergünstigung des § 17 Abs. 2, 3 des Gesetzes nicht zu Unrecht in Anspruch genommen wird. Daneben ist festzustellen, ob auch den sonstigen Vorschriften, z. B. wegen Form der Schlußnoten und des Zeitpunkts ihrer Ausstellung, entsprochen wird. Soweit die Einsicht der Schlußnoten und Frachturkunden zur Prüfung der Abgabenentrichtung nicht ausreicht oder solche Urkunden bei der Stelle nicht vorhanden zu sein brauchen, ist die Einsicht des Schriftwechsels, der Belege und sonstigen Schriftstücke sowie der Geschäftsbücher erforderlich. Hinsichtlich des Eisenbahnfrachtstempels findet jedoch die Prüfung nach den Frachtkarten und den amtlichen Büchern oder Listen, in welchen die Frachtbeträge einzeln nachgewiesen werden, nur statt, sofern der Betrag des verwendeten Stempels aus diesen ersichtlich ist.

(4) Bei der Prüfung des Totalisatorbetriebes wird neben der richtigen Versteuerung der Spielumsätze soweit tunlich auch zu überwachen sein, ob den Voraussetzungen für die Steuerbegünstigung (vgl. Ziffer III der Ausführungsbestimmungen zum Gesetze vom 4. Juli 1905 — Zentralblatt für das Deutsche Reich von 1906 S. 531 —) dauernd genügt wird. Außerdem ist der Ermittelung und Unterdrückung etwaiger verbotener Wettunternehmungen Aufmerksamkeit zuzuwenden.

(5) Bei den hinsichtlich des Fahrkartenstempels zu prüfenden Betrieben ist darauf zu sehen, ob der Verkehr den bewirkten Versteuerungen im Abrechnungswege, durch Abstempelung oder Markenverwendung entspricht sowie ob zu den einzelnen Fahrkartensorten die richtigen Stempelbeträge verwendet sind und die Vorschriften wegen Ausgabe und Entwertung der Fahrkarten beachtet werden. Bei den Abrechnungsstellen ist insbesondere nachzuprüfen, ob die ausgegebenen stempelpflichtigen Fahrtausweise und die wegen Erstattung des Stempels in Abgang zu stellenden Fahrkarten nach Zahl, Art und Steuersatz richtig in die Versteuerungsnachweisungen eingetragen worden sind. Auch ist nachzuprüfen, ob bezüglich der Fahrkarten, zu welchen der Stempel erstattet wurde, die Voraussetzungen der Erstattungsfähigkeit vorliegen sowie ob nicht etwa Karten von neuem ausgegeben oder als Fahrtausweise zugelassen sind.

(6) Gelegentlich der in Landesstempelsachen vorzunehmenden Prüfungen ist u. a. im Falle der Neuerrichtung von Aktiengesellschaften oder im Falle der Erhöhung des Grundkapitals bestehender Aktiengesellschaften zu prüfen, ob für die Ausgabe der Aktien der Schlußnotenstempel entrichtet und ob der Aktienstempel vorschriftsmäßig unter Mitberücksichtigung des Betrages berechnet ist, um den die Aktien höher, als der Nennwert lautet, ausgegeben sind. Bei der Prüfung von Gewerkschaften ist festzustellen, ob ausge-

schriebene Zubußen ordnungsmäßig zur Versteuerung angemeldet sind. Auch ist bei Aktiengesellschaften, Kommanditgesellschaften auf Aktien und Gesellschaften mit beschränkter Haftung die Richtigkeit der Aufstellungen über die Höhe der den Aufsichtsratsmitgliedern gewährten Vergütungen zu prüfen. Bei den Gerichten, Notaren und sonstigen zur Verwendung des Grundstücksstempels (Tarifnummer 11) verpflichteten Behörden oder Beamten ist insbesondere bei Prüfung der Landesabgabe auch die Entrichtung der Reichsabgabe mit zu prüfen; die Prüfung hat nach den für die Landesabgabe erlassenen Vorschriften zu erfolgen.

(7) Wie eingehend zur Erreichung ihres Zweckes eine Prüfung zu gestalten ist, bleibt dem pflichtmäßigen Ermessen des Prüfungsbeamten überlassen. Neue Stellen sind wiederholt einer eingehenderen Prüfung zu unterzeihen. Wo nach den Erfahrungen des Prüfungsbeamten der gute Wille, den bestehenden Vorschriften gemäß zu verfahren, und zugleich die hierzu erforderliche Sorgfalt und Sachkenntnis vorausgesetzt werden können, sind Stichproben zulässig.

f. Aufzeichnung über die Stempelprüfung.

**§ 195.** (1) Über den Verlauf der Prüfung ist eine von dem Prüfungspflichtigen nicht mit zu unterschreibende Aufzeichnung zu machen. Die Aufzeichnung muß den Tag der Prüfung und den Zeitraum angeben, auf welchen sich die Prüfung erstreckt hat. Die Erinnerungen sind unter Bezeichnung der zu beanstandenden Schriftstücke mit Angabe der Gründe der Beanstandung und zutreffendenfalls der Vorschriften, gegen welche verstoßen ist, und unter Berechnung des nachzubringenden Stempelbetrags niederzuschreiben.

g. Erledigung der Erinnerungen.

(2) Wird eine Erinnerung von der geprüften Stelle anerkannt, so können fehlende oder unzureichend verwendete Stempelmarken in Gegenwart des Prüfungsbeamten sofort nachverwendet und nicht oder unzureichend entwertete Marken, ohne daß es der Beibringung neuer Marken bedarf, vom Prüfungsbeamten entwertet werden, sofern die Erinnerung ohne grundsätzliche Bedeutung und kein Anlaß zu strafrechtlichem Einschreiten gegeben ist. In der Aufzeichnung sind die so erledigten Erinnerungen ohne nähere Angabe der Gründe der Beanstandung lediglich summarisch mit dem nachgebrachten Gesamt-Stempelbetrag aufzuführen.

(3) Das Verfahren zur weiteren Verfolgung der nicht kurzer Hand erledigten Erinnerungen, insbesondere wegen Nacherhebung der Fehlbeträge und wegen etwaiger Einleitung eines Strafverfahrens, wird, soweit nachstehend nichts anderes bestimmt ist, durch die oberste Landesfinanzbehörde geordnet. Sind Erinnerungen von einem besonderen Prüfungsbeamten (§ 188 Abs. 2) aufgestellt, so ist sowohl diesem wie zur Berücksichtigung bei Aufstellung des Jahresberichts dem ordentlichen Prüfungsbeamten von der Art der Erledigung Kenntnis zu geben.

(4) Von den einer Beantwortung bedürfenden Erinnerungen ist der geprüften Stelle eine Abschrift mit dem Ersuchen zuzufertigen, zu den anerkannten Erinnerungen die geschuldeten Fehlbeträge nachzubringen.

(5) Fehlbeträge der in Tarifnummer 4, 6, 10 und, soweit die Abgabenentrichtung in Stempelzeichen zu erfolgen hat, auch der in Tarifnummer 7, 11 bezeichneten Art, sind in den diesen Tarifnummern entsprechenden Stempelzeichen einzufordern und zu den Akten zu entwerten. Der geprüften Stelle ist von dem Eingang der beigebrachten Stempelzeichen und von der Erledigung der Erinnerung Kenntnis zu geben.

Ist bei der Prüfung ein unversteuertes Wertpapier vorgefunden worden, so ist dessen Abstempelung herbeizuführen.

(7) Bei jeder einzelnen Erinnerung ist in der Aufzeichnung nach ihrer Erledigung zu vermerken, wann und in welcher Weise sich die Erinnerung erledigt hat. Nachdem sämtliche Erinnerungen sich erledigt haben, ist auf der ersten Seite der Aufzeichnung deren vollständige Erledigung vom Prüfungsbeamten zu bescheinigen.

h. Strafanträge.

(8) Die Prüfungsbeamten haben Stempelhinterziehungen und, in geeignet erscheinenden Fällen, vorgekommene Ordnungswidrigkeiten nach Anordnung der obersten Landesfinanzbehörde bei der Direktivbehörde oder bei der zur Führung des Strafverfahrens zuständigen Behörde zur Anzeige zu bringen. Dem Prüfungsbeamten ist von der ergangenen Entscheidung nach Eintritt der Rechtskraft Kenntnis zu geben.

i. Jahresbericht.

**§ 196.** (1) Alljährlich erstatten die ordentlichen Prüfungsbeamten (§ 188 Abs. 2) der Direktivbehörde einen Bericht über die Ausführung der Stempelprüfung innerhalb ihres Geschäftsbezirks während des abgelaufenen Rechnungsjahrs. Der Bericht muß insbesondere ersehen lassen:

a) den Umfang des Geschäftsbezirkes unter Angabe etwa im Berichtsjahre vorgekommener Veränderungen. Soweit eine Veränderung nicht eingetreten ist, genügt die Bezugnahme auf die Angabe eines früheren Jahresberichts;

b) die während des Berichtsjahrs etwa eingetretenen Zu- und Abgänge an Prüfungsstellen unter Erläuterung der Abgänge sowie unter Beifügung einer Angabe darüber, welche Prüfungsstellen von dem Berichterstatter selbst zu prüfen sind und welche der Prüfung durch besondere Prüfungsbeamte (vgl. § 188 Abs. 2) unterliegen;

c) den Stand des Prüfungsgeschäfts unter Angabe der Gesamtzahl der während des Geschäftsjahrs in den einzelnen Abteilungen einer Prüfung unterzogenen Stellen und der Gesamtzahl derjenigen, welche einer Prüfung zu unterziehen waren. Etwa rückständig gebliebene Stellen sind unter Angabe der Gründe, aus welchen die rechtzeitige Vornahme der fälligen Prüfung untunlich war, anzugeben;

d) bemerkenswerte Wahrnehmungen in bezug auf das Reichsstempelgesetz und dessen Ausführung, über Umgehungen der Stempelpflicht usw.;

e) Anregungen und Vorschläge zur Verbesserung der bestehenden Vorschriften.

(2) Als Anlage ist dem Berichte beizufügen eine Übersicht nach Muster 30 über die nach dem Gesetze der Prüfung in bezug auf die Entrichtung der Stempelabgabe unterliegenden Stellen sowie über die Ergebnisse der Prüfung.

(3) Der Bericht und die Übersicht haben sich auf alle einer regelmäßigen Prüfung unterliegenden Stellen des Geschäftsbezirkes zu erstrecken. Soweit Prüfungen von anderen Beamten vorgenommen worden sind (vgl. § 188 Abs. 2), sind die für die Berichterstattung und die Aufstellung der Übersicht erforderlichen Angaben hinsichtlich der ihrer Aufsicht unterstehenden Betriebe und die Ergebnisse der von ihnen vorgenommenen Prüfungen dem nach Abs. 1 mit der Berichterstattung beauftragten Beamten zur Verwertung bei letzterer alsbald nach Ablauf des Rechnungsjahrs nach näherer Anordnung der obersten Landesfinanzbehörde zu übermitteln.

(4) Die Berichte nebst Übersichten sind der Direktivbehörde in zwei Ausfertigungen einzureichen, von welchen je eine für den Reichskanzler (Reichsschatzamt) bestimmt ist. Nach Eingang sämtlicher Jahresberichte und Übersichten des Verwaltungsgebiets sind die für den Reichskanzler bestimmten Ausfertigungen an diesen bis zum 1. Oktober des folgenden Rechnungsjahrs durch die oberste Landesfinanzbehörde unter Hinzufügung ihrer Stellungnahme zu den Berichten mitzuteilen.

(5) Auf jedesmaliges besonderes Ersuchen sind dem Reichskanzler die Aufzeichnungen über die abgehaltenen Stempelprüfungen sowie die Verhandlungen und Entscheidungen über die Erledigung der gezogenen Erinnerungen seitens der Landesregierungen zur Kenntnisnahme mitzuteilen.

k. Aufbewahrung der Prüfungsverhandlungen.

(6) Die erledigten Prüfungsverhandlungen sind nach näherer Anordnung der obersten Landesfinanzbehörden aufzubewahren. Wenn Prüfungsverhandlungen oder Akten, in welchen sich solche befinden, vernichtet oder verkauft werden sollen, was nicht früher als 10 Jahre nach Ablauf des Prüfungsjahrs geschehen darf, so sind die etwa darin enthaltenen Stempelzeichen (vgl. § 195 Abs. 5) vorher auszuschneiden und unter amtlicher Aufsicht zu vernichten. Die Vernichtung ist in einer über den Vorgang aufzunehmenden Verhandlung von den beteiligten Beamten zu bescheinigen.

## Zu den §§ 63, 101 des Gesetzes.

### 6. Mitwirkung bei Beaufsichtigung der Stempelentrichtung durch Zoll- und Steuerbeamte.

**§ 197.** (1) Die im § 101 des Gesetzes vorgeschriebene Verpflichtung, bei Überwachung der vorschriftsmäßigen Entrichtung der Reichsstempelabgaben mitzuwirken, trifft vor allem auch die Beamten der Zoll- und Steuerverwaltung, und zwar auch insoweit, als sie nicht mit der Stempelprüfung besonders beauftragt sind.

(2) Insbesondere haben die Abfertigungsbeamten der Zoll- und Steuerverwaltung darauf zu achten, ob die ihnen vorgelegten Frachturkunden, soweit sie nach den bestehenden Vorschriften mit Stempelzeichen bereits versehen sein müssen oder tatsächlich bereits mit solchen versehen sind, vorschriftsmäßig versteuert sind.

(3) Zur Prüfung der Entrichtung der Stempelabgabe von Erlaubniskarten für Kraftfahrzeuge haben sich die Zoll- und Steueraufsichtsbeamten in Kenntnis von den in ihrem Dienstbezirke gehaltenen Kraftfahrzeugen und deren Eigentümern und Führern zu erhalten und sich darüber zu vergewissern, ob hinsichtlich dieser Kraftfahrzeuge der Steuerpflicht genügt ist, sowie ob nicht von Kraftfahrzeugen unter dem Vorgeben, daß es sich um eine steuerfreie Ingebrauchnahme handele, ein die Stempelpflicht begründender Gebrauch gemacht wird. Soweit die Erfüllung der Steuerpflicht nicht durch Einsicht der Versteuerungsanmeldungen usw. bei den Steuerstellen festgestellt werden kann, sowie hinsichtlich der in ihrem Dienstbezirke verkehrenden Kraftfahrzeuge nicht daselbst ansässiger Besitzer haben die Aufsichtsbeamten, vor allem im Grenzbezirke, die Prüfung in der im § 63 des Gesetzes vorgezeichneten Weise zu bewirken.

(4) Daneben haben die Aufsichtsbeamten, soweit es sich um andere als die im § 47 des Gesetzes bezeichneten Verkehrsanstalten handelt, auch auf die Befolgung der wegen Erhebung des Fahrkartenstempels erlassenen Vorschriften zu achten.

## Zum § 102 des Gesetzes.

### 7. Zuziehung von Sachverständigen.

**§ 198.** Wenn im Laufe eines Verwaltungsstrafverfahrens die kaufmännischen Geschäftsformen zu Zweifeln in betreff der Beurteilung des Sachverhältnisses Anlaß geben oder für die Anwendung der Tarifnummer 4b Zweifel darüber bestehen, ob das Geschäft als ein solches anzusehen ist, das unter Zugrundelegung der Usancen einer Börse abgeschlossen ist, oder ob es sich um börsenmäßig gehandelte Waren handelt, so sind über die zweifelhaften Fragen geeignete Sachverständige zu hören. In Bezirken, für welche Handelsvorstände bestehen, haben diese der Steuerbehörde für die verschiedenen Geschäftszweige Sachverständige zu bezeichnen.

## XI. Erhebung und Verrechnung der Abgaben.

1. Einnahmebuch.

**§ 199.** (1) Jede zur Erhebung von Stempelabgaben ermächtigte Steuerstelle hat über die bei ihr eingezahlten oder gemäß § 9 Abs. 1 des Gesetzes gestundeten Abgaben dieser Art ein besonderes Einnahmebuch zu führen, dessen Einrichtung die oberste Landesfinanzbehörde bestimmt. Das anliegende Muster 31 dient dabei als Vorbild. Wenn eine Steuerstelle nicht zur Erhebung der Stempelabgabe ohne Einschränkung befugt ist, braucht das Einnahmebuch den Vordruck nur für diejenigen Erhebungen zu enthalten, zu welchen sie ermächtigt ist. Soweit eine Stundung der Abgabe nach den §§ 75, 209 erfolgt, können dem Vordrucke die zum gesonderten Nachweis der gestundeten Beträge erforderlichen Spalten hinzugefügt werden.

(2) Amtsstellen, welche nur mit dem Verkaufe von Stempelmarken und abgestempelten Vordrucken oder mit der Abstempelung von Vertragsurkunden (§ 21 des Gesetzes) beauftragt sind, können die Einnahme dafür nach der Bestimmung der obersten Landesfinanzbehörde auch in anderen Büchern nachweisen. Auf diese finden die im § 205 Abs. 2, 3 getroffenen Anordnungen keine Anwendung.

2. Anmeldungsbuch.

**§ 200.** Als Vor- und Gegenbuch zum Einnahmebuch ist von den zur Erhebung von Stempelabgaben befugten Steuerstellen mit Ausnahme der im § 199 Abs. 2 genannten, ein Anmeldungsbuch zu führen, für welches das Muster 32 als Vorbild dient. In dieses sind alle zur Entrichtung der Abgabe sowie zur Vornahme steuerpflichtiger oder steuerfreier Abstempelungen vorgeschriebenen Anmeldungen oder sonstigen Nachweise (vgl. Ziffer 1 der Anleitung zu Muster 32) sofort nach Eingang einzutragen mit alleiniger Ausnahme der vorläufigen Anmeldungen nach Muster 3 und 7. Durch dieses Buch ist einerseits die Entrichtung der Abgabe in allen Fällen, abgesehen von dem bloßen Verkaufe vorrätig gehaltener Wertzeichen, festzuhalten und anderseits die Stempelung derjenigen Wertpapiere und Lose, welche von der Stempelabgabe befreit sind, jedoch mit einem Stempelabdrucke versehen werden müssen, und die richtige Berechnung von Vergütungen, für welche nach Tarifnummer 9 Abs. 2 Steuerfreiheit beansprucht wird, zu überwachen.

3. Merkbuch.

**§ 201.** (1) Die zur Erhebung der Stempelabgabe für inländische Wertpapiere und die zur Versteuerung von Einzahlungen der in Tarifnummer 1d Abs. 2 bezeichneten Art ermächtigten Steuerstellen führen außerdem ein Merkbuch über diejenigen Anzeigen, welche nach § 3 des Gesetzes und den §§ 6 und 17 dieser Bestimmungen zu erstatten sind. In das Buch, für welches Muster 33 als Vorbild dient, sind auch diejenigen vorläufigen Anmeldungen einzutragen, die von den Aktiengesellschaften und Kommanditgesellschaften auf Aktien gemäß § 7 letzter Satz des Gesetzes zu bewirken sind.

(2) Im Merkbuch ist unter entsprechender Änderung des Vordrucks eine besondere Abteilung anzulegen zur Ausführung der im § 39 Abs. 2 vorgeschriebenen Überwachung der Entrichtung der Abgabe nach Tarifnummer 3A von den im § 10 des Gesetzes bezeichneten Gesellschaften.

4. Stempelzeichenbuch.

**§ 202.** (1) Von den Steuerstellen, welche Stempelmarken, Stempelbogen und gestempelte Vordrucke zu verkaufen haben, ist über die Einnahme und Ausgabe der Stempelzeichen ein besonderes Stempelzeichenbuch zu führen, dessen Einrichtung von der obersten Landesfinanzbehörde bestimmt wird.

(2) In dem Buche wird auch unter Benennung der Empfänger die Ausgabe der Stempelzeichen nachgewiesen, für welche ein Wertbetrag nicht zu erheben ist.

(3) Die zum Umtausch zurückgegebenen gestempelten Schlußnotenvordrucke und Stempelmarken sind, bevor sie vereinnahmt werden, auf ihre Echtheit und Unversehrtheit zu prüfen.

5. Buchmäßige Behandlung der Vordrucke zu Stempelbogen und der Stempelbogen.

**§ 203.** (1) Vordrucke zu Stempelbogen (§ 155 Abs. 2) sind wie Stempelzeichen sogleich beim Empfang im Stempelzeichenbuch zu buchen und bleiben im Gewahrsam der Steuerstelle.

(2) Wird die Ausfertigung eines Stempelbogens schriftlich beantragt und der Wertbetrag bar eingezahlt, so ist die Einzahlung als Erlös aus Stempelbogen im Einnahmebuch nachzuweisen.

(3) Nach Ausfertigung des Stempelbogens ist der Vordruck im Stempelzeichenbuche vom Bestand abzuschreiben und in diesem die Ausfertigung des Bogens unter Angabe der Nummer und des Geldbetrags gleichzeitig zu buchen.

6. Kontrollbuch.

**§ 204.** (1) Von einem an der Kassenführung nicht beteiligten Beamten ist über die Ausfertigung von Stempelbogen für jedes Rechnungsjahr ein Kontrollbuch nach Anleitung des Musters 34 zu führen. Die Nummer des Kontrollbuchs ist von ihm auf dem Stempelbogen und dem Antrag anzugeben.

(2) Die Anträge auf Ausfertigung eines Stempelbogens sind nach der Reihenfolge der Nummern zu heften und bis zum Schlusse des Vierteljahrs bei dem Kontrollbuch aufzubewahren. Demnächst werden sie Beleg zum Einnahmebuche.

7. Prüfung und Aufbewahrung der Bücher.

**§ 205.** (1) Die in den §§ 199, 200 bezeichneten Bücher werden nach Ablauf jedes Vierteljahrs abgeschlossen und mit den dazu gehörigen Belegen an die Direktivbehörde zur Prüfung eingereicht. Auf die Erledigung der Erinnerungen sind die für die Zollverwaltung erteilten Vorschriften sinngemäß anzuwenden.

(2) Die Einnahme- und Anmeldungsbücher und die dazu gehörigen Belege, soweit sie Einnahmen und Anmeldungen zu den Tarifnummern 1 bis 3a enthalten, dürfen nicht vernichtet werden.

Die Bücher und Belege sind geordnet derart aufzubewahren, daß sie gegen Feuersgefahr, Beschädigungen usw. geschützt sind und jederzeit unverzüglich eingesehen werden können. Die näheren Anordnungen erläßt die Direktivbehörde.

(3) Zur Herbeiführung und Sicherung der gleichmäßigen Ausführung des Reichsstempelgesetzes in allen Bundesstaaten werden die Landesregierungen auf Ersuchen des Reichskanzlers (Reichsschatzamts) von Zeit zu Zeit einige bei den Direktivbehörden bereits geprüfte Bücher mit den Belegen mitteilen. Ergeben sich bei deren Einsicht Bedenken, so trifft die Landesregierung die zur Erledigung erforderlichen Anordnungen und gibt zugleich dem Reichskanzler (Reichsschatzamt) von dem Verfügten Kenntnis.

(4) Das Merkbuch verbleibt bei den Steuerstellen; es ist dauernd und sicher aufzubewahren.

8. Herstellung der Stempelzeichen.

**§ 206.** (1) Die Stempelmarken, die Vordrucke zu Stempelbogen und die von den Steuerstellen zu verkaufenden gestempelten und ungestempelten Schlußnotenvordrucke werden durch die Reichsdruckerei hergestellt und sind von ihr zum Herstellungspreise zu beziehen. Der Reichskanzler (Reichsschatzamt) stellt den Bezugspreis fest.

(2) Die Reichsdruckerei verabfolgt nur denjenigen Amtsstellen Stempelzeichen, welche ihr von den obersten Landesfinanzbehörden als zum unmittelbaren Bezuge berechtigt bezeichnet werden. Die letzteren erhalten vierteljährlich von der Reichsdruckerei eine mit den quittierten Lieferscheinen belegte Rechnung über die von ihnen zu erstattenden Herstellungskosten. Sie lassen den Betrag der Rechnung an die Reichsdruckereikasse entweder unmittelbar oder durch Vermittelung der Reichshauptkasse zahlen.

(3) Privatpersonen erhalten von der Reichsdruckerei weder Stempelzeichen noch ungestempelte Vordrucke.

(4) Die Kosten der auf den Antrag von Steuerpflichtigen bei der Reichsdruckerei bewirkten Abstempelung von Wertpapieren, Gewinnanteilschein- und Zinsbogen sowie von Vordrucken werden von der Reichsdruckerei in jedem einzelnen Falle derjenigen Steuerstelle in Rechnung gestellt, welche die Abstempelung bestellt hat. Für die sofortige Begleichung dieser Rechnungen haben die Steuerstellen Sorge zu tragen.

9. Lieferung amtlicher Stempel.

**§ 207.** (1) Die Prägestempelmaschinen sowie die von den Steuerstellen zur Ausführung der vorgeschriebenen Abstempelungen zu verwendenden Stempel liefert für Rechnung der obersten Landesfinanzbehörden die Reichsdruckerei. Die Stempel jeder Steuerstelle erhalten als Unterscheidungszeichen eine besondere Nummer, welche nicht veröffentlicht wird. Die Unterscheidungsnummern werden den obersten Landesfinanzbehörden von dem Reichskanzler (Reichsschatzamt) mitgeteilt.

(2) Die Abstempelungen sind durch die Kassenbeamten der Steuerstelle zu beaufsichtigen. Die Kassenbeamten haben die Stempel, solange diese nicht benutzt werden, und das Zählwerk der Prägestempelmaschinen, solange es nicht zu Reinigungszwecken usw. freigegeben werden muß, mindestens jedoch während der Dauer der Benutzung der Maschine unter amtlichem Verschlusse zu halten.

(3) Die Aufsicht der Kassenbeamten (Abs. 2) hat sich auch darauf zu erstrecken, daß der Prägestempel vor Beginn der Abstempelung auf den richtigen Tag (zu vergleichen § 10 Abs. 3) eingestellt wird und daß nur zur Abstempelung angemeldete Wertpapiere usw. abgestempelt werden. Zu letzterem Zwecke ist bei Prägestempelmaschinen der Stand des Zählwerkes vor Beginn und nach Beendigung der Abstempelung festzustellen und mit der Anzahl der zur Abstempelung angemeldeten Papiere zu vergleichen.

##### 10. Behandlung der Anmeldungen.

**§ 208.** Alle bei den Steuerstellen eingehenden Anmeldungen zur Entrichtung der Stempelabgabe usw. sind mit dem Tag des Einganges, der Nummer des Anmeldungsbuchs und einem deutlichen Abdruck des gewöhnlichen Amtsstempels der Hebestelle zu versehen. Die Anmeldungen und sonstigen Anzeigen, welche in das Anmeldungsbuch (§ 200) einzutragen sind, sind nach den Nummern dieses Buches zu ordnen und ihm als Belege beizufügen.

##### 11. Stundung des Lotteriestempels.

**§ 209.** Die Genehmigung zum Beginne des Absatzes von Lotterielosen vor der Entrichtung der Abgabe (§ 30 des Gesetzes) und sonstige Stundungen der Abgabe von Lotterielosen erfolgen auf Gefahr und, soweit die Stundung für länger als 9 Monate bewilligt ist, für Rechnung der Landesregierungen.

##### 12. Buchung von Erstattungen.

**§ 210.** (c) Die abgabenfreie Abstempelung von Ersatzstücken (§§ 182 bis 184) ist nur durch das Anmeldungsbuch (§ 200) nachzuweisen.

(c) Als Ersatz für verdorbene gestempelte Vordrucke und Stempelmarken zu verabfolgende Stempelzeichen sind lediglich im Stempelzeichenbuche (§ 202) abzuschreiben.

**§ 211.** Die für die Arbitragegeschäfte zurückgezahlten Beträge sind in den Kassenbüchern gesondert von den sonstigen Erstattungen und zwar getrennt nach Erstattungen im Arbitrierverkehre mit dem Ausland und im Arbitrierverkehre zwischen inländischen Börsenplätzen nachzuweisen.

##### 13. Verwaltungskostenvergütung.

**§ 212.** Die Verwaltungskostenvergütung von zwei vom Hundert (§ 105 des Gesetzes) ist von der Roh-Solleinnahme nach den Einnahmebüchern einschließlich der Nacherhebungen und abzüglich der Erstattungen zu berechnen. Neben dieser Vergütung dürfen Prozeßkosten und Prozeßzinsen aus Stempelprozessen dem Reiche nicht aufgerechnet werden.

14. Abgabenentrichtung von Staatslotterien.

**§ 213.** Das Ergebnis der auf Grund der Anzeigen der Lotterieverwaltungen (§ 78) erfolgenden Feststellungen teilt der Reichskanzler (Reichsschatzamt) in jedem einzelnen Falle der Landesregierung unter Beifügung einer der beiden von der Lotterieverwaltung einzureichenden Anzeigen zur Berücksichtigung bei der Feststellung der monatlich an die Reichskasse abzuliefernden Einnahmen mit.

## XII. Schlußbestimmungen.

Änderungsbefugnis des Reichskanzlers.

**§ 214.** (1) Der Reichskanzler (Reichsschatzamt) wird ermächtigt, die vorstehenden Bestimmungen, soweit sie die Form der Erhebung der Stempelabgaben, insbesondere auch die Anfertigung der Stempel und Stempelzeichen sowie die Herstellung und den Vertrieb gestempelter Vordrucke, die Anmeldung und die Abstempelung von Wertpapieren, Urkunden und Vordrucken und die Buchführung betreffen, nach Bedürfnis abzuändern oder zu ergänzen.

(2) Im Einverständnis mit dem Reichskanzler (Reichsschatzamt) können die obersten Landesfinanzbehörden die in § 44 Abs. 4, § 54, § 106 Abs. 1, §§ 169, 184 den Direktivbehörden zugewiesenen Geschäfte und Entschließungen sowie in den Fällen der Tarifnummern 4, 6, 10, 11 die Befugnis zur Entscheidung über Anträge auf Erstattung zu Unrecht entrichteter Stempelabgaben (§ 185) auf Behörden übertragen, die den Direktivbehörden untergeordnet sind.

Eingegangen den ........ ten ............................ 19.......
Nr. .............. des Anmeldungsbuchs.
Nr. .............. des Einnahmebuchs.
(Amtsstempelabdruck.)

**Muster 1.**
(Ausführungsbestimmungen § 3.)

## Anmeldung

zur Versteuerung und zur Abstempelung von **inländischen** Wertpapieren nach dem Reichsstempelgesetze.

D...... Unterzeichnete...... beantrag...... die Abstempelung der beifolgenden, umstehend näher bezeichneten Wertpapiere und ........ damit einverstanden, daß dem Überbringer der unten ausgefertigten Empfangsbescheinigung gegen deren Aushändigung die abgestempelten Wertpapiere zurückgegeben werden, sowie daß die Steuerstelle zur Prüfung der Legitimation des Überbringers dieser Empfangsbescheinigung zwar berechtigt, aber nicht verpflichtet sein soll.

.............................., den ........ ten ............................ 19........

(Des Anmelders { Vor- und Zuname. Wohnort und Wohnung.)

## Empfangsbescheinigung.

Die umstehend verzeichneten Wertpapiere sind der unterzeichneten Steuerstelle übergeben und werden nach erfolgter Abstempelung dem Überbringer dieser Empfangsbescheinigung ausgehändigt werden. Die Steuerstelle behält sich das Recht vor, die Legitimation des Überbringers dieser Empfangsbescheinigung zu prüfen, ist jedoch zu einer solchen Prüfung nicht verpflichtet.

.............................., den ........ ten ............................ 19........,

(Amtsbezeichnung, Unterschriften und Amtsstempelabdruck der Steuerstelle.)

| Laufende Nummer | Name, Stand und Wohnort des Anmelders | Der Wertpapiere Gattung (Benennung) und Emittent | Stückzahl | Bezeichnung nach Reihe | Buchstabe | fortlaufenden Nummern | Ort der Ausfertigung | Tag | Nennwert | Betrag zu welchem die Ausgabe erfolgt | Zu versteuern ist für jedes Stück: a) der volle Nennwert von oder b) der Betrag von ℳ | Betrag der Abgabe für jedes Stück ℳ | Auf den Betrag (Sp. 12) sind anzurechnen ℳ | Es sind noch zu erheben für jedes Stück ℳ | Gesamtbetrag der Abgabe ℳ | Es wird Abgabebefreiung beansprucht; a) für, wieviel Stück? b) aus welchem Grunde? | Eingetragen in die statistische Nachweisung Bl.\|Nr. | Nähere Begründung der Angaben in den Spalten 12, 14 und 17 sowie sonstige Bemerkungen |
|---|---|---|---|---|---|---|---|---|---|---|---|---|---|---|---|---|---|---|
| 1 | 2 | 3 | 4 | 5 | 6 | 7 | 8 | 9 | 10 | 11 | 12 | 13 | 14 | 15 | 16 | 17 | 18 | 19 |
| | | | | | | | | | | | | | | | | | | |

## Muster 2.

(Ausführungsbestimmungen § 3.)

Eingegangen den ....... ten .............................. 19.......
Nr.............. des Anmeldungsbuchs.
Nr.............. des Einnahmebuchs.
(Amtsstempelabdruck.)

### Anmeldung

zur Versteuerung und zur Abstempelung von **ausländischen** Wertpapieren nach dem Reichsstempelgesetze.

D...... Unterzeichnete...... beantrag...... die Abstempelung der beifolgenden, umstehend näher bezeichneten Wertpapiere und ....... damit einverstanden, daß dem Überbringer der unten ausgefertigten Empfangsbescheinigung gegen deren Aushändigung die abgestempelten Wertpapiere zurückgegeben werden, sowie daß die Steuerstelle zur Prüfung der Legitimation des Überbringers dieser Empfangsbescheinigung zwar berechtigt, aber nicht verpflichtet sein soll.

.................................., den ........ten ............................ 19......

(Des Anmelders { Vor- und Zuname. Wohnort und Wohnung.)

---

### Empfangsbescheinigung.

Die umstehend verzeichneten Wertpapiere sind der unterzeichneten Steuerstelle übergeben und werden nach erfolgter Abstempelung dem Überbringer dieser Empfangsbescheinigung ausgehändigt werden. Die Steuerstelle behält sich das Recht vor, die Legitimation des Überbringers dieser Empfangsbescheinigung zu prüfen, ist jedoch zu einer solchen Prüfung nicht verpflichtet.

.................................. den ........ten ............................ 19.........

(Amtsbezeichnung, Unterschriften und Amtsstempelabdruck der Steuerstelle.)

| Laufende Nummer | Name, Stand und Wohnort des Anmelders | Der Wertpapiere: Gattung (Benennung) und Emittent | Der Wertpapiere: Stückzahl | Der Wertpapiere: Bezeichnung nach: Reihe | Bezeichnung nach: Buchstabe | Bezeichnung nach: laufenden Nummern | Ort der Ausfertigung | Tag der Ausfertigung | Nennwert des einzelnen Stückes nach ausländischer Währung | Nennwert des einzelnen Stückes nach deutscher Währung ℳ | Zu versteuern ist a) der volle Nennwert oder b) eine Einzahlung von nach ausländischer Währung | Zu versteuern ist nach deutscher Währung ℳ | Abgabebetrag für jedes Stück ℳ | Auf den Betrag (Sp. 13) kommen in Anrechnung ℳ | Es sind noch zu erheben für jedes Stück ℳ | Gesamtbetrag der Abgabe ℳ | Eingetragen in die statistische Nachweisung Bl.\|Nr. | Bemerkungen |
|---|---|---|---|---|---|---|---|---|---|---|---|---|---|---|---|---|---|---|
| 1 | 2 | 3 | 4 | 5 | 6 | 7 | 8 | 9 | 10 | 11 | 12 | 13 | 14 | 15 | 16 | 17 | 18 | 19 |
| | | | | | | | | | | | | | | | | | | |

Eingegangen den .......ten ............................ 19......
Nr. ............. des Merkbuchs.
(Amtsstempelabdruck.)

**Muster 3.**
(Ausführungsbestimmungen § 17.)

# Vorläufige Anmeldung

(§ 3 des Reichsstempelgesetzes)
über die beabsichtigte
Ausgabe stempelpflichtiger inländischer Wertpapiere,
Einforderung weiterer Zahlungen auf solche,

| Des Anmelders Name und Wohnort | Der Wertpapiere auf welche sich die Anmeldung in Spalte 6—10 bezieht. | | | | Es sollen erfolgen die | | Die Zeichnung usw. oder Einzahlung soll erfolgen. | | Die Ausgabe der Wertpapiere erfolgt zum Betrage von | Bemerkungen |
|---|---|---|---|---|---|---|---|---|---|---|
| | Gattung und Bezeichnung | Stückzahl | Reihe, Buchstabe und Nummern | Nennwert<br>ℳ | a) Auflegung zur Zeichnung<br>b) Übernahme durch die Gründer<br>c) freihändige Veräußerung | Aufforderung zur Einzahlung von<br>ℳ | an welchen Tagen — bis zu welchem Tage —? | bei welchen deutschen Stellen? | ℳ | |
| 1 | 2 | 3 | 4 | 5 | 6 | 7 | 8 | 9 | 10 | 11 |
| | | | | | | | | | | |

**Muster 4.**
(Ausführungsbestimmungen § 20.)

Eingegangen den .......ten .......................... 19.......
Nr. ............... des Anmeldungsbuchs.
Nr. .............. des Einnahmebuchs.
(Amtsstempelabdruck.)

# Anmeldung

zur

Entrichtung des Aktienstempels von inländischen Aktiengesellschaften oder Kommanditgesellschaften auf Aktien, welche Aktien oder Aktienanteilscheine (Interimsscheine) nicht ausgegeben haben.

---

D....... unterzeichnete ..........................................................................
............................................................... in ......................................................
meldet aus Anlaß
a) .............. Eintragung,
b) der Eintragung der Erhöhung ............ Grundkapitals
ins Handelsregister die umstehend bezeichneten Einlagen auf das in Aktien zerlegte Grundkapital, über welche Aktien oder Aktienanteilscheine (Interimsscheine) nicht ausgegeben sind,
a) zur Versteuerung,
b) mit dem Anspruch auf Abgabenbefreiung
hiermit an.

Nicht Zutreffendes ist zu streichen.

.............................., den .......ten ............................ 19.........

(Firma.)
(Unterschriften.)

(Linke Seite.)

| Laufende Nummer | Anmeldung | | | | | | | | |
|---|---|---|---|---|---|---|---|---|---|
| | Firma und Sitz der Gesellschaft | Das Grundkapital — die Erhöhung des Grundkapitals — | | | Tag der Eintragung der Gesellschaft oder der Kapitalerhöhung ins Handelsregister | Wird Abgabebefreiung beansprucht und aus welchem Grunde? | Eingezahlt ist auf jede Aktie a) die volle Einlage von b) der Betrag von | Auf den Betrag in Spalte 8 sind anzurechnen bereits versteuerte | Anträge und Bemerkungen des Anmelders, insbesondere zu den Spalten 7, 8 und 9 |
| | | beträgt im ganzen | verteilt sich | | | | | | |
| | | | auf wieviel Aktien | mit einer Einlage auf jede Aktie von | | | | | |
| | | ℳ \| ₰ | | ℳ \| ₰ | | | ℳ \| ₰ | ℳ \| ₰ | |
| 1 | 2 | 3 | 4 | 5 | 6 | 7 | 8 | 9 | 10 |

(Rechte Seite.)

| Steuerfestsetzung | | | | | | | | Bemerkungen |
|---|---|---|---|---|---|---|---|---|
| Das Grundkapital in Spalte 3 bleibt steuerfrei | | Der Betrag in Spalte 8 ist für jede Aktie | | Abgabensatz | Betrag der zu erhebenden Reichsstempelabgabe | | Eingetragen in die statistische Nachweisung | |
| in Höhe von | a) zufolge Bundesratsbeschluß vom ...... § ...... der Prot. b) nach der Befreiungsvorschrift für Eisenbahnunternehmungen | durch frühere Versteuerung gedeckt | noch zu versteuern | | für die einzelne Aktie | insgesamt | | |
| | | in Höhe von | | | | | | |
| ℳ \| ₰ | | ℳ \| ₰ | ℳ \| ₰ | v. H. | ℳ \| ₰ | ℳ \| ₰ | Bl./Nr. | |
| 11 | 12 | 13 | 14 | 15 | 16 | 17 | 18 | 19 |

**Muster 5.**
(Ausführungsbestimmungen § 31.)

Eingegangen den .......ten .......................... 19......
Nr. ............ des Anmeldungsbuchs.
Nr. ............ des Einnahmebuchs.
(Amtsstempelabdruck.)

# Anmeldung

zur

Versteuerung und zur Abstempelung von Gewinnanteilschein- und Zinsbogen nach dem Reichsstempelgesetze.

D..... Unterzeichnete...... beantrag...... — unter Beifügung der zugehörigen Wertpapiere — die Abstempelung der beifolgenden, umstehend näher bezeichneten Gewinnanteilscheinbogen — Zinsbogen — und .............. damit einverstanden, daß dem Überbringer der unten ausgefertigten Empfangsbescheinigung gegen deren Aushändigung nach Abstempelung die Bogen — und beigefügten Wertpapiere — zurückgegeben werden, sowie daß die Steuerstelle zur Prüfung der Legitimation des Überbringers dieser Empfangsbescheinigung zwar berechtigt, aber nicht verpflichtet sein soll.

Nicht Zutreffendes ist zu streichen.

.........................., den .......ten .......................... 19......

(Des Anmelders { Vor- und Zuname.
Wohnort und Wohnung.)

# Empfangsbescheinigung.

Die umstehend verzeichneten Gewinnanteilscheinbogen — Zinsbogen — und die zugehörigen Wertpapiere — sind der unterzeichneten Steuerstelle übergeben und werden nach erfolgter Abstempelung dem Überbringer dieser Empfangsbescheinigung ausgehändigt werden. Die Steuerstelle behält sich das Recht vor, die Legitimation des Überbringers dieser Empfangsbescheinigung zu prüfen, ist jedoch zu einer solchen Prüfung nicht verpflichtet.

.........................., den .......ten .......................... 19......

(Amtsbezeichnung, Unterschriften und Amtsstempelabdruck der Steuerstelle.)

(Linke Seite.)

| | Anmeldung | | | | | | | | | | |
|---|---|---|---|---|---|---|---|---|---|---|---|
| | | | Der Wertpapiere | | | | | | | | |
| Laufende Nummer | Name und Wohnort des Anmelders | Stückzahl der Bogen | Gattung (Benennung) und Emittent | Ort und Tag der Ausfertigung | Reihe | Buchstabe | laufende Nummer | Nennwert für das Stück | Eingezahlt ist für das Stück ein Betrag von | Die Bogen berechtigen zum Empfange des Gewinnanteils — der Zinsen — Renten — für die Zeit (Tag, Monat, Jahr) von — bis | Anträge und Bemerkungen des Anmelders |
| 1 | 2 | 3 | 4 | 5 | 6 | 7 | 8 | 9 | 10 | 11 | 12 |
| | | | | | | | | | | | |

(Rechte Seite.)

| Steuerfestsetzung | | | | | | | | | | |
|---|---|---|---|---|---|---|---|---|---|---|
| | | | | Dem Abgabebetrag in Sp. 16 treten hinzu nach Tarifnummer 3A, Sp. 4 | | Von dem Abgabebetrag in Sp. 16 sind abzusetzen nach § 9 des Gesetzes | | | | |
| Stückzahl der Bogen | Der Abgabeberechnung ist zu Grunde zu legen ein Betrag für das Stück von | Steuersatz | Dem Betrag in Sp. 14 entspricht ein Abgabebetrag für das Stück von | | | | | Für den Zeitraum in Sp. 11 sind somit für das Stück zu entrichten (Sp. 16+18 — Sp. 20) | Gesamtbetrag der Abgabe (Sp. 13×21) | Bemerkungen*) |
| | ℳ | | ℳ | Zehntel | ℳ | Zehntel | ℳ | ℳ | ℳ | |
| 13 | 14 | 15 | 16 | 17 | 18 | 19 | 20 | 21 | 22 | 23 |
| | | | | | | | | | | |

*) Über Umrechnungen aus ausländischer in deutsche Währung ist hier erläuternder Vermerk zu machen.

**Muster 6.**
(Ausführungsbestimmungen § 35.)

Eingegangen den......ten ........................... 19......
Nr. ............ des Anmeldungsbuchs.
Nr. ............ des Einnahmebuchs.
(Amtsstempelabdruck.)

# Anmeldung

zur

Entrichtung einer weiteren Abgabe von Gewinnanteilscheinbogen bei weiteren Einzahlungen auf den Nennwert der Stücke.

Nicht Zutreffendes ist zu streichen.

---

D...... Unterzeichnete...... melde...... umseitig eine weitere Einzahlung auf Aktien — Aktienanteilscheine — Reichsbankanteilscheine — Anteilscheine von Kolonialgesellschaften — Anteilscheine von den Kolonialgesellschaften gleichgestellten Gesellschaften — zum Zwecke der Erhebung der Reichsstempelabgabe nach Tarifnummer 3A des Reichsstempelgesetzes an.

.........................., den ......ten ......................... 19......

(Des Anmelders { Vor- und Zuname. Wohnort und Wohnung.)

(Linke Seite.)

**Anmeldung**

| Laufende Nummer | Name und Wohnort des Anmelders | Stückzahl der Bogen | Der Wertpapiere: Gattung (Benennung) und Emittent | Der Wertpapiere: Ort und Tag der Ausfertigung | Der Wertpapiere: Reihe | Der Wertpapiere: Buchstabe | Der Wertpapiere: laufende Nummer | Der Wertpapiere: Nennwert f. d. Stück | Auf jedes Stück: ist eine weitere Einzahlung geleistet von | Auf jedes Stück: ist bereits durch frühere Versteuerung gedeckt der Betrag von ℳ | Für die frühere Einzahlung (Sp. 11) ist die Abgabe nach Tarifnummer 3 A entrichtet: für den Zeitraum von — bis*) | Für die frühere Einzahlung (Sp. 11) ist die Abgabe nach Tarifnummer 3 A entrichtet: am (Tag, Monat, Jahr) Nummer des Einnahmebuchs | Anträge und Bemerkungen des Anmelders |
|---|---|---|---|---|---|---|---|---|---|---|---|---|---|
| 1 | 2 | 3 | 4 | 5 | 6 | 7 | 8 | 9 | 10 | 11 | 12 | 13 | 14 |
| | | | | | | | | | | | | | |

*) Hier ist der ganze Zeitraum einzutragen, für welchen die ausgegebenen Gewinnanteilscheine ausgestellt sind.

(Rechte Seite.)

**Steuerfestsetzung**

| Stückzahl der Bogen | Die ausgegebenen Gewinnanteilscheinbogen berechtigen zur Erhebung des auf die weitere Einzahlung entfallenden Gewinnanteils von — bis | Der Abgabeberechnung ist zu Grunde zu legen ein Betrag für das Stück von ℳ | Steuersatz | Dem Betrag in Sp. 17 entspricht ein Abgabebetrag für das Stück von ℳ | Dem Abgabebetrag in Sp. 19 würden für den Zeitraum in Sp. 12 hinzutreten nach Tarif 3 A, Sp. 4: Zehntel | Dem Abgabebetrag in Sp. 19 würden für den Zeitraum in Sp. 12 hinzutreten nach Tarif 3 A, Sp. 4: ℳ | Von dem Abgabebetrag in Sp. 19 würden für den Zeitraum in Sp. 12 abzusetzen sein nach § 9 des Gesetzes: Zehntel | Von dem Abgabebetrag in Sp. 19 würden für den Zeitraum in Sp. 12 abzusetzen sein nach § 9 des Gesetzes: ℳ | Für den Zeitraum in Sp. 12 wären somit für das Stück zu entrichten (Sp. 19 + 21 — Sp. 23) ℳ | Von dem Betrag in Sp. 24 sind nach dem Verhältnis des Zeitraums in Sp. 16 zu dem Zeitraum in Sp. 12 nur zu erheben ℳ | Gesamtbetrag der Abgabe (Sp. 15×25) ℳ | Bemerkungen*) |
|---|---|---|---|---|---|---|---|---|---|---|---|---|
| 15 | 16 | 17 | 18 | 19 | 20 | 21 | 22 | 23 | 24 | 25 | 26 | 27 |
| | | | | | | | | | | | | |

*) Über Umrechnungen aus ausländischer in deutsche Währung ist hier erläuternder Vermerk zu machen.

**Muster 7.**
(Ausführungsbestimmungen § 39, 40.)

Eingegangen den .......ten .......................... 19.......
Nr. ............. des Anmeldungsbuchs.
Nr. ............. des Einnahmebuchs.
(Amtsstempelabdruck.)

# Anmeldung

zur

Entrichtung der Reichsstempelabgabe nach Tarifnummer 3A von inländischen Aktiengesellschaften oder Kommanditgesellschaften auf Aktien, welche Gewinnanteilscheine nicht ausgeben.

---

D....... Unterzeichnete....... leg....... die umseitige Anmeldung zum Zwecke der Entrichtung der Reichsstempelabgabe nach Tarifnummer 3A des Reichsstempelgesetzes vor.

.........................., den .......ten .......................... 19.......

(Des Anmelders { Vor- und Zuname. Wohnort und Wohnung.)

(Linke Seite.)

| Laufende Nummer | Anmeldung: Firma und Sitz der Gesellschaft | Das Grundkapital — die Erhöhung des Grundkapitals —: beträgt im ganzen ℳ | verteilt sich auf wieviel Aktien | verteilt sich mit einer Einlage auf jede Aktie von ℳ | Tag der Eintragung a) der Gesellschaft, b) der Kapitalerhöhungen ins Handelsregister | Eingezahlt ist auf jede Aktie ein Betrag von ℳ | Die Steuerentrichtung hat zu erfolgen für die Zeit (Tag, Monat, Jahr) von — bis | Anträge und Bemerkungen des Anmelders |
|---|---|---|---|---|---|---|---|---|
| 1 | 2 | 3 | 4 | 5 | 6 | 7 | 8 | 9 |
| | | | | | | | | |

(Rechte Seite.)

| Steuerfestsetzung: Der Abgabeberechnung ist zu Grunde zu legen für jede Einlage ein Betrag von ℳ | Steuersatz | Dem Betrag in Sp. 10 entspricht ein Abgabebetrag für jede Einlage von ℳ | Von dem Abgabebetrag in Sp. 12 sind abzusetzen nach § 9 des Gesetzes: Zehntel | Von dem Abgabebetrag in Sp. 12 sind abzusetzen nach § 9 des Gesetzes: ℳ | Für jede Einlage sind somit zu entrichten ℳ | Gesamtbetrag der Abgabe (Sp. 4 × Sp. 15) ℳ | Bemerkungen |
|---|---|---|---|---|---|---|---|
| 10 | 11 | 12 | 13 | 14 | 15 | 16 | 17 |
| | | | | | | | |

**Muster 8.**
(Ausführungsbestimmungen § 40.)

Eingegangen den ........ten ............................ 19........
Nr. ............ des Anmeldungsbuchs.
Nr. ............ des Einnahmebuchs.
(Amtsstempelabdruck.)

# Anmeldung

zur

Entrichtung einer weiteren Abgabe nach Tarifnummer 3A des Reichsstempelgesetzes bei weiteren Einzahlungen auf die Einlagen inländischer Aktiengesellschaften oder Kommanditgesellschaften auf Aktien, welche Gewinnanteilscheine nicht ausgeben.

---

D........Unterzeichnete........ melde........ umseitig eine weitere Einzahlung auf die Einlagen auf das in Aktien zerlegte Grundkapital der ............................Gesellschaft............................ zu............................ zum Zwecke der Erhebung einer weiteren Abgabe nach Tarifnummer 3A des Reichsstempelgesetzes an.

............................, den ........ten ............................ 19........

(Des Anmelders { Vor- und Zuname. Wohnort und Wohnung.)

(Linke Seite.)

| Anmeldung | | | | | | | | | | | |
|---|---|---|---|---|---|---|---|---|---|---|---|
| Laufende Nummer | Firma und Sitz der Gesellschaft | Das Grundkapital — die Erhöhung des Grundkapitals — | | | Tag der Eintragung a) der Gesellschaft, b) der Kapitalerhöhungen ins Handelsregister | Auf jede Aktie ist | | Für die frühere Einzahlung (Sp. 8) ist die Abgabe nach Tarifnummer 3 A entrichtet | | Die weitere Einzahlung (Sp. 7) nimmt innerhalb des Zeitraums Sp. 9 am Gewinnteil von — bis | Anträge und Bemerkungen des Anmelders |
| | | beträgt im ganzen | verteilt sich | | | | | | | | |
| | | | auf wieviel Aktien | mit einer Einlage auf jede Aktie von | | eine weitere Einzahlung geleistet von | bereits durch frühere Versteuerung gedeckt ein Betrag von | für den Zeitraum von — bis | am (Tag Monat, Jahr) Nummer des Einnahmebuchs | | |
| | | ℳ | | ℳ | | ℳ | ℳ | | | | |
| 1 | 2 | 3 | 4 | 5 | 6 | 7 | 8 | 9 | 10 | 11 | 12 |

(Rechte Seite.)

| Steuerfestsetzung | | | | | | | | |
|---|---|---|---|---|---|---|---|---|
| Der Abgabeberechnung ist zu Grunde zu legen für jede Einlage ein Betrag von | Steuersatz | Dem Betrag in Sp. 13 entspricht ein Abgabebetrag für jede Einlage von | Von dem Abgabebetrag in Sp. 15 würden für den Zeitraum in Sp. 9 abzusetzen sein nach § 9 des Gesetzes | | Für den Zeitraum in Sp. 9 wären somit zu entrichten (Sp. 15 — Sp. 17) | Von dem Betrag in Sp. 18 sind nach dem Verhältnis des Zeitraums in Sp. 11 zu dem Zeitraum in Sp. 9 nur zu erheben für jede Einlage | Gesamtbetrag der Abgabe (Sp. 4 × Sp. 19) | Bemerkungen |
| ℳ | | ℳ | Zehntel | ℳ | ℳ | ℳ | ℳ | |
| 13 | 14 | 15 | 16 | 17 | 18 | 19 | 20 | 21 |

**Muster 9.**
(Ausführungsbestimmungen § 44.)

..............**Ausfertigung.**

.................., den ............................

## Antrag

der.....................zu...........auf Erstattung von Stempel für Arbitragegeschäfte für den Monat .............. ........................... 19..............

(Der Erstattungsantrag ist in doppelter, der Auszug aus dem Arbitragebuch in einfacher Ausfertigung für je einen Kalendermonat bis zum 10. des folgenden Monats einzureichen.)

De........................................... überreiche ........... in der Anlage einen Auszug aus ............. Arbitragebuche für den Monat........................... 19......, indem ........... die Richtigkeit der darin enthaltenen Angaben bescheinige........

Auf Grund dieses Auszugs beantrage ............ gemäß Tarifnummer 4a des Reichsstempelgesetzes die Erstattung eines Stempelbetrags von ..........................Mark .............Pfennig.

An

d................................................

zu

..............................

D............................................................. zu..........................................
wird angewiesen, den umstehend bezeichneten Betrag an Reichsstempelabgaben-Ermäßigung in Höhe von ............Mark.......Pfennig, in Worten....................................Mark..............Pfennig, an d....... Antragsteller gegen Quittung zu zahlen.

.........................., den .......................... 19......

..............................................................................

Vorstehenden Betrag von ............Mark.......Pfennig, in Worten ....................................Mark............Pfennig, habe.......von d................... ........................ zu......................... gezahlt erhalten.

.........................., den .......................... 19......

**Muster 10.**

(Ausführungsbestimmungen § 44.)

# Auszug

aus

**dem Arbitragebuche.**

| Nummer des Arbitagebuchs | Tag des Geschäftsabschlusses: Monat | Tag | Gegenstand des Geschäfts | Nennwert: Währung | Nennwert | Kurs | Steuerpflichtiger Wert des Gegenstandes des Geschäfts nicht über (in 1000 M.) | Ort des Geschäftsabschlusses | Name des Metisten falls Metageschäft | Nummer der Schlußnote | Verwendeter Stempel M. | Pf. | Der Wert des Geschäfts (Sp. 6) wird gedeckt durch den Wert des Gegengeschäfts in Höhe von (in 1000 M.) | Zu erstattender Stempelbetrag**) M. | Pf. | Bemerkungen |
|---|---|---|---|---|---|---|---|---|---|---|---|---|---|---|---|---|
| 1 | 2 | | 3 | 4 | | 5 | 6 | 7 | 8 | 9 | 10 | | 11 *) | 12 | | 13 |
| **A. Arbitrierverkehr** | | | | | | | | | | | | | | | | |
| | 1912 | | | | | | | | | | | | | | | |
| 1 | Juli | 16 | gekauft Ungarische Kronenrente | Kr. | 35 000 | 98 | — | Wien | Ottavio Schmidt | — | — | — | - | — | — | — |
| 2 | Juli | 17 | gekauft Baltimore-Ohio-Eisenbahn-Aktien | $ | 10 000 | 109 | 46 | Berlin | — | 250 | 13 | 80 | 46 | 5 | 75 | |
| | | | | $ | 10 000 | 109 | 46 | Berlin | — | 251 | 13 | 80 | 46 | 5 | 75 | |
| | | | | $ | 5 000 | 109 | 23 | Berlin | — | 252 | 6 | 90 | 23 | 2 | 88 | |
| | | | | $ | 5 000 | 109 | 23 | Berlin | — | 253 | 6 | 90 | 23 | 2 | 85 | |
| 3 | Juli | 20 | gekauft Reichsbankanteilscheine | M. | 3 000 | 155,75 | 5 | Berlin | — | 316 | 1 | 50 | 5 | — | 60 | |
| 4 | Juli | 26 | verkauft Russische Noten ult. August | Rbl. | 100 000 | 219 | 219 | Berlin | — | 420 | 43 | 80 | 219 | 16 | 40 | |
| 5 | Juli | 27 | gekauft Baltimore-Ohio-Eisenbahn-Aktien | $ | 5 000 | 109 | 23 | Berlin | — | 516 | 3 | 50 | 23 | 1 | 15 | Kostgeschäft |
| 6 | Juli | 27 | gekauft Lombarden | £ | 20 000 | 28,90 | 118 | Wien | — | 517 | 17 | 70 | 95 | 11 | 85 | |
| | | | | | | | | | | | | | Zusammen | 47 | 20 | |
| **B. Arbitrierverkehr zwischen** | | | | | | | | | | | | | | | | |
| 1 | Juli | 27 | gekauft Canada-Pacific-Eisenbahn-Aktien | $ | 102 000 | 175 | 750 | Frankfurt a. M. | — | 501 | 225 | — | 750 | 93 | 75 | |

*) Falls der Betrag in Spalte 4a nicht niedriger ist als in Spalte 4, ist Spalte 11 gemäß Spalte 6 auszufüllen, andernfalls ist Spalte 11 aus Spalte 4a und 5 zu berechnen.

**) Bei Geschäften gemäß Nr. 4a 1 und 4a 4 des Tarifs $^3/_{40}$ v. T., bei Geschäften gemäß Nr. 4a 3 des Tarifs $^5/_{40}$ v. T. des Betrags in Spalte 11; bei Kostgeschäften in ersterem Falle $^1/_{40}$, in letzterem Falle $^2/_{40}$ v. T.

| Nummer des Arbitagebuchs | Tag des Geschäftsabschlusses: Monat | Tag des Geschäftsabschlusses: Tag | Gegenstand des Geschäfts | Nennwert: Währung | Nennwert | Kurs | Steuerpflichtiger Wert des Gegenstandes des Geschäfts nicht über (in 1000 ℳ) | Ort des Geschäftsabschlusses | Name des Metisten falls Metageschäft | Nummer der Schlußnote | Verwendeter Stempel ℳ | Verwendeter Stempel ₰ | Der Wert des Geschäfts (Sp. 6a) wird gedeckt durch den Wert des Gegengeschäfts in Höhe von (in 1000 ℳ) | Zu erstattender Stempelbetrag**) ℳ | Zu erstattender Stempelbetrag**) ₰ | Bemerkungen |
|---|---|---|---|---|---|---|---|---|---|---|---|---|---|---|---|---|
| 1a | 2a | | 3a | 4a | | 5a | 6a | 7a | 8a | 9a | 10a | | 11a*) | 12a | | 13a |
| **mit dem Ausland.** | | | | | | | | | | | | | | | | |
| | 1912 | | | | | | | | | | | | | | | |
| 1 | Juli | 16 | *verkauft* Ungarische Kronenrente | Kr. | 35 000 | 98,50 | 30 | Berlin | — | 159 | 6 | — | 30 | 2 | 25 | |
| 2 | Juli | 18 | *verkauft* Baltimore-Ohio-Eisenbahn-Aktien | $ | 30 000 | 111,50 | — | London | B. W. Blydenstein & Co. | — | — | — | — | — | — | |
| 3 | Juli | 22 | *verkauft* Reichsbankanteilscheine | ℳ | 3 000 | $156^1/_8$ | — | Amsterdam | Jan Kol & Co. | — | — | — | — | — | — | 21./7. Sonntag. |
| 4 | Juli | 27 | *gekauft* Auszahlung Petersburg ult. August | Rbl. | 100 000 | 270 Fr. für 100 Rbl. | — | Paris | — | — | — | — | — | — | — | |
| 5 | Juli | 29 | *verkauft* Baltimore-Ohio-Eisenbahn-Aktien | $ | 5 000 | 111,50 | 24 | London | — | 567 | 3 | 60 | 24 | 3 | — | 28./7. Sonntag. |
| 6 | Juli | 27 | *verkauft* Lombarden | £ | 10 000 | 30 | 62 | Berlin | — | 539 | 18 | 60 | 62 | 7 | 75 | |
| | Juli | 29 | Lombarden | £ | 6 000 | 29,80 | 37 | Berlin | — | 570 | 11 | 10 | 37 | 4 | 60 | |
| | | | | | | | | | | | | | Zusammen | 17 | 60 | |
| | | | | | | | | | | | | | Dazu Spalte 12 | 47 | 20 | |
| | | | | | | | | | | | | | Überhaupt | 64 | 80 | |
| **inländischen Börsenplätzen.** | | | | | | | | | | | | | | | | |
| 1 | Juli | 29 | *verkauft* Canada-Pacific-Eisenbahn-Aktien | $ | 102 000 | 175,80 | 754 | Berlin | — | 588 | 226 | 20 | 754 | 94 | 25 | 28./7. Sonntag. |

*) Falls der Betrag in Spalte 4 nicht niedriger ist als in Spalte 4a, ist Spalte 11a gemäß Spalte 6a auszufüllen, andernfalls ist Spalte 11a aus Spalte 4 und 5a zu berechnen.

**) Bei Geschäften gemäß Nr. 4a 1 und 4a 4 des Tarifs $^3/_{40}$ v. T., bei Geschäften nach Nr. 4a 3 des Tarifs $^5/_{40}$ v. T. des Betrags in Spalte 11a; bei Kostgeschäften in ersterem Falle $^1/_{40}$, in letzterem Falle $^2/_{40}$ v. T.

## Muster 11.

(Ausführungsbestimmungen § 47.)

Schlußnote Nr. ..........

.........., den .......... 19....

Von ..........

in ..........

An ..........

in ..........

Gegenstand des Geschäfts:

Lieferungstermin:

Preis oder Kurs:

Wert des Gegenstandes:

Sonstige Bemerkungen:

Vermittelt durch:

in ..........

000 000

Raum für die Verwendung von Stempelmarken

**durchlocht.**

Schlußnote Nr. ..........

.........., den .......... 19....

Von ..........

in ..........

An ..........

in ..........

Gegenstand des Geschäfts:

Lieferungstermin:

Preis oder Kurs:

Wert des Gegenstandes:

Sonstige Bemerkungen:

Vermittelt durch:

in ..........

000 000

**Muster 20.**

(Ausführungsbestimmungen §§ 113, 122, 124, 134.)

(Vorderseite.)

# Steuerkarte

gültig auf die Zeit vom .............. 19.... bis .............. 19....

ausgestellt für

........................................ in ........................................

zu dem nachstehend beschriebenen Kraftfahrzeuge:

| Polizeiliches Kennzeichen | Art des Fahrzeugs. Herstellungsfirma, Fabriknummer des Fahrgestells und Nummer des Motors | Art der Kraftquelle | Nutzleistung des Fahrzeugs in Pferdekräften | Eigengewicht | Eigenbesitzer |
|---|---|---|---|---|---|
| | | | .............. in Buchstaben: .............. .............. | | |

**Zur Beachtung:** Diese Steuerkarte ist bei der Benutzung des Fahrzeugs auf öffentlichen Wegen und Plätzen stets mitzuführen und den Zoll- und Steuerbeamten sowie den Polizeibeamten auf Verlangen vorzuzeigen.
Spätestens am 3. Tag vor Ablauf der Gültigkeitsdauer der Steuerkarte ist für den Fall der Weiterbenutzung des Kraftfahrzeugs von dem Eigenbesitzer die Ausstellung einer neuen Steuerkarte zu beantragen.

(Rückseite.)

(Nicht Zutreffendes ist zu streichen.)

Für das vorseitig beschriebene Kraftfahrzeug auf die Gültigkeitsdauer dieser Karte ist die Reichsstempelabgabe mit

.............. M. .......... Pf.,

in Buchstaben: .............................. M. .......... Pf.

entrichtet worden.

— Diese Steuerkarte tritt an Stelle der Steuerkarte Nr. .............. der Bezirksliste de.............................. in ..................

— Eine Abgabe war hierbei nicht zu erheben —

.............., den .....ten.............19.....

Nr........ der Bezirksliste.

Amtsstempelabdruck.

(Steuerstelle.) ..............................

Nr........ des Anmeldungsbuchs. / Einnahmebuchs.

(Unterschriften.) ..............................

**Zur Beachtung:** Überläßt der Eigenbesitzer das Kraftfahrzeug auf Zeit einem anderen zu Besitz, so hat auf diese Zeit auch der andere für seine Person eine Steuerkarte zu lösen, sofern es sich nicht bloß um eine unentgeltliche Überlassung zum vorübergehenden Gebrauche handelt.

**Muster 26.**

(Ausführungsbestimmungen § 160.)

Eingegangen den ...... ten ........................ 19......

Beleg zu Nr. ............ des Anmeldungsbuchs.

(Amtsstempelabdruck.)

# Nachweisung

der Grundstücksübertragungen

(Tarifnummer 11a bis c des Reichsstempelgesetzes.)

für den Monat ........................................ 19............

| Laufende Nr. | Aktenzeichen Nr. des Notariats-Registers | Tag der Beurkundung | Name, Stand und Wohnort des Zahlungspflichtigen a) d. Veräußerers b) des Erwerbers | Bezeichnung des Grundstücks oder der Berechtigung | a) Bezeichn. d. Urkunde (Kauf-, Tauschvertrag, Zuschlagsbeschluß, Gesellschaftsvertrag usw.); b) wesentlicher Inhalt der Urkunde, soweit er für die Stempelberechnung in Betracht kommt (Kaufpreis, Tauschwerte, ausbedungene Leistungen, vorbehaltene Nutzungen, Wert der Gegenleistung, Meistgebot, Entgelt usw.); c) Stempelberechnung | Betrag des Stempels im einzelnen ℳ | Betrag des Stempels im einzelnen ₰ | Betrag des Stempels im ganzen ℳ | Betrag des Stempels im ganzen ₰ | Die Zahlung des Stempels ist erfolgt am | Bemerkungen |
|---|---|---|---|---|---|---|---|---|---|---|---|
| 1 | 2 | 3 | 4 | 5 | 6 | 7 | | 8 | | 9 | 10 |
| | | | | | | | | | | | |

Die Richtigkeit und Vollständigkeit der Nachweisung wird hiermit bescheinigt.

Datum, Bezeichnung der Behörde usw. Unterschrift.

# Sachregister.

## Q



## R



## S

GPSR Compliance

*The European Union's (EU) General Product Safety Regulation (GPSR) is a set of rules that requires consumer products to be safe and our obligations to ensure this.*

*If you have any concerns about our products, you can contact us on ProductSafety@springernature.com*

In case Publisher is established outside the EU, the EU authorized representative is:

Springer Nature Customer Service Center GmbH
Europaplatz 3
69115 Heidelberg, Germany

**Batch number: 10845480**

Printed by Printforce, the Netherlands